BASTEI
LÜBBE

G. Lockwood/C. Mowbray

Mein Kind – ein menschlicher Schutzschild

Tagebuch einer Mutter
über Saddam Husseins teuflischste Kriegslist

Aus dem Englischen übersetzt
von Hans Sommer

BASTEI
LÜBBE

BASTEI-LÜBBE-TASCHENBUCH
Band 61 227

Deutsche Erstveröffentlichung
Titel der englischen Originalausgabe:
DIARY OF A HUMAN SHIELD
Originalverlag: Bloomsbury

Printed in Germany, Oktober 1991
Einbandgestaltung: Manfred Peters
Titelbild: ap
Satz: Fotosatz Schell, Bad Iburg
Druck und Bindung: Ebner Ulm
ISBN 3-404-61227-2

Der Preis dieses Bandes versteht sich einschließlich
der gesetzlichen Mehrwertsteuer

Vorwort

Am 23. August 1990 erlebten Millionen von ungläubigen Fernsehzuschauern an ihren Bildschirmen mit, wie ein bis dahin unbekannter kleiner britischer Junge dem irakischen Präsidenten Saddam Hussein die kalte Schulter zeigte und den Versuch des Diktators vereitelte, eine Gruppe von westlichen Geiseln, die er in seiner Gewalt hielt, zu einer Propagandaschau zu mißbrauchen. Bei dem Jungen handelte es sich um den fünfjährigen Stuart Lockwood. Zusammen mit seinen Eltern und einem älteren Bruder wurde er im Zuge der Politik der ›menschlichen Schutzschilde‹ gefangengehalten, um die Eingreiftruppe der Vereinten Nationen daran zu hindern, das benachbarte Ölscheichtum Kuwait zu befreien, das einen Monat zuvor vom Irak erobert worden war. Stuarts Fernsehauftritt dauerte weniger als drei Minuten, machte ihn jedoch zu einer internationalen Berühmtheit.

Stuart, seine Mutter und sein Bruder wurden zusammen mit anderen Frauen und Kindern zehn Tage später freigelassen, aber Derek Lockwood, sein Vater, mußte noch weitere vier qualvolle Monate in Gefangenschaft verbringen, bevor er nach England zu seiner Familie zurückkehren durfte. Während des Zeitraums zwischen der Invasion Kuwaits und der Wiedervereinigung der Familie führte Glenda Lockwood, Stuarts Mutter, ein Tagebuch, auf das sich dieses Buch stützt. Es erzählt die ergreifende Geschichte der berühmtesten Geiseln Saddam Husseins und schildert, wie sie die schrecklichen Gefahren in der Gewalt eines der skrupellosesten Alleinherrscher des zwanzigsten Jahrhunderts überlebten und welchem gewaltigen Mediendruck sie sich nach ihrer Heimkehr ausgesetzt sahen.

Vorher

Während der vier Jahre, die wir im Mittleren Osten lebten, war das Leben sehr gut zu uns, und wir erfreuten uns eines gehobenen Lebensstils, den die meisten Menschen niemals kennenlernen. Kuwait war aufgrund seiner Ölreserven sehr reich geworden, aber das Land brauchte unser westliches Fachwissen und zahlte ansehnlich dafür.

Mein Mann Derek war Ingenieur und hatte mich und unsere beiden Söhne Craig und Stuart mitgenommen, als er für die kuwaitische Regierung als technischer Berater zu arbeiten begann. Bei unserer Ankunft in Kuwait war Craig gerade zehn und Stuart konnte kaum laufen, so daß sie einen großen Teil ihrer frühen Jahre in dieser exotischen und ungewöhnlichen Umgebung verbrachten. Zu jener Zeit tobte noch der iranisch-irakische Krieg, gerade fünfzig Kilometer entfernt auf der anderen Seite des Golfzipfels, und einige Zwischenfälle ließen uns die Nähe dieses Konflikts deutlich spüren: Es erfolgte ein Raketenangriff auf eine der Inseln unmittelbar vor der Küste, und ein Saboteur jagte einen Öltank der Raffinerie in Fahaheel in die Luft. Die benachbarte Siedlung, in der viele Briten lebten, mußte evakuiert werden, aber glücklicherweise kam es zu keiner explosiven Kettenreaktion, so daß die Wohnanlage und die Raffinerie unbeschadet blieben. Dann endete der zehnjährige Krieg zwischen den beiden arabischen Nachbarländern plötzlich. Die ganze kuwaitische Gesellschaft stieß einen Seufzer der Erleichterung aus und machte sich mit Hingabe daran, zu arbeiten und sich zu amüsieren.

Wir fühlten uns zu dieser Zeit wirklich wie zu Hause. Ich hatte einen Job als Leiterin einer englischen Spielgruppe angenommen, die einem Kuwaiti in Salwa gehörte, und wir zogen aus einem Appartement in ein Haus der Wohnanlage neben der Raffinerie in Fahaheel um. Man hatte die Anlage ursprünglich zur Unterbringung der Arbeiter errichtet, welche die Raffinerie aufbauten, aber inzwischen war daraus eine privilegierte britische Siedlung geworden, durch geschlossene Schranken von der Außenwelt abgetrennt und durch eigene Wachposten geschützt. Sie besaß sogar einen eigenen Strand, was für uns alle – Männer, Frauen und Kinder – bedeutete, daß wir in der brennenden Wüstenhitze in Shorts und Badeanzügen herumlaufen konnten. (Dies ist in Kuwait normalerweise verboten, weil die strikten Gesetze des Islam verlangen, daß Frauen zu jeder Zeit bedeckt sein müssen.)

Unterdessen gaben die besten Architekten der Welt einer nahegelegenen schönen, modernen Stadt den letzten Schliff – Kuwait City mit seinen großzügigen Bank- und Regierungsgebäuden und seiner von Palmen gesäumten Küstenstraße, an der sich exklusive Beach Clubs mit den besten Restaurants und Sportanlagen erstreckten. Es gab viel zu tun, und wir hatten viel Zeit dazu. Derek arbeitete morgens von sieben bis eins und ich von acht bis eins, so daß wir alle Nachmittage und Abende für uns hatten. Craig, der den Vorzug hatte, privaten Schulunterricht zu bekommen, ging regelmäßig zum Windsurfen, Segeln und Tauchen, und ein professioneller Trainer der Weltklasse brachte ihm das Tennisspielen bei. Die Kinder schwammen jeden Tag in dem privaten Swimming-pool auf unserem Grundstück, und um unsere Gesundheit kümmerte sich ein privater medizinischer Dienst. Alle besaßen Häuser, Büros und Autos mit Klimaanlage, und auf den Straßen waren Mercedes und Rolls Royces ein alltäglicher Anblick. Selbst unseren Jungen standen eigene Fortbewegungsmittel zur Verfügung: Craig fuhr mit einem Moped, und Stuart kurvte in einem kleinen Jeep mit Elektromotor auf dem Gelände herum.

Wenn wir von der Arbeit kamen, schwammen wir im Pool, organisierten ein Barbecue oder machten einen Schaufensterbummel. Wir schlenderten über die *Souks* – Märkte –, die sich jeweils auf Luxusartikel wie Goldschmuck, persische Teppiche oder Designermode spezialisierten. Manchmal holten wir einfach tausend Pfund in bar am Bankschalter ab und gaben sie ohne langes Überlegen für irgend etwas aus, das uns gefiel. Wir gönnten uns verschwenderisches Essen, denn die Supermärkte quollen vor sämtlichen nur vorstellbaren Nahrungsmitteln aus aller Welt geradezu über.

Materieller Besitz und lange Mußestunden waren jedoch nicht die einzigen Dinge, die das Leben so angenehm machten. Das herrliche Wetter und der blaue Himmel, die im Freien verbrachten Tage und der Überfluß an neuen Freunden, dies alles trug dazu bei, uns glauben zu lassen, daß wir das nächste irdische Äquivalent zum Paradies gefunden hatten. Im Gegensatz zu einigen anderen Ausländern besaßen wir eine Reihe von kuwaitischen Freunden, die ich durch meine Arbeit kennengelernt hatte, und so fanden wir auch Geschmack an der lokalen Kultur. Kuwait war ein Land, das man entweder liebte oder haßte, und wir liebten es. Dereks Vertrag lief ursprünglich nur über zwei Jahre, aber wir hatten ihn bereits zweimal verlängert und spielten mit dem Gedanken, auf Dauer hier zu bleiben.

Es gab allerdings auch einige wenige Nachteile. Meine langen Telefonate mit meiner Schwester in England kosteten zwei Pfund pro Minute, obwohl alle Gespräche innerhalb Kuwaits gebührenfrei waren. Die Fernsehprogramme waren, an westlichen Maßstäben gemessen, im allgemeinen schwach, und die britischen Zeitungen trafen immer mit zweitägiger Verspätung ein. Deshalb führten wir ein ziemliches Inseldasein. Ich hatte gehört, daß man bei einem Aufenthalt in Australien nicht erfuhr, was sich in anderen Teilen der Welt ereignete, und dasselbe galt für das Leben in Kuwait. Vermutlich aus diesem Grunde bekamen wir erst dann etwas von den irakischen Sturmwolken mit, die sich zusammenbrauten, als sie bereits fast über uns waren.

Ja, das Leben war sehr gut zu uns in Kuwait gewesen, aber dies sollte sich auf dramatischste Weise ändern, als wir in Ereignisse verwickelt wurden, welche die Welt erschütterten, uns vier Monate des Schreckens erleben ließen und uns zu unfreiwilligen Medienberühmtheiten machten.

Gefangenschaft

Donnerstag, 2. August 1990

Der längste Tag meines Lebens begann morgens um halb sechs mit Getöse, als Derek und ich durch den Lärm von Düsenjägern, die dicht über die Dächer hinwegheulten, aus dem Schlaf gerissen wurden. Derek sprang aus dem Bett, stürzte zum Fenster und kam gerade noch rechtzeitig, um einen Kampfflieger zu sehen, der unmittelbar über unseren Köpfen kreiste. Das Flugzeug flog so niedrig, daß er das Gefühl hatte, es berühren zu können, wenn er die Hand ausstreckte.

Am Tag zuvor, als sich der nichts Böses ahnende Mittlere Osten in seinem letzten Friedenstag sonnte, war das Alltagsleben fast normal gewesen. Natürlich hatte es viele Spekulationen gegeben, als die Gespräche zwischem dem Irak und Kuwait scheiterten und Hunderttausende Soldaten an der Grenze aufmarschierten, aber niemand war auf die entsetzlichen Monate, die kommen sollten, vorbereitet. Ich war wie gewöhnlich um halb acht zur Arbeit gegangen und kurz nach Mittag zurückgekehrt. Kein Mensch, mit dem ich an diesem Morgen gesprochen hatte, nicht einmal die Kuwaitis selbst, hatte sich aufgrund der verschlechterten politischen Situation übermäßig besorgt gezeigt. Wir fingen schon an, uns als Schwarzseher zu betrachten. Zu diesem Zeitpunkt wußte ich noch nicht, daß ich meine geliebte Spielgruppe, bei der ich mich so glücklich gefühlt hatte, niemals wiedersehen würde.

Das einzige Anzeichen von Panik hatte ich abends um sechs Uhr erlebt, als ich etwas Geld holen wollten und große Menschenansammlungen vor den Bankgebäuden vorfand. Wir trafen einige Freunde, die uns sagten, daß die Bankschalter geschlossen worden seien, weil es einen Ansturm auf Bargeld gegeben hatte. Für den Fall eines überstürzten Aufbruchs schien es vernünftig, unsere Wagen vollzutanken und eine Notausrüstung zusammenzupacken. Aber als Derek später zum Flughafen fuhr, um Freunde abzuholen, die von einem zweiwöchigen Urlaub auf Zypern zurückkamen, trat wieder die Normalität ein. Die Freunde berichteten ihm, daß sie sich telefonisch bei der englischen Botschaft erkundigt hatten, ob sie bleiben sollten, wo sie waren. Sie hatten die Zusicherung bekommen, daß sie beruhigt zurückkehren könnten.

Jetzt, weniger als zwölf Stunden später, stürmten irakische Panzer, Flugzeuge und Bodentruppen über die Grenze und zerschmetterten auf ihrem Weg gnadenlos die leichtgewichtige Verteidigung der Kuwaitis. Bazooka- und Maschinengewehrfeuer hallte durch die Straßen von Kuwait City, als sich die Invasionshorden freudig daran machten, das kleine Ölscheichtum in nur vierundzwanzig Stunden in die Unterwerfung zu zwingen. Unsere Befürchtungen waren wohlbegründet gewesen. Saddam Hussein, der blutige Diktator des Irak, hatte nicht geblufft.

Derek eilte ins Wohnzimmer, um die Weltnachrichten auf unserem kleinen Kurzwellenempfänger zu bekommen. Eine Viertelstunde später klopfte ein Freund an die Tür und sagte Derek, daß er um sechs Uhr an einem Treffen im Clubhaus teilnehmen sollte, um Instruktionen entgegenzunehmen. Während Derek weg war, warf ich einige Kleidungsstücke und andere Habseligkeiten in einen Koffer und schreckte unsere verwirrten Söhne aus dem Bett hoch, damit wir augenblicklich abmarschbereit sein konnten. Derek kehrte jedoch um sechs Uhr fünfzehn zurück und erzählte, daß man uns den Rat gegeben hätte, an Ort und Stelle zu bleiben. Die Invasion wurde in den Sieben-Uhr-Nachrichten bekanntgegeben. Ein Mitglied der kuwaitischen Herrscherfamilie schien bei der Verteidigung des Dasman-Palasts den Tod gefunden zu haben, während der Emir, Scheich Jaber al-Ahemd, nach Saudi-Arabien geflüchtet war.

Der Irak hatte bereits die Kontrolle über die Radio- und Fernsehsender übernommen, obgleich es eine Station noch immer schaffte, verzweifelte Hilfeappelle zu senden.

»Wir werden sterben, aber Kuwait wird leben«, schrie der Sprecher mit schreckerfüllter Stimme. »Wir werden den Aggressoren den Kelch des Todes zu kosten geben.«

Fast sofort wurden wir von einem Freund aus England angerufen, der sich erkundigte, ob es uns gutging. Freundlicherweise notierte er sich die Telefonnummern aller Familienangehörigen und versprach, sie wissen zu lassen, daß wir sicher waren.

Während wir uns voller Angst in unserem Haus versteckten, konnten wir in der Ferne Bomben- und Schußlärm hören, der allmählich näher kam. Wir wohnten unmittelbar am Meer, und das Getöse von Explosionen und andere Kriegsgeräusche dröhnten über das offene Wasser zu uns herüber. Sie schienen ständig näher zu kommen, bis sie unsere Fensterscheiben buchstäblich zum Klirren brachten. Wir hatten derartiges niemals zuvor gehört, und es jagte uns Angstschauder den Rükken hinunter. Unsere Gedanken rasten, wenn wir daran dachten, was mit uns passieren könnte.

George und Maggie, unsere nächsten Nachbarn, waren erst vor zwei Tagen nach Thailand in Urlaub gefahren, und Georges Bruder rief an, um sich zu vergewissern, daß sie sicher weggekommen waren. Er erkundigte sich, wie es uns ging, und beendete das Telefonat mit den Worten: »Wir denken alle an euch.« Ich brach in Tränen aus, als mir die Ungeheuerlichkeit dessen, was er meinte, richtig bewußt wurde. Es waren die ersten von vielen Tränen, die ich während der nächsten fünf Monate noch vergießen sollte.

Während des ganzen Tages versuchten wir verzweifelt, uns zu beschäftigen, und fingen an, unsere Habe in Holzkisten zu packen. Wir bauten unter dem Tisch einen Luftschutzbunker und polsterten ihn mit Matratzen. Wir taten unser Bestes, um die Kinder ruhig zu halten und sie denken zu lassen, daß alles in Ordnung war, obwohl es gar nicht nötig gewesen wäre, sich um Stuart Sorgen zu machen, der das Ganze mit seinen fünf Jahren für ein großes, aufregendes Spiel hielt. Während die Kämpfe außerhalb der Stadt auf dem Land tobten, vertrieben wir uns die Zeit mit Gesellschaftsspielen. Unsere Männer mußten mehrmals zu weiteren Besprechungen gehen, aber die Auskunft der englischen Botschaft blieb immer dasselbe: »An Ort und Stelle bleiben.« Wären wir diesem Ratschlag nicht gefolgt, hätten wir uns mit einer anderthalbstündigen Fahrt zur Grenze in Saudi-Arabien in Sicherheit bringen und uns die Monate der Angst und Gefahr, die kommen sollten, ersparen können.

Unsere internationale Telefonverbindung zur Außenwelt bestand praktisch nicht mehr. Es erschien uns wie ein Wunder, daß meine Schwester Judy abends von England aus durchkam, nachdem sie den ganzen Tag vergeblich versucht hatte, uns anzurufen.

Als die Dunkelheit hereinbrach, hatte sich unsere Anspannung, wenn das überhaupt möglich war, noch mehr gesteigert. Wir waren überzeugt, den nächsten Morgen nicht mehr zu erleben. Derek und ich brachten die Jungen auf den Matratzen unseres hausgemachten Bunkers zu Bett, und legten uns links und rechts von ihnen nieder. Wenn die eingefallenen Soldaten durch die Tür stürmten, sollten sie uns alle zusammen finden. Ich glaube nicht, daß wir in dieser Nacht ein Auge zumachten. Während wir auf sie warteten, lagen wir ruhelos da und strengten die Ohren an, damit uns nicht das leiseste Geräusch entging. Vor allem hatten wir Angst, daß die riesige Raffinerie gleich hinter unserem Haus bombardiert werden könnte, denn mit ihr würden auch wir in die Luft fliegen. Wir hatten den ganzen Tag über Panzergeschützfeuer in nicht allzu weiter Ferne gehört, aber nach Mitternacht schien alles ruhiger zu werden.

Um ein Uhr morgens schrillte das Telefon abermals. Unsere Nerven lagen blank. Es war meine Nicht Hayley, die endlich zu uns durchkam. Sie war im April zu Besuch bei uns gewesen, und als ich ihr von den Panzern neben unserer Wohnsiedlung erzählte, nahm sie lebhaft Anteil. Sie wirkte sehr angespannt und stellte zahllose Fragen. Am Schluß unseres Gesprächs weinten wir beide aus Angst vor dem Krieg und der Ungewißheit. Als sie aufgelegt hatte, fiel eine Zellentür ins Schloß, denn dies war der letzte Anruf, der uns von außerhalb Kuwaits erreichte. Unsere letzte Verbindung zur sicheren, zivilisierten Welt Englands war abgebrochen.

Freitag, 3. August

Die Dämmerung des neuen Tages brachte so etwas wie die Ruhe nach dem Sturm. Die Truppen waren abgezogen, alles schien sich normalisiert zu haben, und die Menschen gingen ihren täglichen Geschäften nach. Unsere Nachbarn hantierten sogar in ihrem Garten herum, und über den Zaun hinweg kamen wir ins Gespräch. Wir diskutierten mit ihnen und anderen Bewohnern der Siedlung die Invasion, und es stellte sich heraus, daß die Frauen insgesamt sehr nervös waren, während sich die Männer bemühten, ruhig, abgeklärt und vernünftig zu bleiben. Über eins waren sich jedoch alle einig: Wir hätten uns so schnell wie möglich nach der Invasion auf den Weg von Kuwait nach Saudi-Arabien machen sollen. Es war nur eine kurze Fahrt bis zur Grenze, und in unserer Gegend war es in den ersten dreißig Stunden der Feindseligkeiten relativ ruhig zugegangen. Jetzt war es zu spät. Wir wußten noch nicht, wie bitter wir später die Befolgung des Ratschlags der Botschaft, an Ort und Stelle zu bleiben, bereuen sollten.

Irakisches Militär sahen wir zum erstenmal kurz nach Mittag, als ein Trupp mit etwa dreißig Elitesoldaten der Republikanischen Garde in unserer Wohnanlage aufmarschierte. Die eine Hälfte wandte sich nach links, die andere nach rechts. Sie schwärmten aus und nahmen eine gründliche Durchsuchung des ganzen Gebiets vor. Die Operation sah sehr professionell aus – sie schienen ganz genau zu wissen, was sie taten. Am äußersten Ende des Schulgeländes gab es eine Abschußrampe für Raketen. Wir zitterten, weil wir wußten, von wie großem Interesse sie für die Iraker war. Sie entdeckten die Rampe, sahen sich alles gut an, unternahmen aber nichts. Aus unserem Blickfeld schien sich die Lage fast vielversprechend zu entwickeln, denn sie gingen sehr zivil mit uns um und verhielten sich äußerst korrekt. Ohne uns zu belästigen, zogen sie nach einer Dreiviertelstunde ab, und wir begannen vorsichtig, uns zu entspannen. Sie wissen, daß wir hier sind, scheinen aber nicht daran interessiert zu sein, dachten wir.

Die allgemeine Stimmung hob sich soweit, daß zwei der Männer sogar den Vorschlag machten, für kurze Zeit das Clubhaus aufzumachen. Wir alle waren damit einverstanden, denn nachdem wir mehr als vierundzwanzig Stunden in unseren Häusern hatten bleiben müssen, würde es uns guttun, mit anderen Menschen zusammenzukommen. Die Bar öffnete, doch gerade als die Stimmung lockerer wurde, kamen zwei Kinder, die einen Spaziergang gemacht hatten, mit der Nachricht hereingerannt, daß sie weiteren irakischen Soldaten begegnet waren. Einige Männer gingen nach draußen, um nachzusehen, was vor sich ging. Sie stießen mit einem irakischen Offizier zusammen, der die Raketenstellung inspizieren wollte, aber nach wenigen Minuten, offenbar befriedigt, wieder abzog.

Wir verließen den Club nachmittags gegen viertel nach vier und kehrten nach Hause zurück, um noch weitere Sachen einzupacken und das Abendessen vorzubereiten. Wir hatten uns abends gerade zum Essen hingesetzt, als es nachdrücklich an die Tür klopfte. Derek öffnete und sah sich einem bewaffneten irakischen Soldaten gegenüber, der auf der Türschwelle stand. Der Mann fragte Derek in arabischer Sprache, ob er zum Militär gehörte, und als Derek »Nein, Engländer« zur Antwort gab, schien der Soldat zufrieden zu sein. Wir setzten uns wieder hin, um weiterzuessen, aber wenige Minuten später ertönte Feueralarm. Wir wußten, daß dies normalerweise das Signal für alle war, sich am Tor des Komplexes einzufinden, aber Derek wies mich und die Jungen an, im Haus zu bleiben, während er ging, um nachzuhören, was los war.

Es war das letzte Mal, daß wir ihn für mehr als zwei Wochen sahen. Die Iraker sammelten alle unsere Männer ein, luden sie in einen Bus und brachten sie zum Verhör in die nahe Stadt Ahmadi.

Als sich die Nachricht von der Entführung wie ein Lauffeuer im Komplex verbreitete, brach bei den Familien, die die Männer gezwungenermaßen zurückgelassen hatten, Panik aus. Fünfunddreißig Ehefrauen, zu deren Schutz nur eine Handvoll von Söhnen im Teenageralter blieb, waren auf Leben und Tod zahllosen irakischen Soldaten ausgeliefert. In unseren Köpfen tobte die Furcht vor Vergewaltigungen und anderen Abscheulichkeiten, denen Frauen bisher noch in jedem Krieg zum Opfer gefallen sind.

Innerhalb von Minuten verwirklichten wir einen aus der Not geborenen Plan, der während der vor uns liegenden Tage unsere Rettung sein sollte. Die Frauen beschlossen, per Telefon Kontakt miteinander zu halten. Einigkeit herrschte darüber, daß sich Gruppen von uns in verschiedenen Häusern zusammentun sollten, wo wir uns zum gegenseitigen Schutz verbarrikadieren konnten. Die Häuser mußten einander so nahe wie möglich liegen und mit Telefonen ausgestattet sein, so daß wir in Verbindung bleiben konnten. Alles, was wir anschließend zuwege brachten, wurde nur möglich, weil uns das Telefon als Rettungsanker zur Verfügung stand.

Jean, meine Nachbarin auf der anderen Seite, kam mit ihren Kindern Helen und Stephen, einem Freund Craigs, zu uns herüber, und bald gesellte sich das Mädchen aus dem Haus gegenüber dazu. Wir sieben quartierten uns in unserem Wohnzimmer ein. Das ungewisse Schicksal unserer Männer machte uns halb wahnsinnig. Es gab nicht den geringsten Hinweis darauf, was mit ihnen passiert war. Obwohl wir Telefonverbindungen mit Freunden in anderen Teilen Kuwaits hielten, konnten wir uns nicht beruhigen. Denn ständig bekamen wir die widersprüchlichsten Geschichten über die Geschehnisse zu hören, und weil wir nicht wußten, was wir als nächstes zu erwarten hatten, ängstigten wir uns noch mehr.

Drei hektische Stunden später waren die Kinder sehr müde, und so legten wir sie auf die Matratzen in dem

›Bunker‹, den Derek und ich am Tag vorher gebaut hatten. Als sie eingeschlafen waren, besprachen die drei Erwachsenen unsere weitere Vorgehensweise. Wir beschlossen, die Türen mit den großen, schweren Kisten zu verbarrikadieren, in denen ich die wichtigsten Dinge zum Zweck eines ›schnellen‹ Aufbruchs verstaut hatte. Dann unternahmen wir einen Rundgang durch das Haus, um uns zu vergewissern, daß alle Fenster geschlossen und die Vorhänge heruntergezogen waren. Es war nur ein bescheidener Schutz gegen eine der gefürchtetsten Elitetruppen des gesamten Mittleren Ostens, aber es gab uns ein besseres Gefühl. Nachdem wir mit unseren behelfmäßigen Befestigungsanlagen fertig waren, lugte Cassie, die aus dem gegenüberliegenden Haus geflüchtet war, verstohlen zwischen den Vorhängen hindurch und stellte erschrocken fest, daß ihr Heim inzwischen von irakischen Soldaten besetzt war – sie hatte es gerade noch rechtzeitig geschafft, herauszukommen.

Sie machte sich Gedanken darüber, wie sie in Zukunft zurechtkommen sollte, denn aufgrund ihres überstürzten Aufbruchs besaß sie nur die Kleider, die sie am Leib trug. Ihre Handtasche, Geld, Paß und andere wichtige Papiere befanden sich jetzt in Feindeshand. Es wäre absolut nutzlos und selbstmörderisch gewesen, wenn sie versuchen würde, gerade jetzt in ihr Haus zurückzukehren, und wir kamen zu der Auffassung, daß sie es am nächsten Tag versuchen sollte, falls die Männer dann gegangen wären.

Wir legten einen Turnus fest und übernahmen es abwechselnd, Wache zu halten, auf Geräusche zu achten, die darauf hindeuteten, daß jemand ins Haus eindrang, und das Telefon zu besetzen, durch das wir Verbindung zu den Frauen in den anderen Häusern hielten. Inzwischen waren wieder Schußgeräusche zu hören – da sich jetzt Truppen in Fahaheel aufhielten, war das Schlachtfeld sehr nahe gerückt. Verblüffenderweise schliefen die Kinder trotz des Lärms weiter, und wenigstens das beruhigte uns ein bißchen, denn wir wußten, daß wir sie still halten mußten. Wenn ich darüber nachdenke, glaube ich nicht, daß sich Stuart und die anderen Kinder darüber im klaren waren, in welch dramatischer und gefährlicher Situation wir uns befanden. Es muß ihnen wie ein Abenteuer vorgekommen sein. Wenn wir nur genauso unbekümmert hätten sein können! Wir wußten nicht, wohin unsere Männer gegangen waren, wann oder ob sie zurückkommen würden und wie lange wir alleine zurechtkommen mußten. Vor allem aber mußten wir unsere Vorräte überprüfen, und für den Fall, daß uns eine längere Belagerung bevorstand, ein Rationierungssystem ausarbeiten. Keine von uns dreien fand in dieser langen, einsamen Nacht überhaupt Schlaf.

Als Derek und die anderen Männer abgeholt wurden, war es bereits dunkel gewesen, und wir hatten die Vorhänge schon zugezogen. Von diesem Augenblick an sollten wir sie nie wieder öffnen, denn sie waren das einzige, das uns vor den herumstreifenden irakischen Truppen verbarg.

Samstag, 4. August

Am Samstag, dem 4. August 1990 mußte Craig, mein ältester Sohn, mit seinen vierzehn Jahren mehr Gefahr und Verantwortung auf sich nehmen als viele Leute während ihres gesamten Lebens. Als wir einen Monat später sicher nach England zurückgekehrt waren, drehte sich der ganze Medienzirkus, der gelegentlich praktisch auf unserer Türschwelle kampierte, nur um Stuart, wegen seines Fernsehauftritts mit Saddam Hussein. Einige der Reporter schienen nicht einmal zu wissen, daß ich noch einen anderen Sohn hatte. Natürlich war Stuart sehr mutig, und ich werde immer stolz auf die Art und Weise sein, in der er sich verhielt, als die Augen der ganzen Welt auf ihn gerichtet waren. Craig aber war deshalb unerschrockener, weil er sich mit seinen neun Jahren keine Illusionen über die Gefahr machte, der wir gegenüberstanden. Meine beiden Söhne standen nicht allein: Während der gesamten qualvollen Zeit legten die Kinder aller Geiseln eine Tapferkeit an den Tag, die niemand von Menschen in so jungen Jahren mit Fug und Recht erwarten kann.

Die Last des Erwachsenseins wurde Craig um sieben Uhr morgens aufgebürdet, als er zwischen den Vorhängen hindurchlugte. Er wollte prüfen, ob es sicher für Cassie war, in ihr Haus zurückzukehren, um ihre wichtigen Besitztümer zu holen. Gegenüber schien es ruhig zu sein, kein Soldat war zu sehen, und Craig erklärte sich bereit, mit ihr über die Straße zu laufen. Wir schoben die schweren Kisten vor der Tür zur Seite und sahen zu, wie sie nach drüben rannten – eine verstörte Frau und ein halbes Kind zu ihrem Schutz gegen die Elite der irakischen Armee. Sie kamen bis an Cassies Tür, hörten dann die Stimmen von Männern, die im Inneren umhergingen, und schafften es glücklicherweise, ungesehen zu uns zurückzukommen. Sie warfen sich atemlos ins Innere, wir schlugen die Tür zu und verbarrikadierten sie wieder. Damit gaben wir die Hoffnung auf, jemals in Cassies Haus zurückkehren zu können, und bereiteten uns auf den langen Tag vor, der vor uns lag.

Die erste Nachricht über unsere vermißten Männer kam zwei Stunden später, als eine der Frauen aus einem anderen Haus anrief und uns erzählte, daß sie von den Irakern nach Bagdad gebracht worden waren. Völlig am Boden zerstört, begannen wir darüber zu spekulieren, wie sich die Situation entwickeln würde. Wir fühlten uns verlassen und sehr verwundbar. Stück um Stück kamen während der nächsten zwölf Stunden weitere Informationssplitter durch und machten unter den Familien über unseren Telefondienst die Runde. Es schien so, daß es den Männern gutging – sie wurden in einem Fünf-Sterne-Hotel, dem Mansour Mella, in der irakischen Hauptstadt festgehalten. Was aber bedeutete das für ihre Sicherheit?

Wir schalteten jede Stunde den World Service der BBC ein und hörten immer wieder Nachrichten über die sich verschlimmernde Lage in Kuwait. Es war uns immer noch möglich, Telefonanrufe von Freunden aus anderen Gegenden des Landes entgegenzunehmen, die sich Sorgen um uns machten. Eine Freundin erzählte mir, daß sie gerade in einem der größeren Supermärkte in Salmiya gewesen war, der direkt am Meer lag. Sie sagte, die Küste sei von den Irakern besetzt, und Hunderte von Panzern und Soldaten an der gesamten Küstenstraße stationiert. In den Läden herrsche ein absolutes Chaos, weil die panikerfüllten Menschen Schlange standen, um die schnell dahinschwindenden Nahrungsmittelvorräte aufzukaufen. Die Preise waren reiner Wucher – eine galoppierende Inflation hatte die kuwaitische Wirtschaft fast über Nacht ruiniert. Noch vor drei Tagen war der kuwaitische Dinar zwei Pfund wert gewesen und der irakische Dinar zwanzig Pence. Jetzt hatten beide denselben Wert.

Während des ganzen Tages blickten wir durch die Randschlitze unserer zugezogenen Vorhänge nach draußen und sahen die irakischen Truppenbewegungen innerhalb und außerhalb unseres Wohnkomplexes. Bei den Soldaten, die jetzt auftauchten, handelte es sich hauptsächlich um junge Burschen, die viel bedrohlicher waren, als das Sonderkommando, das wir vorher gesehen hatten. Die Neuankömmlinge waren alle bewaffnet, alberten herum, wie es unreife und unbeaufsichtigte Männer zu tun pflegen, gleichgültig welcher Rasse, Konfession oder Nationalität sie angehören. Sie schafften es, einige der Wagen ans Laufen zu bringen, und rasten damit durch die Anlage. Cassies Wagen war einer der ersten, die sie sich vornahmen, und einige andere, die bei Ausbruch der Krise nicht abgeschlossen waren, wurden ebenfalls als Spielzeuge mißbraucht. Wir konnten nur dasitzen und zuhören, wie die Irakies Stunden damit verbrachten, laut schreiend mit irrsinnigen Geschwindigkeiten um die Ecken zu jagen und die Fahrzeuge gegen Mülltonnen oder andere Hindernisse krachen zu lassen. Die schauderhafte Fahrweise überzeugte mich davon, daß viele der Soldaten nie zuvor am Steuer eines Autos gesessen hatten. Wenn einem Wagen das Benzin ausging, ließen sie ihn einfach am nahen Strand stehen und machten sich auf die Suche nach einem anderen.

Das heisere Gebrüll und unberechenbare Verhalten einiger Männer deuteten darauf hin, daß sie betrunken waren. Wir bekamen wirklich Angst um unsere persönliche Sicherheit, sahen uns von den großmäuligen jungen Burschen, die den Alkohol nicht gewohnt waren, vergewaltigt und mißhandelt. Im verzweifelten Bemühen, dieses Risiko einzuschränken, durchsuchten wir unsere Häuser nach Alkohol und schütteten ihn bis auf den letzten Tropfen in den Ausguß. Wenn wir nur in der Lage gewesen wären, dasselbe auch in den Häusern zu tun, die wir hatten räumen müssen! Wenn das Zeug doch gar nicht erst gebraut worden wäre!

Wir waren zu Tode erschrocken, als wir hörten, wie sie herumtobten und mit unseren Autos die Straßen hinunterrasten. Der Umstand, daß wir sie nicht richtig sehen konnten, machte es nur schlimmer. Einmal wagten wir, die Vorhänge am Rand einen Zentimeter weit zurückzuziehen und einen schnellen Blick auf das Geschehen dort draußen zu werfen. Es war seltsam, aber wir hätten uns wohler gefühlt, wenn wir imstande gewesen wären, die Vorhänge weit aufzureißen und sie anzustarren, weil wir dann wenigstens mit Sicherheit gewußt hätten, was sie vorhatten. Aber eine solche Aktion wäre tollkühn und töricht gewesen. Wir saßen hilflos in unseren halbdunklen Zimmern und malten uns im Geiste schreckliche Bilder aus, die sich auf das stützten, was wir hören, und auf das wenige, was wir sehen konnten. Es ist unmöglich, die Gefühle zu beschreiben, die uns überfluteten, aber sie ähnelten vermutlich denen, die ein zum Tode Verurteilter hat, der in seiner Zelle sitzt und hört, wie nebenan seine Hinrichtung vorbereitet wird.

Während dieser scheinbar endlosen Stunden, in denen wir nervös unsere Ohren spitzten, um jeden Laut mitzubekommen, und hofften, daß die Stimmen, die Schritte nicht das Signal für den Beginn dessen war, das wir am meisten fürchteten, kam unser Telefonnetz wirklich zur Geltung. Jede Bewegung der Soldaten wurde aufmerksam von all den Frauen beobachtet, die angespannt und mit klopfendem Herzen in ihren dunklen Häusern hinter den geschlossenen Vorhängen standen, und jede kleine Information wurde zwischen uns ausgetauscht. Wir entwickelten unser eigenes Frühwarnsystem, so daß jedesmal, wenn eine Gruppe von Männern an die Türen und Fenster eines Hauses herantrat, um zu prüfen, ob es verschlossen war, die Familie eines Nachbarhauses, das noch bewohnt war, gewarnt wurde, auf der Hut zu sein. Wir waren uns einig, bis Mitternacht regelmäßig miteinander in Kontakt zu bleiben, danach aber nur noch in einem akuten Notfall zu telefonieren. Es kam des öfteren vor, daß unsichtbare Hände an unseren Türen und Fenstern rappelten und der Schatten eines Mannes auf eine Tür oder ein Fenster fiel. Unsere Herzen hämmerten und der Mund war uns vor Angst trocken. Zweifellos versuchten die meisten dieser Männer nur leere Häuser zu finden, in denen sie sich einquartieren konnten, aber damals sah das für uns ganz anders aus.

Ein anderes Problem, mit dem wir während des Tages zu kämpfen hatten, war die Frage, ob wir trotz der zusätzlichen Personen genug zu essen hatten. Dabei war uns ein Mann namens Mahmud behilflich, ein gebürtiger Jemenit, der seit mehreren Jahren in der Anlage wohnte und sich sehr aufgeregt hatte, als unsere Männer weggebracht wurden. Es gelang ihm, von einem irakischen Offizier die Genehmigung zu erhalten, in die Stadt zu fahren, um Nahrungsmittel zu kaufen. Wieder mit Hilfe des Telefons wurde eine gemeinschaftliche Einkaufsliste zusammengestellt, die Mahmud zusammen mit dem erforderlichen Geld in einem der Häuser abholte. Wir einigten uns darauf, daß er die Vorräte nach seiner Rückkehr in dasselbe Haus bringen sollte. Dort sollten dann verschiedene Pakete gepackt werden, die er anschließend den übrigen bewohnten Häusern zustellen würde.

Die Dunkelheit hatte sich gerade über den Komplex gesenkt, und ich sprach am Telefon mit einem der anderen Häuser, als es an unsere Tür klopfte. Es war schlimm. Seit Derek am vorigen Tag dem irakischen Offizier geöffnet hatte, war von niemandem mehr angeklopft worden. Daß es jetzt wieder geschah, während wir wußten, daß alle Briten auf dem Gelände in den Häusern festsaßen, konnte nur eines bedeuten. Wir hörten das Schreien weinender Kinder und starrten uns entsetzt an. Mir fiel fast der Hörer aus der Hand, und Craig drehte durch.

»Um Himmels willen, hör auf zu telefonieren«, brüllte er. »Da draußen schreien Kinder – sie haben sie erwischt.«

Während wir wie angewurzelt dastanden, setzte sich das Klopfen fort, und als wir es schließlich wagten, durch den Vorhang zu lugen, sahen wir Mahmud mit unseren Lebensmitteln. Das Schreien kam nicht von verzweifelten englischen Kindern, denen man Bajonette an den Hals hielt, sondern von den eigenen Sprößlingen unseres Boten, die sich untereinander um irgendeine Nichtigkeit stritten. Wieder einmal hatten wir uns das Schlimmste ausgemalt, weil wir nicht aus dem Haus hinausblicken konnten. Der arme Mann hatte den ganzen Tag im Supermarkt Schlange für uns gestanden und mußte sich nun fragen, warum, in aller Welt, wir ihm nicht die Tür aufmachten, um ihm die Lebensmittel aus den schmerzenden Armen zu nehmen. Aber seine einzige Reaktion bestand darin, daß er sich in seinem stockenden Englisch entschuldigte, weil er so lange gebraucht hatte.

Später am Abend stellten wir fest, daß in anderen evakuierten Häusern jetzt Licht brannte. Der Lärm von Autos, die die Straßen hinunterrasten, setzte sich fort, aber wir schafften es, die kleineren Kinder zu Bett zu bringen, während wir mit den größeren Karten spielten, um sie von düsteren Gedanken abzulenken. Um ein Uhr nachts legten wir uns alle zum Schlafen hin, mit Ausnahme einer Person, die Telefonwache hielt, aber wir hatten alles andere als eine ruhige Nacht. Bei zwei Gelegenheiten betätigte eine unsichtbare Hand unsere Türklinke, und ein anderes Mal hörten wir, wie sich jemand am Fenster zu schaffen machte.

Während des gesamten Monats von der Invasion Kuwaits bis zu unserer Befreiung war diese Woche, die wir in unseren eigenen Häusern verbrachten, der Zeitraum, in dem wir uns am intensivsten gefährdet sahen und überzeugt waren, daß wir sterben würden. Uns war unbegreiflich, daß die britische Botschaft die Fortdauer des Zustands zuließ.

Sonntag, 5. August

Zwei der Frauen wurden jenem Martyrium ausgesetzt, das wir die ganze Zeit befürchtet hatten. Fünf irakische Soldaten brachen in ihr Haus ein, bedrohten sie mit einem Messer und vergewaltigten sie im Angesicht ihrer Kinder. Das war in dem Haus, von dem aus Mahmud unsere Lebensmittelpakete verteilt hatte. Diese aus dem Rahmen fallenden Aktivitäten im und vor dem Gebäude mochten die Aufmerksamkeit der Soldaten auf sich gezogen und dazu geführt haben, daß sie für eine Sonderbehandlung ausgewählt wurden. Glücklicherweise wurden die Frauen vor weiteren Erniedrigungen und ernsthaften Verletzungen bewahrt, als ein ranghöherer Soldat durch puren Zufall am Ort des Geschehens erschien und mitbekam, was passierte. Er war sehr verärgert und führte die jungen Männer ab – wir sahen sie in der Anlage nie wieder. Die Frauen hatten zufällig gerade mit einem Botschaftsangehörigen telefoniert, als die Soldaten ins Haus eindrangen, und der Mann am anderen Ende der Leitung hörte alles mit, was geschah, die Schreie, die Gewalt, das Johlen. Dieser grauenhafte Vorfall brachte uns auf einen anderen Gedanken, wie wir uns vielleicht schützen konnten. Wir wurden uns einig, für den Fall eines Angriffs während des Telefonierens mit einem weiteren Haus den Hörer nicht aufzulegen, so daß die anderen von unseren Problemen wußten und hoffentlich Alarm schlagen konnten.

Die Nachricht von der Vergewaltigung sprach sich durch das Telefonnetz bei den übrigen von uns herum und verbreitete Panik unter den Gruppen von Frauen und Kindern in den abgedunkelten Häusern. Unsere

Befürchtungen hatten sich bestätigt, und wir wußten nun, daß keine von uns mehr sicher war, solange wir in der Anlage verblieben, in der wir einst alle so glücklich miteinander gelebt hatten. Es waren noch nicht einmal achtundvierzig Stunden vergangen seit unsere Männer verschleppt worden waren, und doch kam uns die Zeit wie ein ganzes Leben vor. Jemand nahm Kontakt mit der britischen Botschaft auf. Sie versprachen, die Iraker unverzüglich zu fragen, ob ein Botschaftsangehöriger sein Quartier in der Anlage aufschlagen dürfte, bis sie uns auf Dauer herausholen konnten.

Diesmal handelten sie prompt. Ein Botschaftsangehöriger aus Kuwait City erschien am Nachmittag und begab sich gleich in das Haus, in dem die Vergewaltigung stattgefunden hatte. Die beiden Frauen waren nach dem, was man ihnen angetan hatte, verständlicherweise noch immer in einer schrecklichen Verfassung, und so beschloß unser neuer Schutzengel, in ihrem Haus zu bleiben. Die Iraker kamen seinen Wünschen ziemlich bereitwillig entgegen und akzeptierten auch seine Vorschläge, die darauf abzielten, unsere Sicherheit zu gewährleisten. Während der Tagesstunden wollte er alle Häuser aufsuchen und uns von jeglicher neuen Entwicklung in Kenntnis setzen, die ihm von der britischen Botschaft durchgegeben wurde.

Wir hatten bereits gemerkt, daß die jungen irakischen Soldaten ruhiger waren und sich gesitteter benahmen, wenn ein ranghoher Offizier zugegen war, um auf sie aufzupassen, aber immer, wenn sie sich selbst überlassen blieben, schienen sie außer Rand und Band zu geraten. Gleich nach seiner Ankunft beschwerte sich der Mann von der Botschaft bei der örtlichen irakischen Kommandantur über die Vergewaltigung, die wilden Autofahrten und die Versuche, in die von uns bewohnten Häuser einzudringen, und fast sofort trat eine entschiedene Besserung ein. Der ganze Komplex schien während des Nachmittags und des Abends viel ruhiger zu sein, und abgesehen von gelegentlichen Autos, die die Straßen hinunterfuhren, kehrte eine Art friedliche Normalität zurück. Wir hatten die vage Hoffnung, daß es dabei bleiben würde.

Früher am Tag hatte es Cassie fast das Herz gebrochen, als sie durch einen Vorhangspalt blickte und sah, daß ihr Haus geplündert wurde. Wir alle lugten vorsichtig nach draußen, als wir hörten, daß ein kleiner Lastwagen die Straße herunterkam und vor dem Haus gegenüber haltmachte. Cassie brach zusammen und weinte, als sie mit ansehen mußte, wie ihre gesamte persönliche Habe – einschließlich der Kleider aus ihrer Garderobe – von einer kleinen Soldatengruppe nach draußen gebracht und auf das Fahrzeug geladen wurde. Es lähmte sie geradezu, erleben zu müssen, wie alles, für das sie und ihr Mann gearbeitet hatten, von Leuten beschmutzt und gestohlen wurde, die kein Recht hatten, es auch nur anzufassen. Wir waren völlig machtlos dagegen. Der Lastwagen fuhr weg, und wir hofften, daß dies ein Zeichen für den Abmarsch der Truppen war, aber schon nach kurzer Zeit kam der Wagen zurück und parkte vor einem anderen geräumten Haus. Die ganze Prozedur wiederholte sich, und wir sahen sogar einen Soldaten, der sich mit einer schwarzen Aktenmappe aus Leder davonmachte. Kurz danach läutete das Telefon, und eine der anderen Frauen berichtete uns, daß sie gesehen hatte, wie Sachen aus einem dritten Haus geholt wurden. Hier waren drei Soldaten mit Handtüchern und einer Taucherausrüstung herausgekommen. Freudig erregt und ein Messer schwingend, gingen sie weiter die Straße hinunter. Eindeutig beabsichtigten die Soldaten, die Anlage nach leerstehenden Häusern abzusuchen und alles zu stehlen, was ihnen in die Hände fiel.

Trotz allem, was uns widerfuhr, mußten wir versuchen, die Kinder still zu halten, sie zu beruhigen und zu beschäftigen. Zum Glück hatten wir eine Anzahl von Videos für Kinder im Haus, und außerdem spielten wir endlos Karten, Monopoly und Trivial Pursuit. Die Klimaanlagen in unseren Häusern schützen uns vor der sengenden Hitze des kuwaitischen Sommers. Es gab Augenblicke, in denen die Erwachsenen ihre Gereiztheit an den Kleinen ausließen und sie anschnauzten. Mehr oder weniger waren wir jedoch ziemlich ausgeglichene Frauen, und wenn eine von uns niedergeschlagen oder mürrisch war, richteten die beiden anderen sie mit vereinten Kräften wieder auf. Wir einigten uns auf die Phrase ›Es wird Staub aufgewirbelt‹, und immer wenn sie fiel, wußte die Angesprochene, daß sie launisch und unleidlich wurde. Man zog sich dann allein in eine Ecke zurück, um sich wieder in den Griff zu bekommen. Wir werden uns immer wieder an diese Redensart erinnern, und sie bleibt bei allen unseren Geiselwiedersehen ein ständiger ›netter Scherz‹.

Unter den gegebenen Umständen verhielten sich alle Kinder großartig, und erst am Nachmittag fingen sie langsam an, Ermüdungserscheinungen zu zeigen. Während der ganzen Zeit unseres Eingesperrtseins bat Stuart kaum einmal darum, draußen spielen zu dürfen, obwohl er sonst immer große Freude daran gehabt hatte, überall in der Anlage herumzutollen. So jung er war und obgleich er nicht wirklich verstehen konnte, was vor sich ging, spürte er sehr genau, daß draußen Gefahren lauerten. Instinktiv hielt er sich davon fern und zeigte keine Neigung, das Haus zu verlassen.

Abermals brach eine Nacht an, und wir brachten die Kinder zu Bett. Dann setzten wir uns zusammen und sprachen freimütig über die furchtbare Situation, in der wir uns befanden. Vor Sorge um unsere Ehemänner verloren wir fast den Verstand, und wir fürchteten um die Sicherheit unserer Kinder, falls sie in die Hände der Iraker fielen. Da es aber in der unmittelbaren Zukunft keine Möglichkeit zur Flucht gab, blieb uns nichts anderes übrig, als den Kopf hochzuhalten und die Situation einfach zu überstehen.

In der Nacht rappelte einmal jemand an der Türklinke, und zweimal kamen Routineanrufe von anderen Familien, aber abgesehen davon verbrachten wir die ruhigste Nacht seit dem Beginn der Invasion. Nach allem, was wir durchgemacht hatten, war sie bitter nötig.

Montag, 6. August

Wir waren sehr gereizt als wir aufwachten, vor allem die Kinder, die jetzt vier Tage lang im Haus eingesperrt waren, fingen gleich an zu nörgeln. Wie üblich schalteten wir den World Service ein und hörten mit Grauen, daß sich die Situation in Kuwait ständig verschlechterte. Wir konnten mit dem Radiohören nicht aufhören. Etwas über unsere schwierige Situation zu erfahren, war für uns wie eine Droge geworden, von der wir nicht lassen konnten. Der zeitweilige ›Waffenstillstand‹ in unserer Wohnanlage schien vorüber zu sein, denn wir konnten draußen wieder viel Bewegung hören, und die Juxfahrer saßen wieder hinter dem Steuer unserer Wagen.

Unser Mann von der Botschaft stattete uns allen seinen Routinebesuch ab, um sich zu vergewissern, daß es uns gutging, aber er hatte uns wenig Neues mitzuteilen, abgesehen davon, daß alle Anstrengungen unternommen wurden, uns aus der Wohnanlage herauszuholen. Sie bemühten sich, im Messila Beach Hotel oder im International Hotel in Kuwait Platz für uns zu finden, und wenn das nicht gelingen sollte, wollten sie versuchen, uns direkt in den Irak nach Bagdad zu bringen. Eine endgültige Entscheidung war noch nicht gefallen, es wurde nur von diesen vagen Möglichkeiten gesprochen. Wie gewohnt lautete der amtliche Ratschlag: »Bleiben Sie an Ort und Stelle.« Wie wir diese Phrase zu hassen begannen!

Von Freunden in anderen Gegenden Kuwaits kamen noch immer Telefonanrufe durch, und alle Berichte, die wir erhielten, bestätigten, daß sich die Iraker an der Küstenlinie tief eingegraben hatten und beabsichtigten, zu bleiben. Die Lebensmittelvorräte in den Supermärkten nahmen stündlich ab, und die Preise waren noch weiter gestiegen. Überall im Land, besonders in den Ausländerkolonien, zogen die Menschen in Gemeinschaftshäuser und legten ihre Nahrungsmittel zusammen, genauso wie wir es in unserem Komplex getan hatten. Die Iraker schienen die völlige Kontrolle zu haben, obwohl sich der kuwaitische Widerstand überall regte, nachdem der offene Kampf beendet war. Gerüchte gingen um, daß die Kuwaitis tatsächlich stärker wurden, als die Tage vergingen und der Krieg seine Fortsetzung fand.

Während des Morgens bekamen wir einen Telefonanruf aus einem der weiter entfernten Häuser unserer Wohnanlage. Die Familien, die dort wohnten, wurden langsam sehr nervös, denn sie waren die einzigen Briten, die noch in diesem Abschnitt verblieben waren. Sie fragten uns, ob das Haus unmittelbar neben dem unseren aufgebrochen worden sei. Wir hatten darin keine Bewegung gehört, waren uns aber nicht sicher und wagten auch nicht, um das Haus herumzugehen und nachzusehen. Wir versprachen, den Botschaftsangehörigen bei seinem nächsten Routinebesuch zu bitten, die Eingänge zu prüfen.

Verblüffenderweise stellte er fest, daß das Haus unberührt war. Wir gaben unseren Freunden telefonisch Bescheid, und sobald die Straße frei war, zogen sie schnell und vorsichtig in das leere Haus um. Als sie eingetroffen waren, schlugen wir ein Loch in die Verbindungswand, so daß wir alle zusammen sein konnten. Die Kinder waren entzückt, denn das bedeutet, daß jetzt mehr von ihnen da waren, um zusammen zu spielen, über die Schlafarrangements wurden sie sich zur allerseitigen Zufriedenheit schnell einig. Wir Erwachsenen waren ebenfalls sehr erfreut, denn es gab so viel zu bereden, und je größer unsere Gruppe wurde, desto sicherer fühlten wir uns. Wir tauschten uns über alles aus, was passiert war, und nahmen dann eine Inventur unserer Nahrungsmittel und sonstigen Bedarfsgüter vor.

Wir machten uns allerdings einige Sorgen um Nikki, eine der neu angekommenen Frauen, die schwanger war und sich in jüngster Zeit nicht gut gefühlt hatte. In dem Bemühen, sie nicht aufzuregen, versuchten wir, alle schlechten Nachrichten vor ihr zu verheimlichen, die wir über Radio oder Telefon erhielten. Wenn ich jetzt auf einige der Tricks zurückblicke, die wir anwandten, und auf die Verwirrung, die dadurch entstand, muß ich unwillkürlich lachen. Wenn wir beispielsweise alle in der Küche um das Radio versammelt waren und Nikki hereingeschlendert kam, ging schlagartig das Radio aus. Wir sprangen dann alle auf, gaben vor, irgend etwas erledigen zu müssen, und ließen sie alleine da stehen. Wir alle kamen einander sehr nahe und begründeten Freundschaften, die so lange bestehen werden, wie wir leben.

Als der fünfte Tag unserer Belagerung anbrach, wurden einige aus unserer Gruppe krank, insbesondere einige Kinder. Der kleinen Kommune in unserem Doppelhaus gehörten zwei Krankenschwestern an, die sich sofort, als sie von dem Problem hörten, ans Telefon setzten und alle baten, uns sämtliche Medikamente, die sie besaßen, zu überlassen. Der Mann von der Botschaft wurde verpflichtet, einen Rundgang zu machen, alle Arzneien einzusammeln und zu uns zu bringen. Die Krankenschwestern stellten dann für jedes Haus ein kleines Päckchen zusammen, so daß allen für den Notfall wenigstens eine Grundausstattung zur Verfügung stand.

Am Nachmittag stattete der britische Botschafter höchstpersönlich unserer Anlage einen Besuch ab, und unser Botschaftsangehöriger holte aus jedem Haus ein paar Leute, die mit ihm zusammentreffen sollten. Der Botschafter war aus Kuwait City gekommen und versuchte, uns zu helfen, mußte jedoch einen feindseligen Empfang hinnehmen. Er konnte uns immer noch nichts Positives über unsere Ausquartierung sagen, und die steigende Bitterkeit und Frustration vieler Frauen kochte einfach über. Eine der Frauen fragte, warum man uns nicht am Tag der Invasion, als noch Zeit zur Flucht gewesen wäre, ausquartiert hatte.

»Wir dachten, daß sie nur die Grenze überschreiten würden«, antwortete er. »Wir wußten nicht, daß sie ganz Kuwait besetzen würden.«

Die Diskussion wurde ziemlich hitzig, denn das allgemeine Gefühl war, daß man uns geraten hatte, an Ort und Stelle zu bleiben und geradezu auf die Iraker zu warten, um von ihnen erwischt zu werden. Ich persönlich hielt den Streit über das, was vielleicht gewesen wäre, für irrelevant und meinte, daß es jetzt am wichtigsten sei, einen eindeutigen Plan auszuarbeiten, um uns an einen sicheren Ort zu bringen.

Nachdem wir nach Hause zurückgekehrt waren und die Kinder zu Bett gebracht hatten, setzten sich die Erwachsenen noch zum Kartenspiel zusammen, aber um halb neun wurden wir durch das Telefon unterbrochen. Es war unser Mann von der Botschaft, der uns riet, die Klimaanlage höher zu stellen, um das Hämmern des Gewehrfeuers zu übertönen. Offenbar hatten die Iraker die Polizeistation in Salwa besetzt, die Liste der Reservisten an sich genommen und dann die darauf zusammengestellten Adressen aufgesucht. Sie holten die kuwaitischen Männer aus ihren Wohnungen und preßten sie zum Militärdienst. Die wütenden Ehefrauen der Opfer waren ihnen auf die Straße gefolgt, und erst, indem sie über ihre Köpfe hinweg feuerten, gelang es den Soldaten, die Frauen zu zerstreuen. Wir konnten die Schüsse bis in die frühen Morgenstunden hören, begleitet von abermaligem Rappeln an unseren Türen und Fenstern und dem Lärm der Autos, die durch unsere Anlage rasten. Es war eine der schlimmsten Nächte, die wir zusammen verbrachten, und es dauerte sehr lange, bis wir endlich einschlafen konnten.

Dienstag, 7. August

Dies war der bisher deprimierendste und längste Tag unserer Gefangenschaft, und er begann mit Augenblikken des blanken Entsetzens. Wir wachten früh auf, ziemlich erleichtert, eine weitere Nacht unbeschadet überstanden zu haben, und ich ging zu dem Loch in der Wand, um nachzusehen, ob auch unsere Freunde nebenan schon wach waren. Drei von ihnen waren bereits auf den Beinen, und ich hatte gerade angefangen, mit ihnen zu reden, als der Schatten eines Mannes das Fenster verdunkelte – ein irakischer Soldat schickte sich an, ins Haus einzubrechen. Eine der Frauen rannte zum Fenster und schrie aus vollster Lunge, daß er weggehen solle, aber im gleichen Augenblick tauchte ein zweiter Schatten an der Küchentür auf. Wir liefen zusammen hin und schrien abermals, und glücklicherweise verschwanden die Männer. Als wir später darüber nachdachten, brachen wir in Gelächter aus. Wir hatten einen solchen Krach gemacht, daß die Männer vermutlich genausoviel Angst vor uns gehabt hatten wie wir vor ihnen. Wahrscheinlich hatten sie nur ein weiteres leeres Haus gesucht, das sie plündern konnten, und dieses Haus neben dem unseren war ja auch bis zum vorigen Tag unbewohnt gewesen. Nichtsdestoweniger handelte es sich um ein äußerst unerfreuliches Ereignis, denn wenn sie ein bißchen früher gekommen wären, als alle noch schliefen, hätten sie tatsächlich ins Haus eindringen können.

Inzwischen hatten die Irakis sämtliche verlassenen Häuser in der Anlage bis auf den letzten Teppich ausgeräumt. Es gab noch einige wenige Wagen, die die Iraker nicht gestohlen hatten. Nicht, daß sie es nicht versucht hätten. Derek und ich besaßen einen Jeep mit Vierradantrieb, den die Eindringlinge noch nicht geknackt hatten, weil sein Schloß so gut gesichert war, aber ich rechnete damit, daß auch er bald aufgebrochen würde.

Heute sollten die älteren Kinder einen schlechten Tag haben, und es war eigentlich erstaunlich, daß es nicht schon früher dazu gekommen war. Die Langeweile, die ihnen aufgezwungen wurde, weil sie Tage hintereinander innerhalb der vier Wände verbringen mußten, verbunden mit der Belastung, die Sorgen und Nöte der Erwachsenen teilen zu müssen, machte sich bei den sonst so ordentlichen und normalen Jugendlichen schließlich bemerkbar. Ich erlaubte Craig und Stephen, sämtliche Wände in Craigs Schlafzimmer mit Graffitis zu beschmieren, um ihre Frustration loszuwerden. Wir Frauen waren nicht viel besser dran, denn es gab noch immer keine Nachricht von unseren Männern. Außerdem waren wir der Freiheit noch keinen Schritt näher gekommen, so daß sich eine allgemeine Niedergeschlagenheit breitmachte. Wir waren sehr gereizt und mußten uns immer öfter selbst auf die Zunge beißen.

Das einzig Gute war, daß wir mit den Lebensmitteln auskamen, obgleich es mit den Getränken problematisch wurde. Die Frischmilch ging zur Neige, und es war schwer, den Kindern ihre Soft Drinks zu verweigern, die sie so gerne tranken. Weil es so heiß war, hatten sie vor der Invasion reichlich getrunken, um ihren Flüssigkeitshaushalt stabil zu halten, aber wir waren schon gleich zu Beginn der Krise zu Rationierungen gezwungen. Am Nachmittag stattete uns Mahmud einen Besuch ab, der allerdings nicht zur Hebung unserer Stimmung beitrug, weil er gezwungen war, die Anlage zu verlassen. Die Iraker hatten ihm gesagt, daß die letzte Gelegenheit mit seiner Familie zu fliehen der nächste Tag sei. Er hatte sechs Kinder, angefangen bei einem Achtjährigen bis hin zu einem winzigen Baby, und ihm blieb keine andere Wahl, als zu gehen, solange er noch rauskam. Er war sehr aufgebracht, weil er uns in der Not verlassen mußte, und weinte sogar, als er sich verabschiedete. Als er gegangen war, fühlten wir uns sehr bedrückt. Er war so freundlich und fürsorglich zu uns gewesen, und ich frage mich oft, was aus ihm und den Seinen inzwischen geworden ist.

Als die Dunkelheit hereinbrach, vernahmen wir Geräusche, die sich anhörten, als ob Schwertransporter ganz nahe an unsere Anlage heranrückten. Wie es schien, brachten die Iraker wegen der Explosionsgefahr der

Ölraffinerie Panzer hinter unsere Häuser und riegelten das Gebiet völlig ab. Noch etwas, worüber wir uns Sorgen machen mußten!

Es kamen Telefonanrufe von den Frauen aus den andern Häusern, aber diese konnten uns kein Gefühl von Trost und Sicherheit bringen. Die Frauen waren genauso deprimiert wie wir, die allgemeine Moral sank von Tag zu Tag.

Mittwoch, 8. August

Die Nachricht, auf die wir so lange und begierig gewartet hatten, traf um zehn Uhr zwanzig morgens ein. Mittels eines Telefonanrufs wurde uns gesagt, daß wir in zwanzig Minuten fertig sein sollten, um nach Kuwait City aufzubrechen, wobei wir pro Familie nur einen Koffer mitnehmen dürften. Minuten später kam von der Botschaft ein weiterer Anruf mit der Frage, ob uns noch einige Transportmittel zur Verfügung ständen. Wir besaßen unseren Jeep und einen Mazda, und unsere Nachbarn hatten ebenfalls zwei Fahrzeuge, so daß wir hofften, für uns alle zusammen etwas zu finden, das noch vier Räder hatte und funktionierte. Ein Koffer für eine Frau und zwei Jungs erforderte einige Planung, aber ich schaffte es in Windeseile. Ich packte zwei Garnituren Kleidung für Stuart und Craig sowie eine Garnitur Unterwäsche und ein T-Shirt für mich ein und legte einige wichtige Papiere und Ausweise obendrauf. Es ging geschäftig im Haus zu, als alle versuchten, sich irgendwie reisefertig zu machen, und mitten hinein platzte unser Mann von der Botschaft, der die Transportsituation überprüfen wollte. Unser Jeep war in Ordnung und vollgetankt, aber wir mußten den Mazda aufgeben, weil die Iraker den Tank leergefahren hatten. Die beiden Wagen der Nachbarn waren von den Juxfahrern beschädigt worden. Insgesamt war höchstens ein Viertel aller Fahrzeuge in der Anlage zu gebrauchen, und so konnten wir nur beten, daß sie ausreichen würden, uns alle aus diesem Höllenloch herauszubringen, das unser Zuhause gewesen war.

Unsere letzte Aufgabe vor dem Aufbruch machte uns sehr traurig. Wir besaßen einen Papagei. Vorher hatte er dem Gründer der Spielgruppe gehört, die ich geleitet hatte. Seit zwölf Monaten war der Papagei bei uns, und wir hatten ihn Peter getauft. Er konnte nicht nur großartig, sondern vor allem zweisprachig sprechen und besaß Humor. Er konnte ›Daddy kommt‹ auf Arabisch sagen, hatte einige englische Redewendungen und sogar ein paar Schimpfwörter aufgeschnappt und konnte das Klingeln des Telefons so gut imitieren, daß wir oft aus dem Sessel aufstanden, um den Hörer aufzunehmen. Eines Tages, als ein neues Hausmädchen bei uns zu arbeiten begann, sagte er immer wieder »Hallo«, bis sie nervös im ganzen Haus umherlief und Ausschau nach einem Einbrecher hielt. Stuart mochte ihn ganz besonders und verbrachte viele Stunden damit, ihn zu füttern und mit ihm zu sprechen. Er hatte meinem Sohn so viel Freude bereitet, und ich wollte ihn um keinen Preis in die Hände dieser Menschen fallen lassen, die offensichtlich kein Leben achteten. Deshalb brachten wir Peter in den Garten und ließen ihn dort fliegen. Die Wahrscheinlichkeit, daß er in Freiheit umkam, war groß, aber immer noch besser, als ihn eingesperrt zurückzulassen, damit ihn betrunkene Lümmel abschlachten konnten.

Als das Kommando zum Aufbruch kam, liefen etwa dreißig Familien aus den Häusern, drängten in die Fahrzeuge und warteten mit verschlossenen Türen und Fenstern auf den Beginn der vierzig Kilometer langen Fahrt von Fahaheel nach Kuwait City. Peter war noch immer nicht weggeflogen, und Stuart wurde sehr traurig, aber dann hatte Craig eine Idee, die wieder einmal zeigte, welchen Reifegrad er durch die Umstände plötzlich erreicht hatte. Er erzählte Stuart, daß Peter gleich nach unserer Abfahrt zu seinen Eltern fliegen oder sich auf den Weg nach England machen und dort darauf warten würde, daß wir zurückkehrten und uns wieder um ihn kümmerten.

Stuart beruhigte sich nach dieser Nachricht sofort.

Alle Wagen standen abfahrbereit in einer Reihe, als plötzlich Dutzende von irakischen Soldaten mit einer großen Anzahl von Offizieren aus ihren Baracken kamen. Sie waren überall. Der britische Botschafter erschien ebenfalls, und wir wurden angewiesen, ihm im Konvoi nach Kuwait City zu folgen, wo unser Ziel das Kuwait International Hotel war. Stuart muß dies alles als sehr verwirrend empfunden haben. Er verließ das einzige Zuhause, das er jemals gekannt hatte. Obwohl in England geboren, war er kaum mehr als ein Baby gewesen, als Derek seine Arbeit in Kuwait antrat, und so hatte er an sein Geburtsland keinerlei Erinnerung. Dies war das erste Mal seit Beginn der Invasion vor fast einer Woche, daß wir uns außerhalb der kleinen, abgeschlossenen Welt unserer Wohnanlage befanden, und so blickten wir während der Fahrt verblüfft auf all die Veränderungen, die stattgefunden hatten. Panzer und Soldaten hatten sich in Fahaheel an der gesamten Küste eingegraben. Auf den Straßen herrschte nur leichter Verkehr, und die meisten Fahrer waren irakische Soldaten in Wagen, die sie sich widerrechtlich angeeignet hatten. Unser Konvoi erregte einige Verwunderung. Eine Schlange mit einem Dutzend oder mehr Autos voller westlicher Frauen und Kinder mußte man erst einmal sehen, um an sie zu glauben. Eine beträchtliche Zahl von Menschen schien trotz des Kriegs ganz normal weiterzuleben, hauptsächlich Leute aus Indien oder Bangla Desh.

Während der Reise sahen wir viele Zeichen der Zerstörung, insbesondere aufgegebene, zerbeulte und ausgeschlachtete Fahrzeuge, aber nichts bereitete uns auf die Verwüstungen vor, die wir in Kuwait City sahen. Wir hatten gehört, daß die Stadt bei den Kämpfen schwer von Granaten und Bomben getroffen worden war, aber wir konnten das Ausmaß der Zerstörungen kaum glauben, das auf uns wartete, als wir in die Trümmerlandschaft hineinfuhren, die einst eine blühende, reiche Stadt gewesen war.

Als wir kurz vor Mittag das International Hotel erreichten, wurden wir angewiesen, auf dem Außenparkplatz zu parken und uns an der Rezeption einzufinden. Im Inneren des Gebäudes brachen viele von uns in Tränen aus, zum Teil aus Erleichterung, in relativer Sicherheit zu sein, zum Teil aus Sorge um das, was noch vor uns lag. Wir wurden aufgefordert, einem irakischen Soldaten an der Rezeption unsere Pässe zu übergeben, aber ich zögert zunächst, dies zu tun.

»Es gefällt mir nicht, ihm unsere Pässe geben zu müssen«, raunte ich dem Angehörigen der britischen Botschaft zu, der bei uns geblieben war.

»Meine Liebe«, erwiderte er, »ich kann Ihnen innerhalb einer Viertelstunde einen neuen ausstellen.«

Wir bekamen Schlafzimmer zugewiesen. Cassie fragte, ob sie bei uns bleiben könne, statt in ein eigenes Zimmer zu gehen, und wir hatten natürlich nichts dagegen. Auf dem Weg zu den Aufzügen traten zwei englische Angehörige des Hotelpersonals, die ich von früheren Hotelbesuchen kannte, auf mich zu. Vorsichtig fragten sie, ob ich ihre Telefonnummern in England notieren und mich mit ihren Familien in Verbindung setzen würde, falls wir früher als sie nach London zurückkämen. Sie waren sehr dankbar, als ich ihren Wunsch erfüllte, obgleich der Vorfall für alle sehr bestürzend war. Denn deutlich brachte er zum Ausdruck, daß niemand von uns wußte, wie unser zukünftiges Schicksal aussehen würde. Ich frage mich oft, wo all diese Menschen jetzt sind und wie sich die Dinge für sie entwickelt haben.

Nachdem wir eine Woche lang in unseren eigenen Häusern gefangen und eingesperrt verbringen mußten, war das International wunderbar, besonders für die Kinder, die nun mehr Raum zum Herumlaufen hatten. Unsere Zimmer waren sehr schön, fast luxuriös, und wir konnten uns überall im Haus frei bewegen, allerdings war es uns verboten, nach draußen zu gehen. Um das Hotel und seine Außenanlagen patrouillierten bewaffnete Wachposten, und in jedem bewohnten Stockwerk stand ein Sicherheitsbeauftragter, denn im Hotel waren auch einige hochrangige irakische Diplomaten abgestiegen. Obgleich es dadurch unmöglich war, die irakische Anwesenheit zu vergessen, fühlten wir uns nach dem

Alptraum der vergangenen Tage sehr erleichtert und schätzten uns glücklich, noch zu leben.

Nachdem wir uns eingerichtet hatten, beschlossen wir, einen Rundgang durch das Hotel zu machen. Normalerweise war es sehr beliebt und gut besucht, aber jetzt lag es da wie tot. Es waren nur wenige Menschen da, und bei denen handelte es sich, wie wir später herausfanden, hauptsächlich um Iraker. Die einzigen westlichen Gäste neben uns waren, wie es schien, ein französisches Ehepaar mit zwei kleinen Kindern, das auf dem Weg nach Luxor, wo der Mann eine neue Arbeit antreten sollte, in die Wirren der Invasion geraten war.

Das Hotelmanagement sagte uns, daß das Abendessen zwischen sieben und neun Uhr serviert würde, und gab sich die allergrößte Mühe, uns dabei zu helfen, die Kinder zu beschäftigen. Sie bauten eine aufblasbare Springburg auf, und die jüngeren Kinder fingen sofort an, wie verrückt darauf herumzuhüpfen, um ihre seit einer Woche aufgestaute Energie auszutoben. Craig war entzückt, als er feststellte, daß die Bowlingbahn des Hotels noch in Betrieb war. Und was ihm noch besser gefiel: Er brauchte nicht einmal dafür zu bezahlen!

Nach ungefähr einer Stunde kehrten wir in unser Zimmer zurück und ruhten uns ein bißchen aus, bevor wir uns zum Abendessen frisch machten. Cassie hatte sich zwei anderen Frauen aus unserer Gruppe angeschlossen, die keine Kinder hatten, und ich sagte ihr, daß sie wohl mehr Ruhe und Frieden finden würde, wenn sie mit ihnen zusammenwohnte. Wir beide sahen den Sinn dieses Vorschlags ein, da wir während der vergangenen Tage praktisch kaum Schlaf gefunden hatten, und so zog sie in ihr Zimmer um, das eine Etage tiefer lag.

Während der nächsten Stunde legten alle Erwachsenen der Gesellschaft eine neue Methode fest, um mit der Außenwelt und untereinander in Kontakt zu bleiben. Über unser bisheriges privates Telefonnetz verfügten wir ja jetzt nicht mehr. Wir beschlossen, daß alle telefonischen Durchsagen von der Botschaft an einer Stelle in Empfang genommen werden sollten und zwei Personen in jeder Etage dafür verantwortlich waren, die Informationen an alle übrigen weiterzugeben. Der Tanzsaal wurde als Ort der allabendlichen Versammlung ausersehen, auf der uns Mr. Simon, der Hotelmanager, über allgemeine Neuigkeiten vom Geschehen in Kuwait auf dem laufenden halten und nützliche Informationen über das Hotel geben würde.

Nachdem die Jungs sich abermals mit der Springburg und der Bowlingbahn amüsiert hatten, trafen wir mit den übrigen Mitgliedern unserer Gesellschaft beim Abendessen im Restaurant zusammen. Die Stimmung aller hatte sich beträchtlich gebessert. Wir waren noch immer sehr nervös, aber doch entspannter als in der ganzen Zeit nach dem Abtransport unserer Männer nach Bagdad. Die Umstände unseres Einzugs in das Hotel waren etwas bizarr gewesen, weil wir wohl eher an eine Ausflugsgesellschaft erinnerten, die sich zu ihrem jährlichen Treffen im Ferienlager befand, als an eine Gruppe von Flüchtlingen, die man unter Hausarrest gestellt hatte.

Die bewaffneten und uniformierten Wachposten, die überall im Hotel zu finden waren, erinnerten uns allerdings ständig an die tatsächliche Gefahr und Ungewißheit, in der wir uns befanden, und wir achteten ängstlich darauf, daß sich die Kinder gesittet benahmen, um die im Hotel abgestiegenen irakischen Diplomaten nicht zu verärgern. Bei späterem Nachdenken erkannten wir, daß wir ziemlich naiv waren, denn natürlich wußten alle, wer wir waren und was wir im Hotel taten. Die Lebensmittelversorgung im Hotel war noch immer gut, aber wir konnten die Rationierungsgewohnheit, die uns aufgezwungen worden war, als wir eingesperrt in unseren Häusern saßen, nicht ablegen und sagten den Kindern immer wieder, daß sie sich nicht mehr nehmen sollten, als sie essen konnten.

Nach dem Abendessen brachte ich Stuart ins Bett, und während Craig bei ihm blieb, um ein Auge auf ihn zu halten, ging ich zu unserem Eröffnungstreffen im Tanzsaal. Es wurde uns gesagt, daß im Fall eines Luftangriffs oder einer sonstigen militärischen Aktion gegen die Stadt eine Alarmsirene ertönen würde, die das Signal für uns war, in der Tiefgarage des Hotels Schutz zu suchen. Die Tanks aller Fahrzeuge, die dort standen, waren geleert worden, um die Gefahr einer Explosion zu verringern. Außerdem würden dort Wasserflaschen zur Verfügung stehen, um unsere Überlebenschancen für den Fall zu erhöhen, daß das Hotel beschädigt wurde und wir in der Falle saßen. Das Management hatte offensichtlich alles gut durchdacht, und wir waren von der Effizienz sehr beeindruckt, obwohl uns die Aussichten auf das, was passieren könnte, erschreckten. Es schien so, als ob jedesmal, wenn wir uns ein bißchen sicherer und zuversichtlicher fühlten, eine neue Sorge auftauchte, die uns erbarmungslos auf den Boden der Tatsachen zurückbrachte.

Weiterhin bekamen wir den Ratschlag, jeden Abend die Badewannen in unseren Zimmern für den Fall einer plötzlichen Wasserverknappung vollaufen zu lassen. Zum Schluß der Versammlung schlug Mr. Simon vor, daß wir alle ins Tiefgeschoß gehen sollten, um uns mit dem Grundriß der Garage vertraut zu machen. In Begleitung eines Wächters, der ein Auge auf uns hielt, wurden wir nach unten geführt.

Als ich in mein Zimmer zurückkehrte, fand ich Stuart schlafend vor, während Craig auf ihn aufpaßte. Ich berichtete Craig alles, was man mir erzählt hatte, und versprach, am nächsten Tag mit ihm in die Tiefgarage zu gehen, so daß er sich selbst ein Bild machen konnte – es war nur fair, ihn während Dereks Abwesenheit als den Mann in der Familie anzusehen. Wenn ich jetzt aus meinem sicheren Heim in England auf diese schrecklichen, dunklen Tage zurückblicke, kann ich meinen Stolz auf seine Verhaltensweise kaum ausdrücken. Und doch war er nicht der einzige – alle Kinder unserer Gruppe hatten erlebt, wie ihre Väter weggeschleppt und ihre Welt auf den Kopf gestellt wurde. Trotzdem legten sie während der ganzen Zeit eine Tapferkeit an den Tag, die man aus erster Hand erlebt haben mußte, um sie verstehen und würdigen zu können.

Donnerstag, 9. August

Unser erster richtiger Schlaf seit der Invasion war lang, aber unruhig, und obwohl wir ziemlich früh aufwachten, fiel es uns schwer, aufzustehen und einem neuen Tag ins Gesicht zu blicken. Es war deshalb schon halb neun, als wir zum Frühstück in den Speisesaal gingen. Gemessen an dem normalerweise üppigen Standard des International Hotel fiel es ein bißchen schlicht aus, war aber dennoch mehr als ausreichend. Die Kinder unserer Gesellschaft machten sich mit gesundem Heißhunger darüber her, während wir Frauen nur wenig essen konnten, weil wir wohl zu nervös waren. Einer der Kellner sagte uns, wo wir unsere Wäsche waschen lassen konnten, und so suchte ich unsere wenigen Sachen zusammen, während sich Craig mit Stuart auf den Weg machte, um das Gebäude zu erforschen. Mir wurde plötzlich bewußt, daß der Tag zum Stillstand gekommen war: Außer auf das Mittagessen zu warten, gab es einfach nichts zu tun.

Wenn das Problem der Langeweile schon die Erwachsenen berührte, war es nur eine Frage der Zeit, bis auch die Kinder davon erfaßt würden. Deshalb traf ich mich mit einigen der anderen Frauen an der Springburg, und wir kamen zu der Ansicht, daß wir versuchen mußten, die Dinge in den Griff zu bekommen. Wir waren uns einig, daß es unsere oberste Pflicht war, die Kinder zu beschäftigen und zufriedenzustellen, wodurch wir selbst genug zu tun hatten, um uns nicht zu langweilen. Wenn wir vermeiden wollten, ständig darüber nachzusinnen, was mit uns und unseren Männern geschah, war es lebensnotwendig, die Zeit nicht zu einer Belastung werden zu lassen. Seit Beginn unseres Alptraums war jetzt genau eine Woche vergangen, und gerade der heutige Tag war nicht der richtige Zeitpunkt, um in Unglück und Selbstmitleid zu versinken. Diesen Überlegungen folgend, fingen wir an, Pläne zu machen und sie in die Tat umzusetzen. Neben mir hatte auch eine der anderen Frauen Erfahrung beim Umgang mit Spielgruppen, und so beschlossen wir, irgendwo Spielsachen aufzutreiben und alle Kinder zu morgendlichen und nachmittäglichen Spielrunden unter Anleitung zusammenzurufen. Die Organisation ließ den Morgen ziemlich schnell verstreichen. Auch das Hotelmanagement kam uns wieder zu Hilfe und stellte in einem der unten gelegenen Räume einen Fernseher und ein Videogerät auf. Da nur einige wenige Bänder dabei waren, machten wir uns auf die Suche nach weiteren.

In der Zwischenzeit waren in dem inoffiziellen Büro, das wir in einem der oberen Zimmer mit einem ständig besetzten Telefon eingerichtet hatten, diverse Anrufe von Freunden aus Kuwait eingegangen. Alle wollten sich erkundigen, ob es uns gutging, und uns sagen, wie froh sie waren, daß wir es geschafft hatten, sicher aus unserer Wohnanlage herauszukommen. Aber bald sollten selbst diese Interessenbekundungen einen bedrückenden Beigeschmack bekommen. Später am Tag warnte uns die Botschaft davor, Kontakt mit unseren Freunden und Kollegen aus der britischen Kolonie aufzunehmen, weil die Mehrheit von ihnen noch nicht gefangen war und sich versteckt hielt – es war zu befürchten, daß die Telefone abgehört wurden. Ich wollte so gerne mit meinem Chef und einer langjährigen Freundin sprechen, aber ich hatte zuviel Angst, es zu tun. Das Risiko, der mithörenden irakischen Geheimpolizei ihren Aufenthaltsort zu verraten, konnte ich nicht eingehen. Dies und die aufkommenden Gerüchte über die Greuel, die der kuwaitischen Zivilbevölkerung angetan wurden, ließen unseren Mut sinken und erfüllte uns erneut mit Sorge um unsere Sicherheit und um die unserer Männer.

Am Nachmittag gingen wir ins Café des Hotels und setzten uns an ein Fenster, das einen weiträumigen Blick auf das Meer und die Hauptstraße bot, die längs der Küste nach Kuwait City hineinführte. Wohin wir auch blickten – überall sahen wir irakische Soldaten, die sich am Strand eingegraben hatten, und der Verkehr auf der Küstenstraße bestand hauptsächlich aus Militärfahrzeugen, die hin und her fuhren. Es war sehr heiß draußen, und dort, wo das helle Blau des wolkenlosen Himmels allmählich mit dem Marineblau des Golfs verschmolz, verlor sich der ferne Horizont im Dunst. In dem klimatisierten Kokon des Hotels herrschte jedoch eine angenehme Kühle. Ironischerweise wirkte die Landschaft sehr friedvoll, und wir hatten das Gefühl, daß wir sie aus weiter Ferne betrachteten – sicher und völlig losgelöst von ihr. In Wirklichkeit waren wir sehr wohl betroffen und mußten uns ständig vor Augen führen, daß das, was wir da sahen, kein halbherziges militärisches Manöver vor dem Hintergrund einer unberührten Seelandschaft war, sondern die äußerlichen Zeichen der brutalen Unterdrückung eines kleinen, unabhängigen Landes durch rücksichtslose, kampferprobte Elitetruppen.

Im Inneren des Hotels herrschte eine eigenartige, gemischte Atmosphäre – die sichtbare Auswirkung der militärischen Besetzung berührte sich unmittelbar mit dem Alltagsleben normaler britischer Familien, die leicht den Eindruck erwecken konnten, daß sie Urlaub machten. Die irakischen Soldaten waren bei ihren Patrouillengängen allgegenwärtig, mischten sich jedoch in unsere Belange nicht ein. In dieser Szenerie, bei der es sich durchaus um Ausschnitte aus einem Kriegsfilm hätte handeln können, wurden zwei Tischtennistische aufgestellt. Sie waren sofort von den Heranwachsenden umlagert, die sich lautstark um ein Spiel rissen, ganz so als würden sie sich in einem freitäglichen Jugendclub oder in einem Sportzentrum im Herzen Englands befinden. Kurz vor dem Abendessen trat der französische Herr mit der Idee an uns heran, mittags und abends um sechs für die kleineren Kinder einfachere Essensarrangements zu treffen. Dies schien ein guter Gedanke zu sein, denn dadurch konnten die Erwachsenen bei ihren eigenen Mittags- und Abendmahlzeiten mehr Ruhe und Entspannung finden. Der Franzose versprach, sich beim Hotelmanagement darum zu kümmern.

Als es Zeit wurde für unsere abendliche Zusammenkunft im Tanzsaal, bekamen wir die wichtige Mitteilung, daß wir, egal was uns auch sonst zustoßen mochte, in der unmittelbaren Zukunft nicht verhungern würden. Dies war den guten Beziehungen der irakischen Diplomaten zu verdanken. Interessiert daran, ihren eigenen Essenstandard zu halten, hatten sie dem Hotelmanagement versprochen, daß sie für eine regelmäßige und ausreichende Belieferung des Hotels mit Lebensmitteln Sorge tragen würden.

Daß wir uns am nächsten Tag langweilen könnten, war eher unwahrscheinlich, weil einer der anderen Gäste eine Schatzsuche organisieren wollte, und als ich Craig nach meiner Rückkehr in unser Zimmer davon erzählte, war er ganz aufgeregt. Herrje! Nach allem, was er durchgemacht hatte, war es gut, ihn plötzlich so viel Interesse und Begeisterung für ein derart simples Vergnügen aufbringen zu sehen. Er verdiente die Chance, wieder einmal ein Kind und sorglos sein zu dürfen, wenn es auch nur für einige wenige Sekunden war.

Wir waren verblüfft, festzustellen, daß der Fernsehsender noch immer ein ganz normales Programm brachte. Die Jungs und ich sahen uns einige Sendungen an, bevor wir in dieser Nacht zu Bett gingen. Zuvor galt es, noch eine letzte Sicherheitsvorkehrung zu treffen: Ich vereinbarte mit einer Freundin namens Jean, die auf der anderen Seite des Korridors wohnte, daß sie für den Fall eines Fliegeralarms nachsehen würde, ob wir die Sirene gehört hatten und fluchtbereit waren, und ich würde für sie dasselbe tun. Es war nur ein bescheidener Schutz gegen die Schrecken der Kriegführung im zwanzigsten Jahrhundert, aber es minderte unser Anspannung ein kleines bißchen.

Freitag, 10. August

Durch den Streß und die Anspannung unserer mißlichen Lage kam es zu einer spürbaren Zerrüttung unserer Gesundheit. Die ersten Anzeichen machten sich bemerkbar, als zwei der Frauen krank wurden. Eine von ihnen befand sich in den ersten Stadien der Schwangerschaft und war schon bei mehreren Anlässen nahe daran gewesen, eine Fehlgeburt zu erleiden. Wir baten das Hotelmanagement, unsere Wächter zu fragen, ob ein Arzt ins Hotel kommen durfte, um sie zu untersuchen. Dies geschah später am Morgen, und der Arzt steckte sie sofort für einige Tage ins Bett. Er untersuchte auch die andere Kranke, die sich sehr schlecht fühlte und große Schmerzen hatte. Er diagnostizierte ein mögliches Magengeschwür, und sie wurde auf eine völlig fettfreie

Diät gesetzt. Die Ungewißheit über die Dauer unserer Gefangenschaft machte uns sehr mutlos, und diese Krankheitsfälle trugen noch zusätzlich dazu bei, unsere Niedergeschlagenheit zu verstärken.

Deshalb, Gott sei Dank, die Schatzsuche! Als alle auf der Suche nach Hinweisen die Korridore entlangliefen, schien zum ersten Mal Betrieb im Hotel zu herrschen. Die Kinder hatten wirklich großen Spaß an der Sache und nahmen sie sehr ernst, und plötzlich war es schon Mittag – es wurde Zeit, die neue Tischordnung der jüngeren Kinder auszuprobieren. Sie war ein voller Erfolg, denn die Kleinen sahen das Ganze mehr als Party an. Das Festhalten an der Tagesordnung, die wir für uns ausgearbeitet hatten, mag Menschen, die unserer Qual niemals ausgesetzt waren, nichtig und albern erscheinen. Zu jener Zeit aber waren solche Regeln für uns lebensnotwendig, denn wir waren beschäftigt, sannen nicht darüber nach, was alles mit uns passieren könnte, und brachten die langen Stunden hinter uns, ohne den Verstand zu verlieren. Obwohl wir physisch gut versorgt wurden, verstanden wir plötzlich intuitiv, was Kriegsgefangene und Langzeithäftlinge durchmachen mußten, besonders unter Umständen, die große persönliche Gefahren mit sich brachten. Langeweile und Furcht töten genauso sicher wie eine Kugel, sie tun es nur viel langsamer und schmerzhafter.

Wir wurden uns auch zum erstenmal der Tatsache bewußt, daß viele der Iraker freundliche, ganz normale Menschen mit den gleichen Sorgen und Kümmernissen waren wie wir selbst. Ein uniformierter Wächter fragte einen der Jugendlichen unserer Gruppe, wo sein Vater wäre, und der Junge erwiderte: »Ihre Leute haben ihn weggeschleppt.« Der Wächter sah ihn sekundenlang an. »Es tut mir leid«, sagte er dann, wendete sich beschämt ab und ging weg. Wenn die Wächter außer Dienst waren, benutzten sie dieselben Hoteleinrichtungen wie wir, und eine ganze Anzahl von ihnen gab sich große Mühe, freundlich zu sein und mit uns zu sprechen. Dies war ein Muster, das sich während der folgenden Wochen oft wiederholte, auch noch, als man uns nach Bagdad gebracht hatte. Wir stellten fest, daß sie wie die Menschen in der ganzen Welt waren – einige fröhlich, einige traurig, einige gütig und einige grausam.

Als wir das Hotel und die Menschen, die es beherbergte, besser kennenlernten, entdeckten wir eine Reihe von anderen Gästen, die gleich uns unschuldig in die Wirren des Kriegs geraten waren. Dergleichen ist wohl in Kriegszeiten unvermeidlich und passiert immer wieder. Es schien, daß alle, die wir trafen, eine traurige Geschichte zu erzählen hatten. Besonders leid taten mir einige Amerikaner, die Kuwait an eben dem Tag, an dem die Invasion begann, hatten verlassen wollen.

Während des Nachmittags wurden die Soldaten durch zivile Aufpasser ersetzt, die Anzüge im Safaristil trugen. Auch sie waren bewaffnet und patrouillierten durch das Hotel, aber ihr saloppreres Erscheinungsbild bewirkte, daß wir die offenkundige Gegenwart des Militärs nicht ganz so nachdrücklich im Nacken spürten. Die erste Spielrunde mit den kleineren Kindern begann um zwei Uhr nachmittags und war ein ziemlicher Erfolg. Es gab viele Freiwillige, die sie leiten wollten, und es stand eine große Auswahl an Spielzeug zur Verfügung, das vom Hotel und verschiedenen Familien bereitgestellt worden war.

Nachdem ich bei der Festlegung der Aufsichtspersonen mitgewirkt und Stuart in der Spielgruppe zurückgelassen hatte, konnte ich mich wieder mit einigen der anderen Frauen im Café zusammensetzen. Wir redeten lange über die politische Situation und den wachsenden Druck, den die Westmächte auf den Irak ausübten. Besorgt fragten wir uns, wie und wo das alles enden würde. Natürlich hatten wir unterschiedliche Ansichten und drückten sie auch leidenschaftlich aus. Das einzige Nützliche an unserer Debatte war, daß sie als Sicherheitsventil zum Abbau unsere Anspannung dienen konnte, denn es stand absolut nicht in unserer Macht, das Problem in irgendeiner Weise zu beeinflussen. Auf dem Höhepunkt unserer hitzigen Diskussion gesellte sich einer der Männer von der Botschaft zu uns. Er hatte keine neuen Nachrichten für uns, wurde jedoch von zwei Kolleginnen begleitet. Von ihnen hofften wir, in einigen Punkten, die wir mit Männern nur schwerlich besprechen konnten, weiblichen Trost zu erhalten. Immerhin brachten sie uns weitere Bücher und Videos mit, die uns sehr willkommen waren.

Nachdem ich Stuart und Craig eingesammelt hatte, kehrte ich nach oben in unser Zimmer zurück, aber eine halbe Stunde später wurden wir benachrichtigt, daß der Botschaftsangehörige sofort alle Frauen bei einer Versammlung in einem der anderen Zimmer sehen wollte. Ich rannte beinahe hin, weil ich fürchtete, daß wir schlechte Nachrichten zu hören bekämen, aber ich hätte mir keine Sorgen zu machen brauchen. Im Mittelpunkt des Treffens standen die neuesten Informationen über den Stand des Krieges und ein aktueller Bericht über unsere Männer, denen es in Bagdad offenbar gutging. Wir erfuhren jedoch nichts darüber, wann und wohin man uns verlegen würde. Die einzige positive Entwicklung war, daß jede von uns durch die Botschaft eine kurze Nachricht an unser Zuhause in Großbritannien übermitteln durfte. Die entsprechenden Telefonnummern und den Wortlaut unserer Mitteilung sollten wir den beiden weiblichen Botschaftsangehörigen geben.

Anschließend kehrten wir in unsere Zimmer zurück, denn wir hatten alle noch einiges zu tun. Wenn wir auch als Gäste der irakischen Regierung in einem Luxushotel wohnten, so mußten wir unsere Zimmer doch selbst in Ordnung halten, weil das Hotelpersonal auf das absolute Minimum beschränkt worden war. Das Management versorgte uns mit Putzmaterial, sauberen Hand- und Bettüchern, und wir machten uns daran, unserer neuen Berufung als Zimmermädchen gerecht zu werden. Immerhin hatten wir etwas zu tun. Craig und Stuart benahmen sich ziemlich gereizt und behinderten meine Arbeit. Ich glaube, die Anspannung unserer eigenartigen Lebensweise machte sich schließlich doch bemerkbar und erschöpfte uns alle. Dies führte dazu, daß wir alle drei ein heißes Bad nahmen und früh ins Bett gingen. Ich ließ sogar die abendliche Versammlung im Tanzsaal aus. Meine Freundin auf der anderen Seite des Flurs versprach mir, daß sie klopfen würde, wenn es etwas Wichtiges zu berichten geben sollte, aber mein Schlaf blieb ungestört.

Samstag, 11. August

Ich wachte sehr früh auf und konnte nicht wieder einschlafen. Ich wälzte mich hin und her, fand keine Ruhe und stand schließlich auf, um mich ans Fenster zu setzen und nach draußen zu blicken. Der Rauch der Brände, die noch immer in den Außenbezirken der Stadt schwelten, zog über den Himmel, und einige wenige Fahrzeuge fuhren die nahe Straße hinunter. Dennoch wirkte alles eigenartig ruhig und friedvoll. In meinen Gedanken herrschte ein wirres Durcheinander, als ich auf die beiden Jungen blickte, die in ihren Betten schliefen. Ich sann darüber nach, wie wir alle in diese Misere geraten waren und wie wir wieder herauskommen konnten. Es ist ein schreckliches Gefühl, jeden Abend ins Bett zu gehen und sich fragen zu müssen, ob man am anderen Morgen überhaupt wieder aufwachen wird, und ich fühlte mich schuldig, daß meine Kinder eine derartige Qual erleiden mußten. Sie waren in Kuwait, weil Derek und ich hier arbeiteten, und hatten gar keine andere Wahl gehabt. Dann schweiften meine Gedanken nach Bagdad, und ich fragte mich, was Derek jetzt wohl machte. War mit ihm und den anderen Männern alles in Ordnung, und wurden sie gut behandelt?

Diese Überlegungen, machte ich mir schnell klar, führten zu nichts. Sich auf solche Weise zu grämen, war reines Selbstmitleid und würde nur dazu führen, daß ich mich elend fühlte und nicht mehr genug Kraft hatte, um mich um meine Jungs zu kümmern. Deshalb fing ich an, ein Buch zu lesen, das mir eine der anderen Frauen gegeben hatte.

Schließlich wachte Stuart auf, sein Gesicht war leicht

gerötet. Ich holte ein Thermometer aus meiner Handtasche und maß seine Temperatur. Ich setzte mich mit Maggie, einer der Krankenschwestern unserer Gruppe, über das Haustelefon in Verbindung, und sie kam, um ihn sich anzusehen. Sie riet mir, ein Auge auf ihn zu halten, und sagte, daß sie wiederkommen würde, wenn ich Anlaß zur Sorge sah, aber nachdem er aufgestanden und eine Weile herumgelaufen war, schien er ganz munter zu sein.

Als Craig aufwachte, machten wir uns fertig und gingen zum Frühstück, das nicht mehr so reichhaltig war wie zuvor. Es gab allerdings immer noch genug zu essen, und ich glaube, daß das Hotelmanagement die Portionen nur aus Vernunftsgründen beschnitt, um sicherzustellen, daß die Vorräte ausreichen würden. Eins hatte sich jedoch nicht geändert: die Haltung des Hotelpersonals, das absolut großartig war. Die Leute hatten immer ein Lächeln auf den Lippen und übertrafen sich darin, uns zu helfen. Es befanden sich noch einige andere Familien aus unserer Gruppe im Speisesaal, und obwohl es allen gutzugehen schien, war doch unverkennbar, daß die Moral täglich sank.

Die neuen Wächter waren wesentlich freundlicher als die früheren und versuchten manchmal, wenn sie schichtweise ihre Mahlzeiten im selben Restaurant wie wir einnahmen, mit uns zu reden – üblicherweise durch die Kinder. Die irakischen Diplomaten sahen wir nur gelegentlich, gewöhnlich um vier Uhr nachmittags, wenn sie, umgeben von ihren Assistenten und anderen Untergebenen, ins Hotel zurückkamen. Normalerweise nahmen einige von ihnen an unseren abendlichen Zusammenkünften mit dem Hotelmanagement im Tanzsaal teil. Ein bestimmter Mann saß immer in der ersten Reihe und registrierte alles, was gesagt wurde.

Am Morgen erschien eine neue Notiz am schwarzen Brett, mit der alle, die an einem Bowlingwettbewerb für Junioren und Senioren teilnehmen wollten, gebeten wurden, ihre Meldung abzugeben. Craig war gleich dabei, und auch ich schrieb meinen Namen ein bißchen widerstrebend hin, nachdem mich die anderen Frauen dazu überredet hatten.

Kurz nach dem Mittagessen ging für mich ein Telefonanruf von außerhalb des Hotels ein. Als ich zum Apparat ging, fragte ich mich, wer, in aller Welt, das sein mochte, und stellte verblüfft fest, daß es sich um Miriam handelte. Sie war eine meiner engsten Freundinnen, lebte schon seit einigen Jahren in Kuwait und hatte mit mir zusammen in der Spielgruppe gearbeitet, bis sie ihren Hebammendienst im Ahmadi Hospital antrat. Die Iraker hatten in dieser Phase eine Nachrichtensperre über unseren genauen Aufenthaltsort verhängt, aber Miriam hatte ihn aus einer inoffiziellen Quelle erfahren und mit großem Mut das Risiko auf sich genommen, mich aus Salwa anzurufen.

Ich hatte Angst, mit ihr zu reden, weil die Gefahr bestand, daß der Geheimdienst sie lokalisierte und die Polizei losschickte, um sie festzunehmen, und so brachte ich unsere Unterhaltung schnell zum Abschluß, obwohl ich mich nach einem guten, langen Gespräch mit ihr sehnte. Während der nächsten Stunde stellte ich beim Hotelmanagement diskrete Nachforschungen darüber an, ob unsere Telefonate überwacht wurden, und da jede Abhörtätigkeit entschieden verneint wurde, nahm ich mir ein Herz und rief sie zurück. Es war wundervoll, mit jemandem aus der wirklichen Welt außerhalb des Hotels reden zu können, und meine Freundin verbrachte eine Ewigkeit damit, mir von den Dingen zu erzählen, die vor sich gingen, und sich zu vergewissern, daß die Jungs und ich wohlauf waren. Sie fragte mich sogar, ob sie mir einen Besuch abstatten dürfe, was ich jedoch entschieden ablehnte, weil ich es nicht auf mein Gewissen nehmen wollte, sie in eine solche Gefahr zu bringen, nur um mich ein bißchen besser zu fühlen.

Nach Beendigung des Gesprächs beschloß ich, ein weiteres Risiko einzugehen und rief die Leiter meiner Spielgruppe an. Sie waren hocherfreut, meine Stimme zu hören, denn sie hatten sich schon Sorgen gemacht und gefragt, was aus mir geworden war. Sie wollten wissen, wo ich festgehalten wurde, aber zu ihrem eigenen Schutz weigerte ich mich, es ihnen zu sagen. Jeder, der Kontakt zu uns Geiseln aufnahm, konnte nach Ansicht der Iraker die nationale Sicherheit gefährden und lief Gefahr, von ihnen liquidiert zu werden.

Es war schön, wieder etwas von ihnen zu hören und zu wissen, daß sie in Sicherheit waren, aber die allgemeinen Neuigkeiten, die sie mir erzählten, waren deprimierend. Lebensmittel wurden jeden Tag knapper und teurer, die Iraker hatten das ganze Land besetzt, und es herrschte chronischer Geldmangel, der durch das Schließen der Banken und den massiven Wertverlust des kuwaitischen Dinar verursacht wurde. Nachdem wir uns voneinander verabschiedet hatten, schien die Tür, die sich für einen Augenblick zwischen mir und der Außenwelt geöffnet hatte, wieder zuzufallen, und als ich den Hörer auflegte, begann ich bitterlich zu weinen, bis ich glaubte, daß mir das Herz brechen würde.

Nachdem ich mich wieder zusammengerissen hatte, gab ich Stuart bei der Spielgruppe ab und ging zu einer neuerlichen Debatte über unsere Lage mit einigen der anderen Frauen ins Café. Ich wußte, daß sie sich dort versammelt hatten, denn es gab wenig anderes zu tun. Um drei Uhr nachmittags fand ein großes Ereignis statt: das Hotelmanagement hatte den Eigentümer eines der kleinen Läden im Komplex dazu überredet, sein Geschäft für etwa eine Stunde zu öffnen, so daß wir dies und das kaufen konnten. Die Nachricht vom plötzlichen Erscheinen dieser Schatzhöhle Aladins sprach sich so schnell herum, daß sich innerhalb von Minuten eine lange Schlange bildete. Aus allen vier Ecken des Gebäudes kamen die Menschen herbeigelaufen. Noch vor vierzehn Tagen wäre der Laden nur eines von vielen Geschäften gewesen, das wir glücklichen Verbraucher, deren Taschen mit wertvollen Dinars vollgestopft waren, leicht ignorieren konnten. Jetzt aber war er eine richtige Wunderhöhle. Es war wundervoll, sich für kurze Zeit an den kleinen Genüssen zu erfreuen, von denen wir gefürchtet hatten, daß wir sie vielleicht nie wieder kosten könnten. Ich kaufte etwas Schokolade für die Kinder und zweihundert Zigaretten für den Fall, daß wir Derek in naher Zukunft wiedersahen.

Als der Laden schloß, war das Leben wieder leer und nüchtern. Allerdings hatte uns der Geschäftsinhaber versprochen, in ein, zwei Tagen wieder aufzumachen, wenn er seine Waren aufgefrischt hatte. Wir wanderten im Hotel herum und bemühten uns, die Zeit totzuschlagen.

Eine interessante Neuigkeit, von der wir durch unsere Außenkontakte erfuhren, war, daß viele Menschen detaillierte Pläne schmiedeten, um dem Schicksal zu entgehen, das uns ereilt hatte. Menschen aller Nationalitäten versteckten sich in verschiedenen Häusern, legten ihre Lebensmittel zusammen und machten sich auf die Jagd nach neuen Vorräten.

Wenigstens zwei der jüngeren Mitglieder unserer Gruppe waren glücklich, weil sie endlich wieder mit ihren Eltern vereinigt wurden, die sich an einem anderen Ort in Kuwait aufhielten. Ein kleiner Junge namens Danny aus Ahmadi und ein Teenager mit Namen Glen waren während der Invasion in unserer Wohnanlage gestrandet, und ein Versuch, sie zu ihren Eltern zurückzuschicken, wäre zu gefährlich gewesen. Danny hatte bei einem Schulfreund übernachtet, während Glen Babysitter gespielt hatte. Wir machten uns damals keine großen Gedanken darüber, aber ihre Eltern mußten außer sich vor Angst gewesen sein. Es war ein Trost, daß die Botschaft einen Weg gefunden hatte, sie sicher zu ihren Familien zurückzubringen. Auch Craig hatte einen kleinen Augenblick der Freude, als kurz vor dem Abendessen die Preise für die Schatzsuche vergeben wurden – seine Mannschaft war zweite geworden.

Während der abendlichen Versammlung im Tanzsaal gaben die irakischen Diplomaten eine Erklärung darüber ab, daß Kuwait zur Normalität zurückkehrte: Das Telefonsystem war angeblich repariert worden, der Schlachthof nahm seine Arbeit auf und einige der Banken öffneten wieder ihre Schalter. Obwohl die Erklärung vom Hotelmanager verlesen wurde, handelte es sich um eine Propagandaschau der neuen Machthaber im Lande, und wir konnten nicht sagen, ob die Aufzählung der erzielten Fortschritte der Wahrheit entsprach. Die Nachrichten über den allgemeinen Zustand des Landes waren an jedem Abend gemischt. Einige Aspekte des täglichen Lebens deuteten in der Tat auf eine Rückkehr zur Normalität hin, während andere von einer völligen Auflösung kündeten.

Als ich in unser Zimmer zurückkam, schlief Stuart, aber Craig berichtete mir, daß er sehr unruhig gewesen war und sich offensichtlich nicht wohl fühlte. Ich sah mich mit einer weiteren Sorge belastet und bat Maggie, die Krankenschwester, telefonisch, heraufzukommen und nach ihm zu sehen. Sie untersuchte ihn und gab uns irgendeinen antibiotischen Saft, den er einen oder zwei Tage lang einnehmen sollte. Sie machte mir nachdrücklich klar, daß ich ihr die Flasche zurückgeben müßte, wenn ich Stuart versorgt hatte, weil unsere spärlichen Arzneivorräte schnell zur Neige gingen und vielleicht jemand anders den Saft noch brauchen würde. In unserer Situation waren all diese kleinen Dinge jetzt sehr wichtig geworden. Nachdem sie gegangen war, blieb ich noch eine ganze Weile auf und fragte mich besorgt, ob Stuart nur an einer unbedeutenden kindlichen Unpäßlichkeit litt oder sich im Anfangsstadium einer ernsthaften Erkrankung befand. Craig saß pflichtbewußt bei mir und tröstete mich, so gut er konnte.

Sonntag, 12. August

Dies war der vierte Tag unseres Zwangsaufenthalts im Hotel, und inzwischen fiel uns die Decke auf den Kopf. Nach einigen Tagen gibt es in einem solchen Haus absolut nichts mehr zu tun und keinen Ort, wo man hingehen konnte. Als wir angekommen waren, schien es nach dem langen Eingesperrtsein in unseren Häusern im Hotel soviel Platz und Freiraum zu geben, aber inzwischen hatten wir alles gesehen und alles gemacht. Das Management sagte uns, daß die Kinder den Swimming-pool im Garten benutzen könnten, wenn sie wollten, und einige taten es auch, denn der Garten war umzäunt und schien vor der Außenwelt ziemlich sicher zu sein, aber ich war mir da keineswegs sicher und ließ meine Jungs nicht gehen. Zumindest schien es Stuart wieder besserzugehen, und so hatte ich Anlaß zur Dankbarkeit.

Die Bowlingwettbewerbe begannen am Morgen. Craig hatte einen guten Start und gewann seine erste Partie. Die meisten Vorrundenspiele der Junioren waren bis zum Mittagessen abgeschlossen, so daß für den Nachmittag nur noch die Halbfinale und das Finale anstanden. Craig kam bis ins Finale durch, in dem er gegen seinen Freund Steven antrat und Gesamtsieger wurde. Er war begeistert und eine glorreiche halbe Stunde lang von allen Problemen abgelenkt. Das Los teilte mir als Partner einen Mann namens Rob zu, der einer anderen Gruppe gestrandeter Briten angehörte, und unser erstes Spiel war für drei Uhr nachmittags angesetzt. Wir rechneten uns keine Chancen aus und waren selbst überrascht, daß wir uns bis zur zweiten Runde vorkämpfen konnten, die am nächsten Tag stattfinden sollte. Außerdem war ich als Aufsichtsperson der Spielrunde an der Reihe, so daß mein Nachmittag ausnahmsweise einmal schnell verging, weil ich so beschäftigt war.

Die steinerne Kälte in den Gesichtern der meisten Wächter im Hotel schmolz ganz allmählich, und sie gaben sich Mühe, mit den Kindern ins Gespräch zu kommen. Ich nehme an, daß sie alle Frauen und Kinder zu Hause hatten und sehr gut verstanden, was wir durchmachen mußten.

Später am Nachmittag öffnete das Sportgeschäft des Hotelkomplexes für kurze Zeit und war augenblicklich von Trauben gefangener Kunden umlagert, die alle begierig darauf waren, ihre spärliche Garderobe aufstokken zu können. Wir hatten unsere Häuser so überstürzt und mit so wenig Gepäck verlassen müssen, daß uns kaum mehr Kleider zur Verfügung standen als wir am Leib trugen. Alle waren in derelben Situation, und so war jedes zusätzliche Kleidungsstück, das wir ergattern konnten, ein echter Bonus. Daraus ergab sich, daß sich der Laden im Handumdrehen füllte. Die Leute kauften alles – es war wie am ersten Tag beim Winterschlußverkauf. Viele der Frauen kauften T-Shirts und Sporttrikots, und auch Jogginganzüge erfreuten sich großer Beliebtheit. Ich schaffte es, einige Sachen für Craig zu bekommen, dessen Kleidermangel zu einem echten Problem wurde.

Nachdem wir unsere kostbaren Errungenschaften aufs Zimmer gebracht hatten, gingen wir ins Videozimmer und brachten eine weitere Stunde damit zu, uns einen Zeichentrickfilm anzusehen. Wir kehrten nach oben zurück. Jean aus dem Zimmer gegenüber paßte uns an der Tür ab und lud uns zu sich ein. Wir plauderten eine Weile, während die Kinder miteinander spielten.

Beim Abendessen ließen wir uns viel Zeit, weil wir nichts anderes zu tun hatten, gingen dann noch ein paar Minuten spazieren, bevor wir nach oben zurückkehrten, um Stuart ins Bett zu bringen. Ich war seit etwa einer halben Stunde im Zimmer, als es an die Tür klopfte und Jean hereinstürmte, um mir etwas zu erzählen.

Als sie im Flur war, um sich eine Tasse Tee zu holen, war ein Wächter aus dem Lift gekommen.

»Haben Sie die gute Nachricht gehört?« fragte er sie. »Unser Präsident hat gesagt, daß wir allen Ausländern behilflich sein sollen, wenn sie das Land verlassen wollen. Aber wir müssen noch weitere Anweisungen abwarten.«

»Wenn das stimmt, ist es eine wundervolle Nachricht«, antwortete sie. »Vielleicht bedeutet das, daß Sie ebenfalls zu Ihrer Familie nach Hause zurückkehren können.«

»Im Irak sagen wir *inschallah* (Gottes Wille geschehe)«, sagte der Wächter.

»Wir sagen dasselbe in Kuwait«, erwiderte sie und sie lächelten sich an, als sie ihre Unterhaltung beendeten und auseinandergingen.

Obwohl diese Information ganz inoffiziell und vage war, konnten wir unseren Jubel nicht unterdrücken, weil sie das Beste war, das wir seit Beginn unserer Schwierigkeiten gehört hatten. Wenn wir es nur geahnt hätten! Wir konnten es damals noch nicht wissen, aber dies war das erste jener grausamen Täuschungsmanöver, denen uns die Iraker wieder und immer wieder aussetzen sollten.

Sie sagten uns, daß wir demnächst etwas Angenehmes zu erwarten hätten, dann wieder, daß unvorhergesehene Schwierigkeiten aufgetaucht seien, und schließlich, daß es *vielleicht* doch noch zustandekäme. Es war eine ganz bewußte Verwirrungs- und Verunsicherungspoltik, eine emotionale Version des in der internationalen Politik und bei Wirtschaftsverhandlungen angewandten Prinzips von ›Teilen und Herrschen‹, dazu gedacht, unseren Geist zu brechen, indem man uns aus tiefster Verzweiflung zur höchsten Begeisterung emporriß, um uns dann wieder ins Elend zurückzustoßen.

Ich möchte gerne glauben, daß der Wächter, der an der Verbreitung dieses speziellen Gerüchts beteiligt war, in aller Unschuld gehandelt und tatsächlich geglaubt hatte, daß er meiner Freundin die Wahrheit sagte. Das Bürokratie- und Kommandosystem im Irak arbeitet ganz bewußt auf der Basis von Nichtwissen und Furcht. Jedermann in einer amtlichen Position kennt nur seinen unmittelbaren Vorgesetzten und die Person, die ihm direkt unterstellt ist, und so kommt es, daß er mit großer Sicherheit die Wahrheit spricht, wenn er einem sagt, daß er nicht weiß, was vor sich geht. Das System läuft darauf hinaus, daß niemand die Möglichkeit oder Freiheit hat, innovative Ideen zu verwirklichen, daß niemand wagt, die Regierung zu kritisieren, weil er die Bedeutung der Person, mit der er spricht, nicht kennt, und daß alle Befehle, Entscheidungen und auch Gerüchte nur aus einer einzigen Quelle kommen können – von Saddam Hussein persönlich.

Glücklicherweise waren meine Freundin und ich vernünftig genug, diese hoffnungsvolle Information eingehend zu diskutieren. Wir einigten uns darauf, niemandem davon zu erzählen, bis es eine offizielle Bestätigung gab. Wir spürten schon damals intuitiv, wie sehr die Moral in unserer Gemeinschaft leiden müßte, wenn die Hoffnung auf Freiheit erst geweckt und dann grausam zerstört wurde. Die meisten von uns hätten eine derartige Enttäuschung wohl überwunden, aber ein paar wären aus diesem Tief nicht mehr herausgekommen und vielleicht daran zerbrochen. Wir gingen zu der gewohnten abendlichen Versammlung und hofften, daß es irgendeine Erklärung geben würde, die das, was der Wächter gesagt hatte, bestätigte, aber das Thema wurde nicht einmal erwähnt.

Als ich später in mein Zimmer zurückkehrte, war Craig noch wach. Die Freunde über seinen Sieg beim Bowlingwettbewerb war inzwischen verflogen, und er hatte Schwierigkeiten beim Einschlafen, weil er sich fortwährend mit den Ängsten und Gefahren beschäftigte, denen wir uns gegenübersahen. In dem Bemühen, ihn zu beruhigen, erzählte ich ihm, was der Wächter zu Jean gesagt hatte, und stellte unsere Position ein bißchen hoffnungsvoller dar. Gleichzeitig machte ich ihn aber darauf aufmerksam, daß wir keine Bestätigung bekommen hatten, und warnte ihn deshalb, irgend jemandem gegenüber etwas davon zu erwähnen. Wir setzten uns gemeinsam vor den Fernseher, und Craig schlief buchstäblich vor dem Bildschirm ein. Ich werde nie wissen, ob er endlich Schlaf fand, weil er sich erleichtert fühlte oder ob er ganz einfach nur erschöpft war.

Montag, 13. August

Stuart und ich wurden früh durch den Lärm von Kindern draußen auf dem Korridor aufgeweckt, aber Craig, dessen müde Gedanken endlich in den tiefen und friedlichen Schlummer gefunden hatten, den sie so verzweifelt benötigten, schlief weiter. Ich stand auf und brachte mit Stuart unsere schmutzige Wäsche in die Wäscherei, bevor wir zum Frühstücken gingen. Als wir zurückkehrten, schlief Craig immer noch, und so ließen wir ihn im Bett und machten einen Spaziergang, der – unausweichlich – bei unserem inoffiziellen Debattierclub im Café endete.

Ich wurde um elf Uhr dreißig aufgerufen und eilte mit der Befürchtung zur Rezeption, daß irgend etwas mit Craig nicht stimmte, aber es war nur eine Nachricht von meiner Freundin Miriam aus Salwa, die um einen telefonischen Rückruf bat. Als ich sie anrief, mußte ich betrübt feststellen, daß sie viel niedergeschlagener war als bei unserem Gespräch vor wenigen Tagen, was mich aber nicht weiter verwunderte, nachdem ich von ihr einige der Geschichten über die Dinge gehört hatte, die sich außerhalb der abgeschiedenen Welt unseres Hotels abspielten. Läden und Supermärkte waren geplündert und dann bis auf die Grundmauern niedergebrannt worden, und die irakischen Truppen befanden sich wieder auf dem Vormarsch. Sie selbst lebte mit dreizehn anderen Menschen in einem Haus und teilte mit ihnen alle Arbeiten und rationierten Lebensmittel. Sie erzählte mir weiterhin von Gruppen gemeinsamer Freunde, die versucht hatten, an verschiedenen Stellen der Grenze nach Saudi-Arabien zu fliehen, aber zurückgeschickt worden waren. Einige sollten es geschafft haben, nachdem sie einem umherziehenden Beduinen fünfhundert kuwaitische Dinar gezahlt hatten und von ihm durch die Wüste geschmuggelt worden waren. In Anbetracht der Dinge, die sie durchmachte, klang Miriam immer noch ungebeugt, und sie beharrte weiterhin darauf, mir einen Besuch abzustatten, aber ich wiederholte, daß meine Antwort darauf ein eindeutiges »Nein« sein mußte.

Nach dem Mittagessen wurde es Zeit für Rob und mich, unseren Siegeszug auf der Bowlingbahn fortzusetzen, aber das Anfängerglück von gestern ließ uns im Stich. Wir lieferten unseren Gegnern einen harten Kampf, aber das reichte nicht aus, und so verabschiedeten wir uns ehrenvoll aus dem Wettbewerb. Es hatte viel Spaß gemacht, aber ich konnte mit unserer Niederlage leben – ein Bowlingchampion in der Familie reichte völlig. Der Rest des Nachmittags schleppte sich förmlich dahin. Wir gingen um viertel nach fünf in unsere Zimmer zurück, um uns fürs Abendessen fertig zu machen.

Etwa eine Stunde später klopfte es an die Tür, und eine der anderen Frauen sagte mir, daß wir uns in fünf Minuten bei einer Versammlung einfinden sollten. Wir waren alle erwartungsvoll zur Stelle, denn wenn wir auch nicht wußten, was auf uns zukam, so schien die Neuigkeit ausnahmsweise einmal gut und positiv zu sein – und darauf hatten wir seit fast zwei Wochen gewartet. Es wurde uns gesagt, daß unsere Männer weiterhin bei guter Gesundheit waren und daß die britische Botschaft versuchte, einen Konvoi zu organisieren, um uns ins achthundert Kilometer entfernte Bagdad zu ihnen zu bringen. Die endgültige Entscheidung sollte am nächsten

Tag fallen. Obwohl dies sehr hoffnungsvoll klang, zögerten wir, zu großes Vertrauen in die Sache zu setzen, denn sie konnte immer noch scheitern. Glücklicherweise sahen wir die Beschwerden, Entbehrungen und Gefahren nicht voraus, denen wir bei diesem Konvoi, den wir uns so sehr wünschten, ausgesetzt sein würden.

Den Rest des Tages verbrachten wir mit aufgeregten Gesprächen über die Aussicht, unsere Männer wiederzusehen. Beim Abendessen wurde über nichts anderes geredet. Enttäuschenderweise wurde unsere Wiedervereinigung bei der abendlichen Versammlung, die nach fünf Minuten zu Ende ging, ohne daß etwas Wichtiges zur Sprache kam, gar nicht erwähnt, und so gingen wir anschließend alle ins Café und redeten dort weiter darüber. In dieser Nacht fand ich keinen Schlaf, weil sich meine Gedanken um das Unbekannte drehten, das vor uns lag. Würde es zu dem Wiedersehen in Bagdad, das wir uns erträumten, wirklich kommen? Und wenn ja, wann? Was würde aus den Kindern werden? Eine verwirrende Mischung aus Hoffnung und Furcht erfüllte mich, und es muß gegen zwei Uhr morgens gewesen sein, als ich endlich in einen unruhigen Schlummer fiel.

Dienstag, 14. August

Ich wachte abrupt auf, als ich jemanden an die Tür klopfen hörte. Mit jagendem Herzen sprang ich aus dem Bett, weil ich fürchtete, daß es Fliegeralarm gegeben hatte. Ich hätte mir keine Sorgen zu machen brauchen, denn es war heller Tag, und wir hatten uns nur verschlafen. Draußen stand meine Freundin Jean, die vorbeigekommen war, um zu sehen, wie es uns ging. Offensichtlich hatte es in der Nacht einige Aufregung gegeben, von denen wir nichts mitbekommen hatten, und so blieb Jean und erzählte mir, was passiert war. Kurz nach halb drei morgens waren laute Explosionen und Schußgeräusche zu hören gewesen, so nahe am Hotel, daß viele aus unserer Gruppe aufgewacht waren. Nach all den durchwachten Nächten hatte ich ausnahmsweise einmal wirklich tief und fest geschlafen. Der Lärm war nicht zu mir gedrungen.

Die Jungs und ich waren so spät dran, daß wir das Frühstück versäumten, und als wir dann gegen halb elf endlich unten ankamen, waren überall aufgeregte Diskussionen über die dramatischen Ereignisse der frühen Morgenstunden im Gange. Es gab Spekulationen, daß sie vom kuwaitischen Widerstand ausgelöst worden waren, der noch immer ziemlich stark war und den Irakern einige Kopfschmerzen bereitete. Verläßliche Informationen waren von Freunden ins Hotel gelangt, die noch draußen lebten. Anscheinend hatte die Widerstandsbewegung den Hafen unten in Shuwaik angegriffen und beträchtliche Schäden angerichtet. Seit unserem Einzug ins Hotel hatten wir nur wenige Schüsse gehört. Ich weiß nicht, ob das daran lag, daß die Schießereien abnahmen, oder weil wir von der Außenwelt abgeschnitten waren. In jedem Fall wirkte das plötzliche Wiederaufflackern der Kämpfe sehr beunruhigend auf die meisten Frauen.

Ich wurde gegen elf Uhr fünfzehn vom Hotelpersonal aufgerufen, und als ich zur Rezeption kam, sah ich zu meiner Verblüffung Miriam vor mir stehen. Meine erste Reaktion war ein Tränenausbruch. Gleichzeitig war ich wütend auf sie, weil sie mit dem Besuch ihre eigene Sicherheit aufs Spiel gesetzt hatte. Ich hatte ihr ausdrücklich gesagt, daß sie nicht kommen sollte. Allerdings verschwendete ich nur meinen Atem, denn sie war so gelassen wie immer, ignorierte meine Proteste und fing an, ihre Erlebnisse auf der Fahrt von Salwa nach hier zu erzählen. Sie war mehrmals an Straßensperren gestoppt worden und irakische Soldaten hatten versucht, ihr Bilder von Saddam Hussein in die Hand zu drücken, die sie aber mit der Erklärung zurückgewiesen hatte, daß sie Irin wäre, kein Arabisch spräche – obgleich sie es sehr gut beherrscht – und überhaupt nicht wüßte, was sie von ihr wollten. Ich fragte, ob sie irgendwelche Probleme gehabt hätte, ins Hotel zu kommen, und sie sagte, daß der Wächter an der Tür ihr den Zutritt verweigern wollte, sie aber dann doch durchließ, nachdem sie ihm in arabischer Sprache erklärt hatte, daß sie gekommen sei, um eine Freundin zu besuchen.

Miriam hatte mir viele Geschichten über die Dinge zu erzählen, die draußen vor sich gingen. Wagemutig und nicht so leicht zu ängstigen, hatte sie sich vor ein paar Tagen auf den Weg nach Ahmadi gemacht, um eine andere Freundin zu besuchen. Dabei hatte sie festgestellt, daß irakische Soldaten an die Türen klopften und um Essen bettelten. Einige Menschen waren sogar bereit, sie trotz der Lebensmittelknappheit zu beköstigen, aber wenn sich jemand weigerte, ihnen zu helfen, dann gingen sie einfach wieder, ohne irgendwelche Schwierigkeiten zu machen. Es gab auch ein Gerücht, daß drei junge Burschen beim Plündern erwischt und nach Bagdad zurückgebracht worden waren, um erschossen zu werden. Miriam sagte, daß die irakischen Truppen überall waren, obgleich sich der kuwaitische Widerstand noch immer sehr aktiv zeigte und sehr viele ausgebrannte irakische Lastwagen am Straßenrand standen.

Miriam blieb einen großen Teil des Tages bei mir im Hotel und bekam auch eine reichliche und unerwartete Belohnung für ihre Anteilnahme. Während des Morgens machte der Geschenke- und Süßigkeitenladen wieder auf. Miriam war entzückt, denn sie war süchtig nach Schokolade und hatte es seit Beginn der Krise vor zwei Wochen nicht geschafft, auch nur einen einzigen Riegel in die Hände zu bekommen. So kaufte sie ganze Batterien ihrer Lieblingssorte. Sie blieb bis zum Mittagessen im Hotel, und während der Mahlzeit berichtete ich ihr von der Möglichkeit, daß unsere Gruppe nach Bagdad reisen würde. Sie sah die Sache sehr skeptisch und erzählte, daß eine ganze Anzahl ihrer Bekannten versucht hatte, über verschiedene Grenzen aus Kuwait zu fliehen, und obwohl einige durchgekommen waren, hatten die meisten Versuche mit einem Fehlschlag geendet.

Dieses Dilemma betraf uns unmittelbar. Dennoch waren wir uns letzten Endes einig, daß wir kaum eine andere Wahl hatten, als die Gelegenheit beim Schopf zu packen und nach Bagdad zu fahren. Nur so konnten wir wieder mit unseren Ehemännern zusammenkommen. Miriams Mann arbeitete zum Zeitpunkt der Invasion im sicheren Deutschland. Deshalb war sie ungebundener als ich und konnte leichter entscheiden, ob sie bleiben oder einen Fluchtversuch unternehmen sollte, je nachdem wie sich die Umstände für sie ergaben. Es war wunderschön, sie wiedergesehen zu haben, aber nach einem tränenreichen Abschied am Nachmittag machte ich mir große Sorgen, ob sie auch wieder sicher nach Hause kommen würde. Nachdem sie gegangen war, wartete ich etwa eine Stunde und rief dann bei ihr an. Wie war ich erleichtert, ihre Stimmc am anderen Ende der Leitung zu hören! Abgesehen von einigen weiteren Straßensperren hatte sie keine Probleme gehabt, aber wir wurden uns einig, daß wir keinen Kontakt mehr miteinander aufnehmen würden, bis wir wieder sicher zu Hause in Großbritannien waren. Ich rief auch meinen Chef an, um mich zu vergewissern, daß es ihm noch gutging, sagte aber nichts von unserer Aussicht, nach Bagdad zu fahren.

Die Kinder hatten langsam die Nase voll, denn es gab wirklich nichts Neues, womit sie sich beschäftigen konnten. Dafür herrschte an anderer Stelle einige Hektik, denn eine große Delegation irakischer Diplomaten hielt sich im Hotel auf, und die Wächter waren ganz aufgeregt. Später am Tag bekamen wir die Bestätigung, daß wir uns einem Konvoi nach Bagdad anschließen würden. Plötzlich waren wir selbst in heller Aufregung, denn wir mußten die erforderlichen Arrangements treffen und sicherstellen, daß genug Transportmöglichkeiten im Hotel für uns zur Verfügung standen. Alle unsere Fahrzeuge wurden daraufhin überprüft, ob sie die lange Fahrt überstehen würden. Wir bekamen Informationen über die vorgesehene Route und erhielten die Mitteilung, daß der Konvoi von der britischen Botschaft organisiert wurde, obgleich davon auszugehen war, daß uns irakisches Militär begleiten würde. Die letzten Einzelheiten sollten am nächsten Tag bekanntgegeben werden. Wir waren furchtbar erleichtert. Endlich wurden konkrete Schritte unternommen, um uns wieder mit unseren Ehemännern zu vereinen. Gleichzeitig aber sahen wir dem, was vor uns lag, mit einigem Bangen entgegen.

Bisher war für uns seit der Invasion alles schiefgegangen, und wir fürchteten, daß uns das Pech auch weiterhin begleiten könnte. Es hatte ganz den Anschein, als wir aufgefordert wurden, alle unsere außerhalb des Hotels geparkten Fahrzeuge in die Tiefgarage zu bringen. Ich gab die Schlüssel meines Jeeps an der Rezeption ab, und ein Hotelangestellter versprach mir, ihn nach unten zu fahren. Zehn Minuten später brachte er mir die Schlüssel zurück und berichtete, daß man das Fahrzeug aufgebrochen, ein Fenster eingeschlagen und sämtliche elektrischen Leitungen losgerissen hatte. Mit einem bewaffneten Wächter und zwei Freundinnen ging ich in die Tiefgarage. Fast weinte ich, als ich den Jeep sah und daran dachte, daß er eine Woche lang in unserer Wohnanlage überlebt hatte, nur um dann auf einem Hotelparkplatz demoliert zu werden. Selbst der irakische Wächter war aufrecht entrüstet, daß so etwas passieren konnte. Damals hatte ich den Eindruck, daß er während der letzten beiden Wachen auf einem anderen Planeten gelebt haben mußte. Mir wurde versichert, daß sich später jemand vom Hotel um den Jeep kümmern würde, um festzustellen, ob er sich zusammenflicken ließ, und da es nicht so aussah, daß wir jetzt noch etwas tun konnten, kehrten wir nach oben zurück.

Die schlechten Nachrichten häuften sich: Wir trafen einige andere Frauen und hörten, daß auch ihre Wagen aufgebrochen worden waren. Elaine, eine meiner Freundinnen, besaß einen brandneuen Pajero, den man völlig demoliert hatte, und wieder einmal sank unsere neue Hochstimmung in den Keller. Es wäre mehr gewesen, als wir hätten ertragen können, wenn wir in dem Moment, in dem sich uns die Möglichkeit eröffnete, mit der Fahrt nach Bagdad auch unserer Freiheit näherzukommen, der Mittel beraubt würden, diese Fahrt anzutreten. Ein Hotelangestellter, der etwas von Autos verstand, sah sich den Jeep noch einmal an und sagte, daß es nicht ratsam wäre, damit eine so lange Reise anzutreten. Nachdem alle Wagen überprüft worden waren, stellte sich heraus, daß etwa fünf völlig unbrauchbar waren. Wir setzten uns unverzüglich mit kuwaitischen Freunden in Verbindung und erzählten ihnen von unserem Problem. Sie versprachen, sich um bessere Transportmittel zu bemühen, betonten aber ausdrücklich, daß sie uns erst am nächsten Tag einen definitiven Bescheid geben könnten.

Nach der Versammlung im Tanzsaal, die äußerst kurz war, saß ich noch eine Weile in Jeans Zimmer und redete mit ihr über die bevorstehende Reise. Als ich schließlich ins Bett ging, lag ich noch stundenlang wach, wobei mir Gedanke auf Gedanke durch den Kopf ging. Die Möglichkeit, an der Fahrt nicht teilnehmen zu können, war ebenso grauenvoll wie der Zweifel, ob sie überhaupt das richtige war. Letzten Endes galt meine Hauptsorge der Sicherheit meines Mannes und meiner Kinder. Es dauerte lange, bis mich der Schlaf überkam, aber als ich endlich einschlief, war er überraschend tief und belebend.

Mittwoch, 15. August

Zum ersten Mal wurde mir richtig klar, unter welchem Streß Craig stand und wie sehr ich mich auf seine Fähigkeit verließ, sich wie ein Erwachsener zu verhalten. Wir wachten beide sehr früh auf, und während Stuart noch schlief, redeten wir über unsere Reise nach Bagdad. Ich erzählte ihm alles, was ich bis jetzt wußte; vor allem die Fahruntüchtigkeit des Jeeps machte uns Sorgen. Ich versicherte ihm jedoch, daß wir wahrscheinlich in einem anderen Wagen Platz finden würden, wenn alle Probleme besprochen und gelöst waren. Er stellte mir viele Fragen, die ich nicht beantworten konnte, beispielsweise, ob wir neue Pässe benötigten, wie wir während der Fahrt nachtanken könnten und was passieren würde, wenn irgend jemand aus dem Konvoi verlorenging. Er schien alles durchdacht zu haben; die Liste seiner Fragen war endlos.

Nachdem Stuart aufgewacht war, gingen wir frühstükken und fanden zur Begrüßung viele nachdenkliche Gesichter vor. Ich glaube, das Ausmaß der Expedition, die wir unternehmen sollten, war inzwischen jedem bewußt geworden. Während wir die Reiseplanungen vornahmen, gingen den ganzen Morgen lang Botschaften hin und her, und so verstrich die Zeit ziemlich schnell. Unsere Freunde außerhalb des Hotels hatten es geschafft, einige Reservewagen aufzutreiben – der Himmel mochte wissen, wo sie sie gefunden hatten. Alle von uns, die fahren konnten, trafen sich in einem der oben gelegenen Zimmer und begannen, eine Passagierliste für die einzelnen Fahrzeuge aufzustellen. Es gelang uns, in den meisten Autos zwei Fahrer unterzubringen, so daß sie sich bei Bedarf hinter dem Steuer ablösen konnten, aber dies war nicht in allen Fällen möglich. Einige Familien mußten getrennt und auf verschiedene Wagen aufgeteilt werden, aber es blieb uns keine andere Wahl, da kaum genug Fahrer und Fahrzeuge zur Verfügung standen, um überhaupt zurechtzukommen. Wenn wir in diesem Konvoi mitfahren wollten, mußten wir uns so gut einrichten, wie es irgend ging. Die beiden Jungs und ich waren ziemlich glücklich dran. Eine Frau namens Angie besaß den gleichen Jeep wie ich, und da sie nicht fahren konnte, wurde ich gebeten, das Steuer zu übernehmen. Angie hatte zwei heranwachsende Kinder, so daß wir alle sechs in dem Fahrzeug Platz fanden. Dies bedeutete allerdings, daß es für mich keine Ablösung gab.

Die amtlichen Stellen konnten sich nicht dazu durchringen, uns zu helfen, und wenn es nicht die kuwaitischen Freunde gegeben hätte, die sich sehr um uns bemühten, wären wir in ernsthafte Schwierigkeiten geraten. Viele der Frauen hätten viel lieber einen Bus genommen, um nach Bagdad zu kommen. Die Iraker und die britische Botschaft ließen jedoch keinen Zweifel daran, daß dies unmöglich war. Als weitere Einzelheiten über den Konvoi bekannt wurden, fragten wir uns, was passieren würde, wenn etwas schiefging. Wenn einer der Wagen unterwegs ausfiel, mußten die Passagiere auf andere Fahrzeuge verteilt werden, obwohl sie schon jetzt aus allen Nähten platzten.

Um die Mittagszeit fingen die Kinder an, sich zu langweilen, und nachdem wir gegessen hatten, sagte Sheila, eine der Frauen, daß sie mit ihrer Tochter nach draußen zum

Swimming-pool gehen würde. Trotz meiner früheren Vorbehalte erlaubte ich Stuart, sie zu begleiten, und erklärte mich zusätzlich bereit, seine speziellen Freunde James und Thomas mitzunehmen. Ihre Mutter Elaine war gleich damit einverstanden, denn sie war noch mit den Vorbereitungen für den Konvoi beschäftigt. Außerdem schlossen sich Craig und sein Freund Mark der Gesellschaft an. Als wir zum Swimming-pool kamen, war von Sheila und ihrer Tochter nichts zu sehen, und so sprangen die Kinder ohne sie hinein, während ich mich hinsetzte und sie im Auge behielt. Außerhalb des Hotelgeländes schien sich ein von Sirenengeheul begleiteter Tumult zu entwickeln, aber gerade als ich nervös werden wollte, verstummte der Lärm so plötzlich, wie er begonnen hatte. Als ich beschloß, ins Hotel zurückzukehren, war Sheila immer noch nicht erschienen. Ich sah sie in der Halle sitzen und fragte, wo sie gewesen wäre. Sie erklärte mir, daß ein irakischer Wächter sie aufgehalten hätte. Im Garten war es zu einer Schießerei gekommen und niemand hatte gewagt, hinauszugehen. Ich bekam fast einen Nervenzusammenbruch, als ich dies hörte und mir vor Augen führte, in welcher Gefahr wir uns befunden hatten. Meine ursprünglichen Befürchtungen waren offensichtlich wohl begründet gewesen, und ich war verblüfft, daß niemand vom Hotel gewußt hatte, wo wir uns aufhielten. Die Kinder hatten von all dem nichts mitbekommen und gingen seelenruhig in den Videoraum, um sich Zeichentrickfilme anzusehen.

Für sechs Uhr abends wurde eine neuerliche Versammlung anberaumt, um weitere Einzelheiten hinsichtlich des morgigen Konvois zu besprechen. Es wurde uns gesagt, daß alle morgens um viertel vor sechs startbereit bei den Wagen sein müßten, wo wir Lunchpakete und Wasserflaschen bekommen würden, die das Hotel zur Verfügung stellte. Wir stellten eine Reihe von Fragen, beispielsweise wie lange die Fahrt dauern würde und wie es mit dem Nachtanken aussah. Das Botschaftspersonal glaubte, daß die Reise zwölf bis fünfzehn Stunden in Anspruch nehmen würde, und war sich nicht sicher, ob wir unterwegs Gelegenheit zum Tanken finden würden. Sie konnten uns lediglich den Rat geben, die Klimaanlagen in unseren Wagen nicht einzuschalten, um Treibstoff zu sparen. Für den Fall, daß ein Wagen kaputtging, sollte die Fahrerin die Scheinwerfer einschalten, um den vor ihr fahrenden Wagen zu warnen. Wir bekamen gesagt, daß wir um sechs Uhr fünfundvierzig das Hotel verlassen und um acht Uhr an der Botschaft eintreffen müßten, um pünktlich zu Beginn der eigentlichen Fahrt zur Stelle zu sein. Es schien bei der Planung des Konvois einige offene Punkte zu geben, und keine von uns war mit der Situation besonders glücklich.

Nach dem Abendessen trafen wir uns mit Mr. Simon, dem Hotelmanager, und dankten ihm für all die Freundlichkeit und Fürsorge, die er uns entgegengebracht hatte. Er wünschte uns eine sichere Reise nach Bagdad und eine schnelle Rückkehr nach Großbritannien. Danach ging ich auf mein Zimmer, denn es gab noch ein paar Telefonate, die ich führen wollte. Zuerst rief ich meinen Chef bei der Spielgruppe an, um ihn wissen zu lassen, daß wir unterwegs waren, um mich von ihm zu verabschieden. Das Gespräch fiel mir schwer. Er war in jeder Beziehung ein echter Kuwaiti, und ich wußte, daß er in seinem tiefsten Inneren nicht die Absicht hatte, das Land, das er so liebte, zu verlassen, obwohl er im Ungewissen darüber war, was mit ihm passieren mochte. Er schien bei unserem letzten Gespräch in überraschend guter Gemütsverfassung zu sein. Ich hoffe von ganzem Herzen, daß er, als diese ganze traurige Angelegenheit vorüber war, und die Kuwaitis mit dem Wiederaufbau ihres zerschlagenen Landes beginnen konnten, unbeschadet zum Vorschein gekommen ist und ich ihn werde wiedersehen können. Später hörte ich, daß er die Anfangszeit der Besetzung überlebt hatte, aus seiner eigenen Wohnung in ein sicheres Haus gezogen und nach Beendigung des Krieges unversehrt wieder aufgetaucht war.

Ich rief auch eine Inderin an, Nandi, die eine sehr enge Freundin und Arbeitskollegin gewesen war. Mit ihrem Mann Chopun und ihren zwei Kindern, Shaugat und Gargi, lebte sie noch immer in Kuwait. Sie war sehr aufgeregt, als sie hörte, daß wir das Land verließen. Natürlich hoffte sie, daß wir bald wieder mit Derek vereint würden, aber sie machte sich große Sorgen wegen der Gefahren, die bei der Fahrt nach Bagdad zu erwarten waren. Als wir uns voneinander verabschiedeten, begannen wir beide zu weinen, und sie bat mich, bei der ersten Gelegenheit ihren Bruder in Bombay anzurufen und ihm zu sagen, wie es ihr ging. Nandi mußte in Kuwait bleiben – teils freiwillig, teils aber auch, weil der Versuch, das Land zu verlassen, immer gefährlicher wurde. Sie gab ihre Wohnung ebenfalls auf und zog in dasselbe sichere Haus wie mein Chef. Später erst kehrte sie sicher nach Indien zurück.

Kurz darauf bekam ich einen letzten Anruf von Miriam, und ich erzählte ihr alles, was passiert war, einschließlich der Verwüstung meines Jeeps. Sie fragte mich, ob sie das Fahrzeug haben könnte. In dem Haus, in dem sie sich aufhielt, gab es mehrere Männer, die sich mit elektrischen Anlagen auskannten. Wenn es ihnen gelang, diese zu reparieren, hatten sie ein Transportmittel, mit dem sie durch die Wüste fliehen konnten. Ich hatte nicht das geringste dagegen einzuwenden und fühlte mich eigenartigerweise sogar erleichtert, daß ich ihr den Wgen überlassen konnte. Ich sagte ihr, wo ich ihn geparkt hatte und daß sie die Schlüssel beim Hotelmanager abholen könnte. Trotz all der Übung, die wir inzwischen beim Abschiednehmen hatten, fiel es uns nicht leichter, sondern immer noch sehr schwer. Nachdem sie aufgelegt hatte, machte ich mich auf die Suche nach Mr. Simon, erklärte ihm mein Vorhaben und gab ihm die Zündschlüssel sowie einen schnell hingeschriebenen Brief, der Miriam berechtigte, den Jeep zu behalten.

Dann ging ich gleich nach oben und packte unsere letzten Sachen für die Reise zusammen. Es dauerte nicht lange, trotz der kürzlichen Aufstockung unserer Garderobe. Craig und ich unterhielten uns noch eine Weile über die Fahrt, fingen dann an, uns einen Film im Fernsehen anzusehen, schliefen jedoch vor dem Bildschirm ein. Ich wurde gegen zwei Uhr morgens durch das Rauschen des Fernsehers geweckt. Er lief immer noch, obwohl das Programm offensichtlich längst beendet war. Die Jungs schliefen beide tief und fest, und überraschenderweise dauerte es nur wenige Minuten, bis auch mir die Augen langsam zufielen und ich es ihnen gleichtat.

Donnerstag, 16. August

Ich war um vier Uhr dreißig aus dem Bett und unter der Dusche und fing dann überflüssigerweise an, unseren Koffer mehrmals zu packen und wieder auszupacken, vermutlich mehr aus Nervosität denn aus irgendeinem praktischen Grund. Ich ließ die Jungs aufstehen und sich anziehen, und dann gingen wir nach unten, um unsere Habe im Jeep zu verstauen. Viele der anderen Frauen waren ebenfalls schon auf den Beinen und begierig darauf, daß es losging. Man konnte die Spannung in der Luft förmlich spüren, als alle in der Hotelhalle umherliefen. Die Stimmung wirkte sich auf die Kinder aus, die alle müde und angestrengt aussahen. Selbst zwei der Wächter konnten die Anspannung spüren und schienen uns überallhin zu begleiten. Wir beluden die Wagen und gingen dann zum Frühstück, wo wir die Kinder nach besten Kräften ermutigten, reichlich zu essen, so daß sie während der langen Reise nicht anfangen würden, schlappzumachen. Während des Essens fragten mich zwei der indischen Kellner, ob ich Briefe an ihre Familien zur Post bringen würde, wenn wir nach Großbritannien zurückgekehrt waren, um ihre Angehörigen wissen zu lassen, daß es ihnen gutging. Ich erklärte mich natürlich einverstanden, wies jedoch darauf hin, daß sie vielleicht schon vor mir nach Hause zurückkehren würden, aber sie wollten trotzdem, daß ich die Briefe nahm. Sie waren sehr dankbar, sagten, daß sie uns alle vermissen würden, und wünschten uns viel Glück für die Zukunft.

Nach dem Frühstück gingen wir alle nach unten zu unseren Wagen, fuhren sie nacheinander langsam aus der Tiefgarage hinaus und reihten sie in einer Nebenstraße auf, während uns das Hotelpersonal zusätzlich zu den Wasserflaschen und den Früchten, die wir uns schon selbst organisiert hatten, Lunchpakete und Wasserkannen aushändigte. Schließlich wurde es Zeit, die folgenschwere Reise zu beginnen, von der wir hofften, daß sie unsere Familien wieder zusammenführen würde.

Wir fuhren zu dem festgelegten Treffpunkt auf dem Parkplatz der britischen Botschaft, wo andere Flüchtlinge aus verschiedenen Teilen Kuwaits sich unserem Konvoi anschließen sollten. Als wir durch die Stadt fuhren, konnten wir die Zerstörungen, die wir sahen, kaum glauben – ausgebrannte Autos, Militärfahrzeuge und Gebäude, die praktisch in Schutt und Asche lagen. Wir trafen fünfzig Minuten früher an der Botschaft ein, um sieben Uhr zehn, und stellten fest, daß wir die erste Gruppe waren, die sich einfand. Wir parkten und stiegen aus den Wagen, um uns die Beine zu vertreten. Craig verbrachte die Zeit damit, sich vor dem Eingangstor der Botschaft umzusehen und kam nach einigen Minuten mit einer Kugel zum Wagen zurück, die er auf dem Boden gefunden hatte.

Allmählich fanden sich andere Wagen ein, und wir waren total verblüfft, als wir die Menge an persönlicher Habe sahen, die darin untergebracht war. Uns hatte das Botschaftspersonal gesagt, daß wir nur einen einzigen Koffer packen sollten – einen, der klein genug war, um notfalls damit laufen zu können –, und dieser Rat war uns sehr sinnvoll erschienen, aber viele der Neuankömmlinge hatten nahezu alles mitgebracht, einschließlich der Küchenspüle. Als sich die meisten der Familien versammelt hatten, sprach Michael Jones, der Pastor, ein kurzes

Gebet und erbat eine sichere Reise für uns alle, dann schloß er sich gemeinsam mit seiner Frau dem Konvoi an. Die irakischen Wächter, die uns begleiten sollten, waren jedoch noch immer nicht zur Stelle, und so sahen wir uns in der bizarren Situation, zur irakischen Botschaft fahren zu müssen, um uns nach ihrem Verbleib zu erkundigen. Als wir dort ankamen, ging der britische Botschafter hinein, während die neunundzwanzig Wagen unseres Konvois parkten und warteten. Es war die erste von vielen langen, enervierenden Warteperioden, die wir während der nächsten achtundzwanzig Stunden in der sengenden Hitze des Mittleren Ostens verbringen sollten. Ich schätze, daß wir etwa eine Stunde warten mußten, auch wenn uns diese wie drei Stunden vorkam, und wir füllten sie damit aus, die irakischen Truppen, die am Meeresufer kampierten, und die vielen Lastwagen voller Soldaten, die an uns vorbeifuhren, zu beobachten. Während die Sonne am Himmel emporstieg, nahm die Temperatur ständig zu. Die Kinder hatten bald die Nase voll, und wir Erwachsenen wollten einfach, daß es endlich losging.

Nach einer Zeit, die uns wie eine Ewigkeit vorkam, kam der Botschafter mit der Eskorte, die er für uns aufgetrieben hatte, wieder nach draußen, und wir alle stießen einen Seufzer der Erleichterung aus, als wir uns endlich auf die eigentliche Reise machten – das dachten wir jedenfalls. An jeder Ampel stieg einer der Soldaten aus seinem Fahrzeug und versuchte, sich davon zu überzeugen, daß wir alle sicher über die Kreuzung kamen, bevor die Ampel umsprang, aber wir waren gerade drei Kilometer weit gekommen, als wir an den Straßenrand dirigiert wurden. Jackie, die in dem Wagen vor mir fuhr, erzählte mir, daß wir haltmachten, um ›Rationen‹ in Empfang zu nehmen. Ich fragte mich noch, warum wir weitere Rationen benötigten – wir hatten ja noch unsere ungegessenen Lunchpakete bei uns –, als eine schnelle Zählung der Wagen ergab, daß bereits sechs verlorengegangen waren. Wir warteten und warteten auf die Säumigen, vergebens allerdings, und so wurden einige der amtlichen Wagen losgeschickt, um sie zu suchen. Sie waren jedoch nirgendwo zu finden – auch die mysteriösen Zusatzrationen tauchten niemals auf –, und schließlich mußten wir ohne sie weiterfahren.

Diesmal schafften wir es, einen ganzen Kilometer zurückzulegen, bevor wir abermals von einer Menschenmenge mit Autos gestoppt wurden, die außerhalb einer Wohnanlage auf uns gewartet hatte. Wir wußten nicht genau, was vor sich ging, aber es schien so, daß einige Neuankömmlinge planten, sich dem Konvoi mit einer ganzen Bandbreite von Fahrzeugen anzuschließen, darunter Liefer- und Wohnwagen, die die Leute mit ihrer ganzen Habe vollgepackt hatten. Als sich dieses neueste Durcheinander geklärt hatte, war eine weitere Stunde vergangen. Wir waren jetzt seit drei Stunden unterwegs und befanden uns noch immer in Kuwait City. Dazu kam, daß sechs unserer Wagen weiterhin vermißt wurden, und die einzige Information, die wir über sie bekamen, war das vage Gerücht, daß sie vielleicht versuchen würden, zu uns aufzuschließen, bevor wir die irakische Grenze überquerten. Dieser hochgerühmte, historische Konvoi wurde schnell zu der alptraumhaften, grotesken Farce einer Flucht.

Wir setzten uns wieder in Bewegung, kamen endlich aus der Stadt heraus und fuhren weitere zehn Kilometer, bis wir zu einer abermaligen Wagenzählung gestoppt wurden. Dieser Halt war erwähnenswert, weil ich dabei schließlich das Geheimnis der fehlenden ›Rationen‹ entschleiern konnte. Es stellte sich heraus, daß wir tatsächlich einige ›Russen‹ mitnehmen sollten und ich Jackies starken Londoner Akzent nicht richtig verstanden hatte. Wir schüttelten uns aus vor Gelächter, und dies hatte auch etwas für sich – es war das letzte herzhafte Lachen, das uns für lange Zeit vergönnt sein sollte.

Nach zehn Minuten brachen wir wieder auf. Das Wetter war jetzt sehr heiß, und das Innere unserer Wagen wurde ohne Klimaanlage zur echten Hölle. Überall am Rand der Autostraße, die aus Kuwait hinausführte, standen ausgebrannte Fahrzeuge, und wir wurden von zahllosen Lastwagen voller geplünderter kuwaitischer Besitztümer überholt, die sich auf dem Weg zu neuen Besitzern im Irak befanden. Jeder Privatwagen am Straßenrand war völlig ausgeschlachtet worden, einschließlich der Türen, und konnte nur noch als Metallhaufen bezeichnet werden. Die militärische Präsenz machte sich stark bemerkbar, und als wir durch Jahra fuhren, das während der Invasion schwer getroffen worden war, nahm das Ausmaß der Zerstörungen erkennbar zu.

Wir wurden noch einige Male zu Wagenzählungen angehalten und erreichten die Grenze gegen zwei Uhr mittags. Die Temperatur betrug jetzt fast fünfzig Grad, und die Hitze war so gewaltig, daß sie dem überwältigenden Schwall heißer Luft ähnelte, der einem entgegenschlug, wenn man die Tür eines glühenden Ofens öffnet. Wir waren erschöpft. Um die Dinge noch zu verschlimmern, erwartete uns am Grenzübergang ein neues Problem. Nach einer zwanzigminütigen Verzögerung wurden wir angewiesen, in ein Bürogebäude zu gehen, wo wir feststellten, daß die Iraker unzufrieden waren, weil uns unsere Botschaft keine neuen Pässe ausgestellt hatte. Schließlich wurde die Übereinkunft erzielt, daß wir unsere Namen und die unserer Kinder einem der britischen Beamten nennen sollten, der sie dann seinerseits an die Iraker weitergab.

Zu diesem Zeitpunkt kam es zu einem der schändlichsten Vorfälle der ganzen Reise. Eine der Frauen, die mit ihren beiden kleinen Töchtern unterwegs war, regte sich sehr auf, weil sie von ihrem siebzehnjährigen Sohn getrennt worden war, der in einem der ›verlorenen‹ Wagen saß. Als sie von einem britischen Beamten wissen wollte, was mit ihm geschehen würde, gab sich dieser völlig gleichgültig.

»Oh, machen Sie sich keine Sorgen um ihn«, antwortete er. »Sie werden inzwischen wieder bei unserer Botschaft in Kuwait eingetroffen sein und mit dem nächsten Konvoi kommen, der nächste Woche abgeht.«

Die arme Frau war tief bestürzt, und auch andere fingen an, wütend zu werden. Was als nächstes passierte, war unter den gegebenen Umständen nahezu unglaublich: Einer der britischen Beamten stimmte das Lied *Music Man* an, und verblüffenderweise sang fast der gesamte Konvoi mit. Zuerst starrten uns die irakischen Soldaten mit großem Erstaunen aus ihren Fenstern an, dann verzogen sich ihre Gesichter zu einem breiten Grinsen – vermutlich hielten sie uns für verrückt.

Wir wurden anderthalb Stunden in der unerträglichen Hitze festgehalten. Die Grenzwachen versorgten uns mehrmals mit Wasser. Ich nehme an, sie wollten freundlich zu uns sein und fürchteten vielleicht auch die Gefahr des Flüssigkeitsmangels, aber es erfrischte uns kaum, weil das Wasser warm und nicht sauber war.

Als wir schließlich die Erlaubnis zum Grenzübertritt bekamen, traten wir nach draußen und stellten zu unserer großen Freude fest, daß unsere sechs verlorenen Wagen aufgetaucht waren. Wir erfuhren, daß sie von einigen irakischen Soldaten gefunden worden waren, die mit ihnen bei der Suche nach uns eine Stadtrundfahrt durch Kuwait City unternommen und sie dann, als dabei nichts herausgekommen war, unmittelbar zur Grenze gebracht hatten. Es war reines Glück, daß wir wieder zusammengefunden hatten, und die ganze Episode war ein weiteres Beispiel für die ziellose Planung der britischen Botschaft.

Wir begannen unsere Reise durch den Irak, aber schon nach wenigen Metern machten wir wieder halt. Diesmal wurde der Aufenthalt durch eine Tankstelle verursacht, die wir entdeckt hatten. Wir fuhren alle an die Zapfsäulen und füllten unsere Tanks bis zum Überlaufen, denn wir wußten nicht, wie lange es dauern würde, bis wir eine andere fanden. Dies nahm eine halbe Stunde in Anspruch, und dann legten wir fünfundzwanzig Kilometer zurück, um abermals anzuhalten, weil einer der Wagen kaputtging und die Insassen in andere Fahrzeuge gequetscht werden mußten. Danach gingen wir dazu über, alle fünfundzwanzig Kilometer einen Stop einzulegen. Dadurch konnten sich die neuen Wächter, die an der Grenze zu uns gestoßen waren und uns möglichst rasch nach Bagdad bringen wollten, vergewissern, daß niemand entflohen war. Während des nächsten Aufenthalts bestand der Botschaftsangehörige auf einer Zusammenkunft aller Fahrer am Ende des Konvois, weil die Dunkelheit anbrach und er der Ansicht war, daß wir irgendwo anhalten mußten, um zu schlafen.

Der Konvoi wurde angeführt von einem Wachhabenden in einem Militärfahrzeug. Zwei weitere Wächter fuhren am Ende, und ein drittes Fahrzeug fuhr links und rechts hin und her, um dafür zu sorgen, daß alle zusammenblieben. Unser Jeep befand sich im vorderen Teil der Kolonne. Die Kinder unserer beiden Familien langweilten sich und waren durch die stickige Hitze erschöpft. Während es Stuart gelang, für eine gewisse Zeit einzudösen, waren die anderen hellwach, weil sie so beengt saßen, daß sie nicht genug Platz fanden, um richtig zu schlafen. Plötzlich lenkte Sheila, die vor uns fuhr, ihren Wagen an den Straßenrand und gab bekannt, daß sie erschöpft war und nicht weiterfahren konnte. Einer der Wächter übernahm an ihrer Stelle das Steuer, so daß sie sich etwas ausruhen konnte. Wir kämpften uns weiter vor, bis wir eine Art Camp erreichten, das kaum mehr war als ein großer Parkplatz mit ein paar verstreuten Gebäuden und einem riesigen Poster Saddam Husseins, der uns mit einer Grimasse willkommen hieß. Wir bekamen gesagt, daß wir eine zweistündige Schlafpause einlegen würden. Einige stiegen aus ihren Wagen, um sich die Beine zu vertreten, während sich andere auf ihren Sitzen zum Schlafen einrichteten. Meine beiden Jungs legten sich außerhalb des Jeeps zum Schlafen auf den Boden, und einer der Wächter brachte ihnen freundlicherweise einen Sitzüberzug aus seinem eigenen Wagen, auf den sie sich legen konnten.

Wir hatten jetzt ein neues Problem, weil Angies Sohn Greg während der Fahrt sehr krank geworden war. Die Wächter machten sich Sorgen um ihn, weil sie fürchteten, daß er an Flüssigkeitsmangel litt. Sie bestanden darauf, ihn in ein Krankenhaus in der Nähe des Camps zu bringen, wo er Injektionen bekam und so gut versorgt wurde, wie es möglich war. Ich konnte überhaupt nicht schlafen, und es dauerte nicht lange, bis alle wieder aufgeweckt wurden und wir weiterfuhren.

Als wir abermals an einer Tankstelle hielten, war Greg noch immer sehr krank, und einer der Wächter fuhr mit ihm, Angie und seiner Schwester Lindsay dem Konvoi voraus, so daß er in einem zweiten Krankenhaus behandelt werden konnte. Wir machten uns alle große Sorgen um ihn, obgleich ich nicht bestreiten will, daß uns der zusätzliche Platz in unserem Jeep willkommen war. Stuart streckte sich auf der Rückbank aus, während Craig zu mir nach vorne kam. Wir machten das Beste aus unserem unerwarteten Luxus, bis Angie und ihre Kinder wieder zu uns kamen, als der Konvoi an einer Toilette haltmachte. Greg hatte eine weitere Injektion bekommen, und die Iraker hofften, daß es ihm wieder gut genug ging, um die Fahrt fortsetzen zu können. Wir erfuhren jetzt, daß nicht nur er krank geworden war. Elaine und Caroline hatte man mit ihren beiden kleinen Kindern, die an denselben Beschwerden litten, schleunigst auf den Weg nach Bagdad gebracht.

Inzwischen waren die frühen Morgenstunden angebrochen, und die Müdigkeit setzte wirklich allen zu. Wir sechs saßen wieder eng aneinandergedrängt, und die Anstrengung der langen, heißen und unbequemen Fahrt machtc sich bei uns allen bemerkbar. Obgleich Stuart ein bißchen geweint hatte, als die Sonne während des Nachmittags ihren höchsten Stand an dem wolkenlosen Himmel erreichte, waren die Kinder großartig gewesen, wenn man bedachte, was sie durchmachen mußten. Die Wächter bemühten sich, die Fahrt des Konvois zu beschleunigen, aber ich war so müde, daß ich mich kaum konzentrieren konnte und Angst hatte, am Steuer einzuschlafen. Eine der Fahrerinnen vor uns hatte die gleichen Schwierigkeiten, und als sie ihren Wagen an den Straßenrand lenkte und sagte, daß sie nicht mehr könnte, sagte auch ich, daß ich schlafen müßte. Maggie, eine der beiden Fahrerinnen im Wagen hinter uns, übernahm das Steuer unseres Jeeps, und während wir weiter durch die Wüste fuhren, schlief ich beinahe augenblicklich ein.

Freitag, 17. August

Die Dämmerung brach an, als ich etwa eine Stunde später wieder aufwachte, und um halb sieben hielten wir an einer kleinen Raststätte, wo wir uns mit Soft Drinks für die Kinder versorgen konnten. Maggie kehrte in ihren eigenen Wagen zurück, während Angie, die in Maggies Fahrzeug gesessen hatte, wieder zu uns kam und ich müde ein weiteres Mal den Fahrersitz einnahm. Wir alle hatten das Gefühl, daß die Fahrt in alle Ewigkeit weiterging und wir Bagdad nie erreichen würden. Ich war noch so erschöpft, daß ich den Eindruck hatte, meine Hände wären mit dem Steuerrad verschmolzen und ich würde lediglich bei halbem Bewußtsein per Autopilot fahren. Auch unsere Nerven waren sehr gespannt, und ich schnauzte die arme Angie beinahe an, als sie mit der scheinbar lächerlichen Idee aufwartete, daß es half, wach zu bleiben, wenn man sich Zahnpasta auf Zähne und Zahnfleisch schmierte. Ich beherrschte mich mit einiger Mühe, probierte es während des Fahrens – und stellte zu meiner Verblüffung fest, daß es funktionierte!

Schließlich sahen wir die Außenbezirke Bagdads herannahen, obgleich ich glaube, daß wir alle fürchteten, sie würden sich als Fata Morgana entpuppen. Unser nächster Stop erfolgte an einem Polizeiposten in der Stadt selbst, wo wir weitere anderthalb Stunden warten mußten, bis einige Polizeibeamte in Zivil erschienen und das Kommando übernahmen. Sie traten an jeden einzelnen Wagen heran und fragten nach den Namen der Insassen. Wieder schien es ein großes Durcheinander zu geben, weil wir keine Pässe hatten.

»Wie können wir sie ohne Pässe in ein Hotel einweisen?« hörten wir einen von ihnen zu einem britischen Beamten sagen.

Es gibt nicht den geringsten Zweifel, daß uns das Fehlen dieser Dokumente – deren Ausstellung im Bedarfsfall innerhalb einer Viertelstunde möglich gewesen wäre, wie man mir in Fahaheel versichert hatte – schon von dem Augenblick an, in dem sich der Konvoi auf seine achthundert Kilometer weite Fahrt machte, in Schwierigkeiten brachte.

Hilflos und wütend saßen wir weitere anderthalb Stunden in unseren beengten Fahrzeugen, bis die Beamten zu der Ansicht gelangten, daß sie das Problem lösen könnten. Unser Konvoi wurde in mehrere Gruppen aufgeteilt. Wir hatten keine Ahnung, was vor sich ging, aber das Personal der britischen Botschaft fuhr weg und ließ uns allein zurück. Das war wahrscheinlich auch zu ihrem Besten, denn wir erfuhren später, daß es möglich gewesen wäre, unsere alptraumhafte Achtundzwanzig-Stunden-Fahrt in einem Viertel der Zeit zu bewältigen. Unsere Botschaftsexperten hatten offensichtlich nicht gewußt, daß zwischen Kuwait und Bagdad eine neue Autostraße eröffnet worden war. Die irakischen Wächter, die uns durch ihr Land begleitet hatten – berufserfahrene Soldaten in schmucken, dunkelgrünen Uniformen – brachten uns in diesen Augenblicken mehr Freundlichkeit und Anteilnahme entgegen als unsere eigenen Botschaftsangehörigen. Sie traten an alle Wagen heran, um sich zu verabschieden, und wir bedankten uns bei ihnen, weil sie wirklich immer hilfsbereit und nett gewesen waren. Einige von ihnen sagten, wie leid es ihnen tat, daß wir diese Qual durchstehen mußten, und man konnte ihnen ansehen, daß sie das ehrlich meinten.

Eine gute Nachricht war, daß unsere Gruppe aus Fahaheel im Mansour Melia Hotel untergebracht werden sollte. Unsere Stimmung stieg, weil wir wußten, daß dies das Hotel war, in dem sich unsere Männer aufhielten. Die Polizisten nahmen uns in ihre Obhut und leiteten uns durch die Straßen zum Hotel. Wir waren aufgeregt und erleichtert, denn wir dachten, daß wir nach mehr als zwei Wochen unsere Männer in wenigen Minuten wiedersehen würden. Aber das Schicksal und die irakischen Behörden hatten andere Pläne mit uns.

Wir wurden angewiesen, unsere Koffer in den Wagen zu lassen. Dann führte man uns in die Empfangshalle des luxuriösen Fünf-Sterne-Hotels und weiter in einen großen Speisesaal, in dem alle Tische zum Mittagessen mit strahlend weißen Tischtüchern gedeckt waren. Wir setzten uns, blickten nervös auf die Türen am Ende des Raums und warteten auf das Erscheinen der Männer. Die Polizisten, die uns eskortierten, kamen ebenfalls herein und ließen sich an einem der Tische nieder.

Nach etwas zwanzig Minuten ungeduldigen Wartens kam Paul, einer der Teenager aus unserer Gruppe, zu uns herüber. Er eröffnete uns, daß einer Unterhaltung zwischen den irakischen Beamten zufolge die Männer in der vergangenen Nacht aus dem Hotel weggebracht worden waren. Diese plötzliche Zerstörung unserer Träume war zuviel für eine der Frauen. Sie brach völlig zusammen und schluchzte unkontrolliert, bis der Pastor, der bei uns geblieben war, zu ihr eilte, um sie zu trösten. In diesem Durcheinander trat Elaine, die dem Konvoi wegen der Erkrankung ihrer Kinder vorausgefahren war, mit Mike und drei weiteren der Männer, in den Raum. Mike, der unseren Kummer erkannte, sprach mit den Polizisten, kam dann zu uns und berichtete, was passiert war. Die Männer waren tatsächlich weggebracht worden und der einzige Grund, warum er selbst und die anderen drei nicht mitgehen mußten, war, daß im Fahrzeug nicht genug Platz zur Verfügung gestanden hatte. Sie waren in verschiedenen Hotels in Bagdad untergebracht worden. Alles schien nur ein großer Irrtum zu sein, der bald berichtigt würde. Wir wußten damals noch nicht, daß davon gar keine Rede sein konnte. Die Iraker wandten wieder einmal eine ihrer bewährten Methoden an, um unsere Moral zu brechen, indem sie fortwährend das eine versprachen und das andere taten.

Alle in der Gruppe waren sehr niedergeschlagen, und einige der Frauen brachen in Tränen aus. Am Ende des Saals wurde ein riesiger Vorhang geöffnet. Er enthüllte einen mit Essen beladenen Tisch, der jedoch vergeblich dazu einlud, uns zu bedienen. Wir fühlten uns alle am Boden zerstört, und essen war das letzte, was wir im Moment wollten. Nachdem wir eine Weile herumgesessen und Formulare ausgefüllt hatten, die uns die Wächter brachten, wurden wir wieder in die Empfangshalle geführt. Man teilte uns mit, daß wir Zimmer bekämen, in denen wir bis zur Rückkehr unserer Männer bleiben könnten. Wir begriffen schnell, daß dies weniger der Bewirtung in einem Luxushotel gleichkam, als der Einkerkerung in einem teuren Gefängnis. Im Hotel gab es Flure, die nach links und rechts zu den Zimmern führten, und in der Mitte eine kleine Halle mit zwei Aufzügen und Sitzgelegenheiten für vier Wächter. Wir bekamen im achten Stockwerk Zimmer zugewiesen, und dann sagte man uns, daß aus jedem Wagen nur eine Person nach unten gehen durfte, um die Koffer aus den Fahrzeugen zu holen. Ich machte mich auf den Weg, die Koffer zu holen. Der Wächter, der mich begleitete, klebte förmlich an mir, als ob er befürchtete, daß ich einen Fluchtversuch unternehmen würde, und zwang mich, gleich wieder nach oben zu gehen. Man sagte uns, daß wir die beiden Etagen unmittelbar über und unter uns aufsuchen dürften, davon abgesehen jedoch in und außerhalb unserer Zimmer bleiben müßten. Nach der relativen Freiheit, die wir im International Hotel in Kuwait genossen hatten, war dies ein Schock für uns. Bei dem dichten Beieinanderhocken war es ein Glück, daß wir so gut miteinander auskamen. Wir bestellten Kaffee und Tee, und um einmal einen Szenenwechsel vorzunehmen, setzten wir uns in den Korridor außerhalb unserer Zimmer und nahmen unsere Getränke dort zu uns. Die Wächter schienen dies sehr amüsant zu finden.

Später am Nachmittag machte Gilly mit einer Liste die Runde, die man ihr gegeben hatte und auf der die Namen von fünfzehn Personen standen, die ihre Sachen packen und um achtzehn Uhr abmarschbereit sein sollten. Mein Name war nicht auf der Liste, was mich zuerst enttäuschte, aber dann hörte ich die Unterhaltung von zwei der Frauen mit, die gehen sollten und sehr bekümmert darüber waren, daß sie vom Rest der Gruppe getrennt wurden. Nachdem wir darüber gesprochen hatten, gefiel keinem von uns die Trennungsidee. Wir würden nicht erfahren, wohin man sie brachte, ob sie sicher an ihrem Bestimmungsort ankamen und ob sie wieder mit ihren Männern zusammentrafen. Als sich die zur Abfahrt bestimmten Frauen weisungsgemäß, aber mit einigem Widerstreben in der Halle bei den Aufzügen einfanden, gingen wir alle mit ihnen und verlangten Antworten auf die Fragen nach ihrer Sicherheit, aber die irakischen Beamten wollten uns nichts sagen. Dann fragte jemand, ob sie mit ihren eigenen Wagen fahren sollten, weil dann nämlich neues Benzin benötigt würde. Eine andere Frau wollte wissen, ob Wasserflaschen für die Kinder zur Verfügung standen, die die Fahrt mitmachen würden. Dies brachte die Beamten durcheinander. Es war offensichtlich, daß sich niemand ernsthafte Gedanken über das Ganze gemacht hatte. Sie wurden sehr verlegen und wiesen uns alle an, in unsere Zimmer zurückzukehren, während sie die Sache klären wollten. Einige der kleinen Kinder, die sich schon darauf gefreut hatten, ihre Väter in Kürze wiederzusehen, fingen an zu weinen. Etwa eine Stunde später wurde den ausgesonderten Frauen gesagt, daß sie das Hotel erst am nächsten Tag verlassen würden.

Um halb acht klopften die Wächter an die Türen unserer Zimmer und brachten uns nach unten in den Speisesaal zum Abendessen. Stuart fühlte sich zerschlagen, war mürrisch und wollte nichts essen. Mir machte das Sorgen, denn er hatte während der letzten dreißig Stunden praktisch gar nichts zu sich genommen. Ich bewegte ihn dazu, wenigstens ein paar Butterbrote zu essen, aber er war so müde, daß er nur noch schlafen wollte. Nach einiger Überredung aß auch Craig ein bißchen, aber die Enttäuschung darüber, daß wir Derek nicht wiedergesehen hatten, nahm ihn zu sehr mit. Nach dem Essen wurden wir angewiesen, sofort in unsere Zimmer zurückzukehren. Die beiden Jungs legten sich hin und schliefen sehr schnell ein.

Etwas später wurde wieder an die Tür geklopft. Ich bekam die Nachricht, daß um einundzwanzig Uhr am Ende des Korridors eine Versammlung stattfinden würde. Vier Männer, die wieder zu unserer Gruppe gestoßen waren, hatten einige zusätzliche Informationen aufgeschnappt. Einem von ihnen war es gelungen, einen kleinen Kurzwellenempfänger mit in die Gefangenschaft zu schmuggeln, von dem die Iraker nichts wußten. Er machte uns mit den neuesten Nachrichten der BBC über die Situation in Kuwait und die weltweiten politischen Reaktionen auf unsere Geiselnahme vertraut. Vor allem aber erfuhren wir, daß die fünfzehn Frauen auf der Liste am nächsten Tag zu ihren Männern gebracht würden, während die restlichen Männer ins Mansour Melia zurückkommen sollten, um mit uns zusammenzutreffen.

Nach allem, was wir durchgemacht hatten, war es zwangsläufig dazu gekommen, daß einige der Frauen ihre Wut und Enttäuschung an den irakischen Wächtern ausließen. Mike und seine Freunde rieten uns jedoch, uns zusammenzureißen, weil die Wächter manchmal nützlich und hilfreich sein konnten. Wir erhielten zum Beispiel die Erlaubnis, am Morgen eine Stunde lang den draußen gelegenen Swimming-pool zu benutzen, obgleich Wächter dabei sein würden, um ein Auge auf uns zu behalten. Wir brachten vor, daß wir keine Schwimmsachen bei uns hatten, aber sie sagten, daß wir alles anziehen könnten – T-Shirts, Shorts, was wir wollten. Nach einer Stunde würde ein Pfeifton erklingen, und dann müßten wir alle ins Haus zurückkommen. Wurde nicht auf diese Weise der tägliche Hofgang in den Gefängnissen Ihrer Majestät beendet? Ein weiterer Punkt, der zur Sprache kam, war, daß man den Angehörigen der britischen Botschaft den Zugang zu uns verweigert hatte. Wir wußten nicht, ob sie wieder Kontakt mit uns aufnehmen könnten. Das war deshalb besonders beunruhigend, weil man ihnen nicht gesagt hatte, daß, und – was noch wichtiger war – wohin unsere Männer verlegt worden waren.

Als ich ins Zimmer zurückkam, schliefen beide Jungs.

Ich lag eine ganze Weile wach im Bett, dachte über die furchtbaren Ereignisse der vergangenen achtundvierzig Stunden nach und fragte mich, wie wir sie überstanden hatten. Die Hitze und die Verhältnisse in den Fahrzeugen waren härter gewesen als unsere schlimmsten Vorstellungen. Der Konvoi, den die britische Botschaft für uns organisiert hatte, war von Anfang bis Ende eine einzige Katastophe gewesen. Die Kinder aber hatten sich großartig verhalten.

Samstag, 18. August

Trotz des Mangels an Schlaf während der Fahrt von Kuwait wachten wir an diesem Morgen überraschend früh, um viertel nach sieben, auf. Nur Stuart war aufgrund der Nachwirkungen ziemlich unleidlich. Ungefähr eine Stunde später wurden wir alle unter Bewachung nach unten in den Speisesaal zum Frühstück gebracht. Dort erwartete uns der erste unangenehme Schock des Tages. Wir erfuhren bald, daß die fünfzehn Frauen, deren Namen auf der separaten Liste gestanden hatten, bereits vom Hotel abgeholt worden waren. Niemand kannte ihren Aufenthaltsort. Diese Nachricht ließ ein flaues Gefühl in der Magengrube aufsteigen und führte uns vor Augen, wie hilf- und schutzlos wir den Launen der Iraker ausgesetzt waren. Ein paar der Wächter schienen uns freundlich gesonnen zu sein. Doch als wir sie fragten, was mit den Frauen passiert sei, antworteten sie, daß sie es nicht wüßten. Wir hatten nur wenig Appetit auf das Essen, das man uns vorsetzte, aber wir trödelten so lange damit herum wie möglich, um die unvermeidliche Rückkehr in die Enge unserer Zimmer hinauszuzögern.

Als wir schließlich wieder nach oben gingen, wurde uns gesagt, daß wir wie versprochen den Swimming-pool benutzen dürften, und so kramten wir alles hervor, was als Schwimmzeug tauglich war. Ich hatte tatsächlich zwei Badehosen für die Jungs eingepackt und fand für mich einen Bikinislip und ein langes weißes T-Shirt. Wir griffen nach einigen Handtüchern und machten uns auf den Weg zum Pool. Der Wächter, der uns diesmal begleitete, hatte eine Zeitung bei sich. Im Verlauf der nächsten Tage sollten wir feststellen, daß viele Wächter die Zeitung benutzten, um dahinter eine Pistole oder ein Funksprechgerät zu verbergen.

Als wir am Pool ankamen, waren die Kinder völlig begeistert. Sie sprangen gleich ins Wasser, als ob sie den letzten Staub von der Fahrt durch die Wüste abspülen wollten. Wir Frauen waren weitaus zurückhaltender und scheuer, weil überall Wächter standen. So saßen wir nur herum und beobachteten die Kleinen. Ich saß auf einer Liege neben Mike und fragte ihn leise, ob er mit seinem Kurzwellenradio irgendwelche neuen Weltnachrichten empfangen hatte. Er antwortete, daß wir jetzt offiziell als ›Geiseln‹ bezeichnet wurden. Dies versetzte mir einen leichten Schock, weil wir uns bisher nicht wirklich als solche betrachtet hatten. Die Iraker weigerten sich, diesen Begriff zu verwenden, und bestanden darauf, daß wir ›Gäste‹ wären – ein weiterer Begriff, der uns noch sehr vertraut werden sollte.

Unsere Stunde relativer Freiheit schien in Minutenschnelle vergangen zu sein. Die Pfeife ertönte, und wir wurden alle ins Haus zurückgebracht. Es war sehr seltsam, erst faul in der Sonne am Pool zu liegen und den

Kindern beim fröhlichen Spiel zuzusehen, wie wir es an den meisten Nachmittagsstunden während unseres Lebens in Kuwait getan hatten, und dann plötzlich in die Realität eines Gefangenendaseins zurückkehren zu müssen.

Vor den Aufzügen im Innern des Hotels herrschte großes Gedränge, denn die besorgten Wächter trieben uns zur Eile an. Sie hatten wohl Angst, wir könnten unbemerkt aus dem Hotel entkommen. Mir erschien diese Angst unsinnig, denn Leute aus dem Westen pflegen in Bagdad aufzufallen. Es dauerte fast eine Dreiviertelstunde, bis wir wieder in unseren Zimmern waren. Nachdem wir uns umgezogen hatten, versammelten sich einige wenige von uns auf dem Flur und fragten, ob wir etwas Tee haben könnten. Unsere Wächter kamen der Bitte nach, aber es sollte nicht mehr lange dauern, bis auch dieses alltägliche Getränk rationiert wurde.

Die Moral unserer Gruppe sank auf den Tiefpunkt, denn als wir wieder zurück im Hotel waren, hatten wir viel Zeit und fingen an, über das Schicksal der vermißten Frauen nachzugrübeln und uns zu fragen, ob wir unsere Männer jemals wiedersehen würden. Ein paar der Wächter waren recht freundlich, und so erkundigten wir uns ständig, ob – und wann – unsere Männer kommen würden, aber sie sagten immer wieder, sie wüßten es nicht. Wir glaubten ihnen nicht, da wir das irakische Kommandosystem, das die Menschen möglichst unwissend hielt, noch nicht durchschaut hatten. Erst viel später wurde uns klar, daß die Männer wahrscheinlich die Wahrheit sagten.

Die Zeit zum Mittagessen war gekommen. Der Standard der Mahlzeiten, die man uns vorsetzte, hatte sich rapide verschlechtert, die Portionen waren wesentlich kleiner geworden. Ich machte mir Sorgen um Stuart, weil er seit dem Aufbruch des Konvois fast nichts gegessen hatte. Ich brachte ihn schließlich dazu, ein Brötchen zu essen, nachdem ich dafür ein bißchen Butter und Marmelade erbettelt hatte. Wieder ließen wir uns beim Essen möglichst viel Zeit, denn der Gedanke, in den vier Wänden unserer Zimmer eingesperrt zu sein, war schrecklich. Der Zeitpunkt, an dem wir nach oben zurückkehren mußten, kam jedoch unausweichlich.

Verblüffenderweise schienen Stuart und die anderen Kinder in seinem Alter unsere neue Situation als gegeben hinzunehmen. Von Anfang an fanden sie sich mit dem Eingesperrtsein ab, als sei es ihre natürliche Lebensart, obwohl es im krassen Gegegensatz zu der Freiheit stand, die sie während ihres gesamten kurzen Lebens gekannt hatten. Die beiden Kinder unserer Nachbarin Sue waren ein bezeichnendes Beispiel. Kayleigh war gerade drei und ihr Bruder Ben noch nicht einmal zwei, und doch wanderten sie zwischen den Zimmern hin und her, ohne auch nur ein einziges Mal wirklich störrisch zu werden. Es war fast so, als ob sie wüßten, daß unsere Sicherheit von ihrem Wohlverhalten abhing und daß es zwecklos war, danach zu fragen, ob sie zum Spielen nach draußen gehen könnten.

Das große Ereignis eines langen, langweiligen Nachmittags war, daß wir eine neue Nachbarin bekamen. Nikki, meine Freundin, die schwanger war und um deren Wohlergehen wir uns in der Wohnanlage in Fahaheel so große Sorgen gemacht hatten, ob sie in das uns gegenüberliegende Zimmer ziehen könnte. Ihre engsten Freundinnen hatten zu denen gehört, die man am Morgen weggebracht hatte, und sie fühlte sich sehr allein. Ihre Ankunft gab Stuart Grund zur Freude, denn sie brachte Shaun und Daniel mit, zwei weitere seiner Spielkameraden.

Später machte ein Wächter die Runde und nahm unsere Personalien abermals auf. Dieser Mann war sehr freundlich und sollte uns ein so guter Freund werden, wie das unter den gegebenen Umständen möglich war – schließlich war er ein Wärter, und wir waren seine Gefangenen. Wir stellten ihm die üblichen Fragen nach unseren Ehemännern und den vermißten Frauen, aber selbst er sagte, daß er nicht wüßte, wo sie wären.

Am frühen Abend versanken wir alle tiefer und tiefer in Depressionen, denn wir wußten nicht mehr, was und wem wir noch glauben konnten. Mehrere von uns waren den Tränen nahe. Dann, als Sue, Nikki und ich uns gegen zwanzig nach sechs im Korridor unterhielten, trat einer der Wächter auf uns zu und sagte, daß unsere Männer unten wären. Die Nachricht riß alle in Sekundenschnelle aus der Lethargie, aber die nächsten fünf Minuten, in denen wir uns alle am Ende des Korridors versammelten und mit qualvoller Erwartung auf die geschlossenen Aufzugstüren starrten, tickten wie in Zeitlupe dahin. Dann hörten wir das Surren der Aufzüge, die in unserer Etage anhielten, und eine Tür glitt auf und zeigte die Hälfte der Männer. Augenblicke später öffnete sich auch die zweite Tür und gab den Blick auf die übrigen frei. Die Männer traten eilig aus den Aufzügen und verschmolzen geradezu mit der wartenden Menge. Endlich waren die Familien wieder vereint, und plötzlich entluden sich die Anspannungen und unterdrückten Gefühle von mehr als zwei Wochen wie ein explodierendes Sicherheitsventil. In allen Ecken umarmten sich die Menschen wild und heftig, so als ob sie fürchteten, daß jemand verschwinden könnte. Tränen flossen im Überschwang, und sie kamen nicht allein von den Frauen und Kindern.

Es gab nur eine unglückliche Ecke – und das war die unsere, denn Derek und drei der anderen Männer wurden noch immer vermißt. Die Jungs und ich brachen zusammen und weinten, als sich das Undenkbare, das Unaussprechliche, das wir so gefürchtet hatten, grausam zu verwirklichen schien. Die wachsende Überzeugung, daß wir Derek nie wiedersehen würden, hatte schon tiefe Wurzeln geschlagen, als einer der Aufzüge zurückkehrte und Derek und zwei der anderen Männer nach draußen traten – sie waren infolge eines Versehens in den falschen Stock gebracht worden.

Stuart klebte an seinem Vater, als seien die beiden aneinandergeschweißt, und Craig war völlig überwältigt. Man konnte das gemeinschaftliche Gefühl der Erleichterung in der Atmosphäre spüren, und die einzelnen Familien zogen sich nach und nach in ihre Zimmer zurück, um miteinander in dem kleinen Rest Privatsphäre zu reden, der ihnen zur Verfügung stand. Inmitten dieser ganzen Freude saß jedoch Teresa, eine der Frauen, allein in ihrem Zimmer und weinte, bis ihr fast das Herz brach. Ihr Ehemann Alan war als einziger noch immer nicht zurückgekommen, weil man ihn aus unbekannten Gründen getrennt von den anderen untergebracht hatte. Sie sollten erst am nächsten Tag wieder vereint werden.

Als wir allein waren, erzählte mir Derek, daß er und die anderen Männer in der Nacht vor unserer Ankunft in Bagdad aus dem Hotel in ein Lager gebracht worden waren, das etwa dreieinhalb Stunden in nördlicher Richtung entfernt lag. Der Eindruck, den man uns vermittelt hatte – daß sie nämlich auf verschiedene Örtlichkeiten aufgeteilt worden waren –, war völlig falsch gewesen. Die fünfzehn Frauen, die das Hotel am Morgen verlassen hatten, waren im Lager wieder mit ihren Männern vereint worden. Dann aber hatten die Iraker ihr Spiel der emotionalen Erpressung fortgesetzt, indem sie Derek und die anderen Männer eine Zeitlang in einen anderen Raum sperrten, bevor sie ihnen sagten, daß sie zu uns zurückgebracht würden. Während unserer ganzen Gefangenschaft stellten wir immer wieder fest, daß Gruppen von Menschen aus dem Westen unterschiedlich behandelt und über das Geschehen im dunkeln gelassen wurden, und trotz der unschuldig klingenden Versicherungen, die man uns gab, kamen wir schnell dahinter, daß dies alles Teil eines gezielten, auf höchster Regierungsebene ersonnenen Plans war, der dem Zweck diente, unsere Moral zu brechen und uns gegeneinander auszuspielen.

Ich wußte, daß es viele wichtige Dinge gab, die mir Derek erzählen wollte, aber jetzt, da die Kinder dabei waren, schien dafür nicht der richtige Zeitpunkt zu sein. Außerdem wollte er hören, was mit uns passiert war, seit er uns gezwungenermaßen verlassen hatte. Stuart wich ohnehin nicht von seiner Seite, während Craig seinem Vater unzählige Fragen zu stellen und viele Neuigkeiten zu erzählen hatte. Nach ungefähr einer Stunde wurden wir von einem Wächter gestört, der an die Tür klopfte und uns sagte, daß es Zeit wurde, zum Abendessen zu gehen. Alle im Speisesaal wirkten und fühlten sich entspannter, und ausnahmsweise beeilten wir uns mit dem Essen, so daß wir in unsere Zimmer zurückkehren und uns weiter die Neuigkeiten erzählen konnten, die wir füreinander hatten.

Später am Abend brachten Derek und ich die Jungs ins Bett und gingen dann zu unserer Abendversammlung um neun Uhr, die inzwischen zu einem festen Bestandteil unseres Lebens geworden war, den Korridor hinunter. Alle waren besorgt, weil wir jetzt den Kontakt zu unserer Botschaft völlig verloren hatten, aber die Versammlung endete schon nach zehn Minuten, und nachdem die Jungs eingeschlafen waren, setzten wir uns in unser Zimmer und redeten und redeten über die Dinge, die wir sie nicht wissen lassen wollten.

Derek begann mit einem knappen Bericht über das, was passiert war, nachdem die Männer in Kuwait von uns weggeholt worden waren. Sie wurden zur Vernehmung nach Ahmadi gebracht und bekamen gesagt, daß sie binnen einer halben Stunde nach Hause zurückkehren könnten, wenn sie ihre Namen und Adressen angeben würden. Es wurde ihnen jedoch schnell klar, daß dies eine Lüge der irakischen Wächter war, die in Wirklichkeit gar nicht wußten, was mit ihnen passieren sollte. Nach einigen Stunden sagte man ihnen, daß sie ›zu ihrer eigenen Sicherheit‹ nach Bagdad gebracht würden – diese Phrase grub sich fest in Dereks Gedächtnis ein. Alle Männer protestierten sofort heftig gegen die Trennung von ihren Frauen, die, wie sie sehr wohl wußten, in großer Gefahr sein würden, wenn sie allein in Fahaheel zurückbleiben mußten, und nach einer langen, hitzigen Diskussion erklärten sich die Wächter damit einverstanden, bei der Wohnanlage vorbeizufahren und die Frauen mitzunehmen. Unglücklicherweise kamen sie nur bis zum Fischmarkt der Stadt, wo sie von einem Offizier, der von getroffenen Vereinbarungen nichts wissen wollte, zurückgeschickt wurden, und trotz all ihrer Proteste brachte man sie unverzüglich auf den Weg in die irakische Hauptstadt.

Ihre Fahrt im Bus einer Ölgesellschaft wurde genauso entsetzlich wie die unsere im Konvoi. Sie fing schon schlecht an, denn als man dem Fahrer sagte, wohin er fahren sollte, wurde er ostentativ krank und mußte durch einen Soldaten ersetzt werden. Der neue Chauffeur vermittelte den Eindruck, daß er nie zuvor gefahren war – man mußte ihm zeigen, wie er die Kupplung zu bedienen hatte, wenn er einen Gang einlegen wollte – und seine Fahrweise dürfte auch dafür verantwortlich gewesen sein, daß das Fahrzeug schließlich kaputtging.

Während der Fahrt konnten sie einiges von dem Blutbad und den Zerstörungen sehen, zu denen es bei der Invasion gekommen war. Überall am Straßenrand standen ausgebrannte Wagen und kuwaitische Militär- und Polizeifahrzeuge, die beschossen worden waren und in denen noch die Leichen lagen. An der Grenze stellten sie fest, daß noch immer zahllose irakische Militärfahrzeuge nach Kuwait hineinfuhren. Es war offensichtlich, daß die Invasoren planten, weitaus länger als nur einige wenige Tage zu bleiben.

Die Fahrt war sehr unbequem, denn sie saßen zu achtundzwanzig in einem Fahrzeug mit sechzehn Plätzen und hatten nichts zu essen und zu trinken. Sie wurden bis nach Basra im südlichen Irak gefahren, dort in ein Frachtflugzeug gesetzt und direkt nach Bagdad geflogen, wo man sie im Mansour Melia Hotel einquartierte. Sie machten sich genauso viele Sorgen um ihre Frauen und Kinder, wie wir uns um sie, waren jedoch genauso machtlos wie wir, etwas dagegen zu tun.

Während der ersten beiden Tage durften sie ihre Zimmer nicht verlassen, aber nachdem man sie abermals verhört und fotografiert hatte, entspannte sich die Atmosphäre ein bißchen. Das Hotel füllte sich zu dieser Zeit mit neuen Geiseln, die täglich irgendwo aufgegriffen wurden, und die Repräsentanten der britischen Botschaft bekamen die Erlaubnis, nach ihnen zu sehen und sich davon zu überzeugen, daß es ihnen gutging. Lebensmittel waren offenbar reichlich vorhanden, und nach einigen Tagen organisierten sie Aktivitäten wie Quizspiele, Trivial Pursuit, Schach und Scrabble, um sich zu beschäftigen. Um sich fit zu halten, wurde ihnen gestattet, zu festgesetzten Stunden täglich den Swimming-pool zu benutzen, und einige von ihnen verbrannten ihre überschüssigen Energien, indem sie Runde auf Runde in dem kleinen Garten auf dem Hotelgelände drehten. Nahezu alle Männer im Hotel beteiligten sich schließlich an diesen Aktivitäten, die ihnen halfen, einen klaren Kopf zu bewahren. Ein anwesender Arzt untersuchte sie und konnte sie bei zwangsläufig auftretenden Fällen von Übelkeit und Magenverstimmung aus seinem reichlichen Vorrat an Tabletten und Arzneien versorgen.

Das Mansour Melia wurde zu dieser Zeit von einer recht internationalen Gesellschaft bevölkert, darunter Franzosen, Deutsche, Japaner, Briten, Neuseeländer und Australier. Viele der Briten hatte man aus der Maschine des British-Airways-Flugs BA 149 geholt, die zum Zeitpunkt der Invasion in Kuwait zwischengelandet war, um aufzutanken. Diese Menschen hatten kaum den Fuß auf kuwaitischen Boden gesetzt, als sie auch schon völlig unschuldig in die kriegerischen Auseinandersetzungen gerieten. Einige von denen, die in Kuwait lebten, hatten versucht, über die Grenze zu fliehen, waren jedoch aufgegriffen und nach Bagdad verschleppt worden, während man andere buchstäblich auf den Straßen von Kuwait City gekidnappt hatte. Woher auch immer alle diese Menschen gekommen waren – sie waren Bestandteil eines komplizierten Plans, und ihr Schicksal lag in den Händen eines einzigen Mannes.

Derek erzählte mir, wie er und die anderen Männer am Tag vor unserer Ankunft von bewaffneten Polizisten der Spezialeinheit in Busse verfrachtet und an verschiedene Orte gebracht worden waren. Zuerst glaubten sie, nach Hause geschickt zu werden, weil sie Hinweisschilder zum Flughafen sahen. Dann schienen sie zur jordanischen Grenze zu fahren, wurden aber enttäuscht, als der Bus nach Norden abbog und nach vierstündiger Fahrt ein Ölarbeiterlager erreichte. Die Männer wurden sehr wütend und wollten wissen, warum man ihnen nicht erlaubt hatte, vor der Verlegung mit ihren Frauen zu sprechen. Sie erhielten die Standardantwort, daß der verantwortliche Beamte nur seinen Befehlen folgte und die Sache an höherer Stelle entschieden werden müßte, *boukra, inschallah* – morgen, wenn Gott es will. Das Problem war nur, daß morgen niemals kam und Gott niemals wollte.

Im Lager, das schmutzig und voller Ungeziefer war, wurden sie unter permanenter Bewachung der bewaffneten Polizisten, die bedrohlich aussahen, ständig argwöhnisch waren und kein Wort Englisch sprachen, zum Essen geführt. Unsere Männer hatten das Gefühl, daß man sie jeden Augenblick umbringen könnte, ohne daß irgend jemand etwas davon erfuhr, denn das Lager befand sich mitten im Nichts. Die Räume, die man ihnen zuwies, waren seit Jahren nicht bewohnt gewesen und quollen über vor Moskitos und anderen Insekten, und sie hatten keine persönlichen Habseligkeiten oder sonstige Annehmlichkeiten zur Verfügung. Ölarbeiter und Techniker, offenbar an den Umgang mit Ausländern gewöhnt, fungierten als Dolmetscher und waren, im krassen Gegensatz zu den Wächtern, freundlich und verständnisvoll. Sie sagten, daß sie keine Ahnung hätten, warum die Männer gefangengehalten wurden, und sie schienen die Wahrheit zu sprechen.

Der zweite Tag begann schlecht für Derek, denn als er aufwachte, stellte er fest, daß sein Bett voller Ameisen war. Er sprang unter die Dusche, um die Insekten loszuwerden, und merkte dann, daß er nichts zum Abtrocknen hatte. Deshalb riß er den schäbigen Fenstervorhang in seinem Zimmer herunter und benutzte ihn. Nach dem Frühstück tauchten unter den Wächtern einige neue Gesichter auf, und es war klar, daß sie zu der polizeilichen Spezialeinheit gehörten, denn sie sprachen ziemlich gut Englisch. Einer von ihnen bemerkte, daß sich

Mrs. Thatcher und und die britische Regierung nicht um die Gefangenen kümmerten und daß er alle erschießen würde, wenn man ihm den Befehl dazu gab. Der höhere Offizier, der das Kommando führte, nahm seine Aufgabe sehr ernst. Er besaß cin neues Lederholster für seine Pistole und pflegte wie John Wayne im Zimmer auf und ab zu gehen, wobei er immer wieder stehenblieb, um das Lederband zu richten, mit dem das Holster an seinem Bein befestigt war. Offensichtlich hat jede Nation ihre Angeber. Zwei der neuen Wächter erzählten unaufhörlich Geschichten über die Ruhmestaten im irakisch-iranischen Krieg und berichteten davon, wie sie im Kampf Menschen getötet hatten. Dies war der Beginn des Versuchs, die Männer psychisch zu zerbrechen, aber sie wurden damit fertig, indem sie ihre Peiniger ignorierten.

Derek verbrachte einen elenden Tag und eine schlaflose Nacht, dachte sorgenvoll über die Zukunft nach und fragte sich, ob er mich und die Jungs jemals wiedersehen würde. Am nächsten Tag fand nach dem Frühstück so etwas wie eine Kabarettvorstellung statt. Der höhere Offizier stellte jetzt eine neue grüne Uniform und braune Stiefel zur Schau und hatte sein blitzblankes Holster volle fünfzehn Zentimeter tiefer gehängt. Er las aus einer Liste die Namen einiger der Männer vor, die endlich ihre Frauen und Kinder wiedersehen sollten und weggeführt wurden, während Derek und die anderen zurückblieben und sich fragten, was mit ihnen passieren würde. Es war niemand in der Nähe, der Englisch sprechen konnte, und so standen sie nur da und sorgten sich um das Schicksal ihrer Frauen. Nach etwa dreißig qualvollen Minuten kam der Offizier zurück und sagte, daß auch sie nach Bagdad gebracht würden, um mit uns zusammenzutreffen. Den Männern ging der Gedanke durch den Kopf, daß dies nichts als ein psychologischer Trick war oder daß man sie nur wegbrachte, um sie zu beseitigen, aber diesmal sagte der Offizier die Wahrheit.

Derek hatte einige Details über die Invasion in Kuwait gehört, und zwar von einigen Ölarbeitern, die mitten hineingeraten und in der Dunkelheit auf den Bohrtürmen gefangengenommen worden waren. Ein Mann namens Taffy erzählte, wie die irakischen Soldaten ihm und seinen Kollegen die Uhren und Schmucksachen abgenommen und sie dann gezwungen hatten, sich im Scheinwerferlicht der Panzerwagen mit dem Gesicht nach unten in den Sand zu legen. Maschinenpistolen wurden auf sie gerichtet. Sie lagen eine Ewigkeit da und warteten darauf, daß ihr Leben dort mitten in der Wüste enden würde, ohne daß irgend jemand jemals etwas von ihnen hörte. Schließlich aber wurden sie auf die Ladefläche eines offenen Lastwagens geladen, der dann den irakischen Panzern folgte. Sie stürmten los, um den kuwaitischen Flughafen anzugreifen.

Einer von Taffys Freunden hatte herausgefunden, daß die Iraker Kuwait so schnell überrennen konnten, weil sie in den großen Getreidetransportern, die regelmäßig zwischen beiden Ländern hin- und hergingen, ohne von den Grenzposten richtig kontrolliert zu werden, Soldaten über die Grenze geschmuggelt hatten. Dieser Mann war gefangengenommen worden, während er in der Nähe der Grenze arbeitete, und hatte gesehen, wie ganze Horden von Soldaten aus den Lastwagen sprangen. Er war knapp mit dem Leben davongekommen, weil er sich in dem Moment, als das Fahrzeug daneben von einer kuwaitischen Granate getroffen wurde und explodierte, hinter einem Lastwagen versteckt hatte.

Derek war auch mit einigen amerikanischen Ölleuten zusammengekommen, die ihm erzählten, wie die Iraker ihre Schlafquartiere an den Bohrtürmen gestürmt hatten. Sie waren überzeugt, daß sie erschossen würden, stellten aber zu ihrer Erleichterung fest, daß die Eindringlinge mehr daran interessiert waren, Nahrungsmittel und Wasser zu finden. Vor der Invasion waren sie tagelang in der Nähe der Grenze stationiert gewesen, ohne ihre Rationen bekommen zu haben.

Ich erzählte einige der Dinge, die mit uns passiert waren, und Derek war schockiert und wütend, als er hörte, wie wir von der britischen Botschaft fast eine Woche lang in unserer Wohnanlage in Fahaheel allein gelassen worden waren, umgeben von diesen Truppen. Obgleich er es zu diesem Zeitpunkt nicht aussprach, war er doch der Ansicht, daß wir sehr viel Glück gehabt hatten, mit heiler Haut davongekommen zu sein.

Nachdem wir eine Ewigkeit geredet hatten, legten wir uns zum Schlafen nieder.

Ich erinnere mich, irgendwann die Gesänge antiwestlicher Demonstranten gehört zu haben, die die Straße außerhalb des Hotels hinuntermarschierten, und daß mir dabei der Ernst unserer gegenwärtigen Situation überdeutlich bewußt wurde. Derek fand es schwierig, zur Ruhe zu kommen, und als ich gegen zwei Uhr einmal kurz aufwachte, sah ich ihn mit einer Zigarette am Fenster stehen und tief in Gedanken versunken über die dunkle Stadt hinwegblicken. Ich weiß bis heute nicht, wann er zurück ins Bett kam und ob es ihm gelang, etwas Schlaf zu finden.

Sonntag, 19. August

Es war wundervoll, wieder mit Derek zusammen zu sein, führte seltsamerweise aber auch zu dem schlimmsten Angstgefühl, das ich bisher gehabt hatte. Denn jetzt erst erkannte ich die entsetzliche Gefahr, der wir gegenüberstanden, in ihrem ganzen Ausmaß. Nachdem wir Frauen und die Kinder allein in Kuwait zurückgelassen worden waren, hatten wir uns vollständig darauf konzentriert, wieder mit unseren Männern vereint zu werden. Dieses Ziel, das beinahe zur Besessenheit wurde, hatte uns die Tage durchstehen lassen. Und jetzt, da wir es erreicht hatten, hielten wir inne und fragten uns: Wie geht es nun für uns als ganze Familie weiter? Die Antwort war, daß es gar nicht weiterging. Statt durch die Gefangenschaft getrennt zu sein, waren wir nun zusammen in der Gefangenschaft – genausoweit von der Freiheit entfernt wie zuvor. Und das internationale politische Gezerre verschlimmerte sich beinahe stündlich.

Die Jungs und ich wandten uns, wie wir es immer taten, wenn wir Probleme hatte, hilfesuchend an Derek, und ich erkannte mit Entsetzen, daß zum ersten Mal auch er keine Lösung wußte. Er sagte damals nichts davon, aber tief in seinem Innersten war er davon überzeugt, daß wir alle sterben würden. Er war sehr bedrückt, weil er die Fragen der Jungs über das Geschehen nicht beantworten konnte, und insbesondere Craig begriff, daß es hier etwas gab, gegen das nicht einmal sein verläßlicher, vertrauenswürdiger Daddy etwas tun konnte. Die Tatsache, daß wir uns jetzt alle zusammen an der Front eines schnell herannahenden Krieges befanden, erfüllte Derek mit tiefer Sorge um unsere Sicherheit – die Jungs und ich legten ihm eine zusätzliche Belastung und Verantwortug auf. Er wünschte, daß er es allein durchstehen könnte, während wir sicher in England wären, und wurde sehr still und nachdenklich. Als ich an diesem Morgen aufwachte, war er, wie an jedem Morgen meines restlichen Aufenthalts im Irak, schon auf den Beinen und tief in Gedanken versunken, und es wurde immer offenkundiger für mich, was er dachte.

Er traf seine erste Entscheidung für uns in aller Frühe, als die Jungs noch schliefen, und ich war froh, mich ihr anschließen zu können, denn er war schon länger im Irak als ich und wußte, wovon er sprach. Er sagte, daß wir unsere wenigen Habseligkeiten packen sollten, weil er glaubte, daß wir in Kürze aus dem Hotel weggebracht würden, und zwar ohne vorherige Ankündigung von seiten der Iraker. Er selbst brauchte nicht lange, um seine gesamte Habe zusammenzupacken. Alles paßte bequem in eine Plastiktüte: ein kleines Handtuch, eine Flasche Shampoo, ein paar Unterhosen, zwei oder drei Paar Socken und zwei Baumwollhemden. Das meiste davon hatte das Personal der britischen Botschaft beschafft und ins Hotel gebracht, und alles, was Derek sonst noch besaß, trug er am Leib. Er freute sich sehr, als ich ihm die Hemden, Socken, Hosen und Pullover geben konnte, die ich für ihn mitgebracht hatte.

Während des Frühstücks stellten wir fest, daß zwei der gerade wieder vereinten Familien bereits aus dem Hotel weggebracht worden waren. Wie gewohnt wußte niemand, wohin sie gegangen waren. Diese Nachricht legte wieder einen dunklen Schatten über alles, obwohl ich glaube, daß jeder etwas in dieser Art erwartet hatte. Kurz nachdem wir in unser Zimmer zurückgekehrt waren, wurden einige andere Paare angewiesen, sich zur Verlegung bereit zu halten. Stuart war an diesem Morgen quengelig, und so hielt es Derek für vernünftig, ihn und uns alle vom Arzt untersuchen zu lassen, solange er noch zur Verfügung stand. Tatsächlich war mit Stuart alles in Ordnung, aber wir bekamen für den Fall, daß er in Zukunft kränkeln sollte, einige Tabletten gegen Durchfall. Craig, der nur widerstrebend zum Doktor ging, hatte überraschenderweise eine Halsentzündung.

Als wir eine Stunde später in unser Zimmer zurückkehrten, erfuhren wir, daß weitere fünf bis sechs Paare auf die Verlegungsliste gesetzt worden waren, darunter auch meine schwangere Freundin Nikki und ihr Mann Kev. Nikki und ich hatten von Beginn des Alptraums an alles gemeinsam durchgestanden und vergossen wegen der bevorstehenden Trennung viele Tränen. Wir kamen überein, uns am Flughafen Heathrow in London wiederzutreffen, falls wir uns im Irak nicht mehr sehen sollten, aber damit machten wir uns natürlich nur gegenseitig Mut, denn in diesem Stadium der Situation hatten wir keine wirkliche Hoffnung, in absehbarer Zukunft nach England zurückkehren zu können, wenn überhaupt. Inzwischen war von unserer ursprünglichen Gruppe aus rund dreißig Familien noch etwa ein halbes Dutzend übriggeblieben, und es dauerte nicht lange, bis zwei weitere von ihnen fortmußten. Wir begannen uns zu fragen, wann und wohin auch wir verlegt werden würden. Unsere Etage bekam zusehends das Aussehen einer Geisterstadt.

Ein irakischer Regierungsbeamter, der normalerweise sehr höflich zu Derek war, stand bei den Wachposten herum, und so trat Derek auf ihn zu und fragte, was aus uns würde. Er erwiderte, daß wir sofort gehen könnten, wenn unsere Sachen bereitständen. Der Ort, der für uns vorgesehen war, so meinte er, wäre sehr gut, zumal sich dort bereits Kinder im Alter unserer Jungs aufhielten. Wir holten unser Gepäck aus dem Zimmer, und nachdem wir ein paar Minuten in der Halle gewartet hatten, sagte der Beamte, daß es Zeit für uns würde. Derek fragte, ob sonst noch jemand mit uns gehen würde, denn alle anderen Familien waren in Gruppen weggebracht worden.

»Nein, nur Sie«, erwiderte der Beamte. »Aber machen Sie sich keine Sorgen – vertrauen Sie mir.«

Als wir in den Aufzug stiegen, gesellte sich ein einzelner Mann namens Neil zu uns, und nach einer schnellen Unterredung in arabischer Sprache zwischen den Wächtern erklärten sie sich damit einverstanden, daß er mit uns ging. Sie fragten, ob einer von uns den Jeep zum Bestimmungsort fahren könnte, während Neil und ein zweiter Wächter zusammen mit dem Beamten in dessen Wagen fahren würden. Sie versprachen uns, daß der Jeep nach unserer Ankunft in der neuen Unterkunft zurück zum Mansour Melia gebracht würde, wo er geparkt und abgeschlossen werden sollte. Wenn die Zeit kam, daß wir nach Großbritannien zurückkehren könnten, würden wir ihn irgendwie wiederbekommen. Wir wagten nicht zu sagen, daß sie ihn nicht benutzen konnten.

Unser Konvoi aus zwei Wagen geriet immer wieder in die Verkehrsstaus von Bagdad, als wir eine fünfundzwanzig Kilometer lange Fahrt in den Südwesten der Stadt zurücklegten. Es schien auch einige Unklarheiten über unseren eigentlichen Bestimmungsort zu geben. Wir hielten zwei- oder dreimal an Komplexen, bei denen es sich um verschiedene Militärbasen von einiger Bedeutung zu handeln schien, bis wir schließlich in dem riesigen Industriegebiet, das Zentrale Raffinerien genannt wurde, ein Gebäude erreichten, das man nur als einen umfunktionierten eingeschossigen Büroblock bezeichnen konnte. Das ganze Gelände war eingezäunt und wurde von bewaffneten Patrouillen bewacht. Wir stiegen aus dem Jeep und wurden in das Gebäude gebracht. Ein Mann begrüßte uns, der, wie wir später erfuhren, als Dolmetscher angestellt war und Jhallil hieß. Als wir durch die Tür traten, sahen wir auf der linken Seite eine Empfangsecke mit einer Rezeption, hinter der einige Sessel, ein Kaffeetisch und ein Fernsehapparat standen. Die ganze Szenerie kam uns eigenartig vor, aber der Empfang, den man uns bereitete, war noch seltsamer, denn als erstes fragte man uns, ob wir eine Tasse Tee haben wollten. Es war so, als ob wir besondere Gäste wären, die gekommen waren, um eine Fabrik zu besichtigen. Das Ganze kam uns völlig irreal vor.

Der Wächter, der uns hergebracht hatte, mußte einige Leute aus der Anlage mit ins Hotel zurück nehmen. Einer von ihnen war Allan, der letzte Vermißte, der nun wieder mit Teresa vereint wurde. Es war eine große Erleichterung, daß nun alle wieder zur Stelle waren. Zu der Gruppe gehörte auch ein Ehepaar namens Bassem und Eleanor mit ihren beiden Kindern. Eins davon, ein Junge im Babyalter, war an dem Ort, an dem man sie vorher festgehalten hatte, schwer von Insekten gebissen worden. Wir bekamen das Zimmer, das sie freimachten, und als sich herumsprach, daß neue Leute eingetroffen waren, begann sich in der Empfangsecke eine Menschenmenge zu versammeln. Unsere Ankunft war für sie offensichtlich das große Tagesereignis, aber wir konnten sie nicht sehr aufheitern. Sie waren alle ziemlich niedergeschlagen, obwohl Einigkeit bei ihnen darüber bestand, daß diese Anlage hundertprozentig besser war als der schreckliche Ort, an den man sie zwei Tage vorher gebracht hatte. Bassem und Eleanor stellten uns einige besorgte Fragen über die Verhältnisse im Hotel, die Derek besser beantworten konnte als ich, weil sich die Lage im Mansour Melia in der Zeit zwischen seinem und meinem ersten Eintreffen dort beträchtlich verschlechtert hatte.

Nachdem sie gegangen waren, richteten wir uns in ihrem Zimmer ein, das sich als ziemlich geräumiger Wohnschlafraum entpuppte. Im hinteren Teil standen vier Betten mit ausreichendem Bettzeug, das recht neu aussah. Der vordere Teil war als Wohnecke mit dreiteiliger Sitzgarnitur, Wohnzimmertisch, Kühlschrank, Fernseher und kleinem Eßtisch ausstaffiert worden. Man sagte uns, daß jederzeit Tee zur Verfügung stand, und zeigte uns eine Küche, in der mehrere große Kannen aufgereiht standen, zusammen mit Sahne und Zucker. Alles sah einigermaßen akzeptabel, aber auch recht eigenartig aus, denn es wirkte ein bißchen wie eine Urlaubsanlage für Selbstversorger, die man mitten in einem riesigen

Industriekomplex errichtet hatte. Die Sanitäranlagen waren sehr primitiv: Es gab getrennte Damen- und Herrentoiletten, die einfach aus Öffnungen im Fußboden bestanden, und beide waren mit kleinen Handwaschbekken ausgestattet, die auch zum Geschirrspülen benutzt werden mußten. Nach einer Weile erschien Jhallil mit vier Tassen, vier Suppentellern, vier flachen Tellern nebst zugehörigem Besteck sowie einer Obstschüssel. Vielleicht würden wir letzten Endes doch einigermaßen gut verpflegt werden.

Während des Nachmittags lernten wir nach und nach alle Geiseln kennen, die in dieser Anlage festgehalten wurden. Es waren mit uns insgesamt fünfundzwanzig. In einem Zimmer in unserer Nähe war ein Ehepaar namens Pat und Steve untergebracht, und Craig freute sich, als er feststellte, daß sie drei Söhne im Alter von sechzehn, vierzehn und elf Jahren hatten. Außerdem war da noch ein etwa fünfzehnjähriger Junge namens Alan, der, wie wir zu unserem Schrecken feststellten, niemanden bei sich hatte, der sich um ihn kümmerte. Er schien den größten Teil des Tages mit Pats drei Jungs zu verbringen, denen es gelungen war, ein Computerspielgerät aus Kuwait mitzubringen, das für die Kinder pures Gold war. Alan hatte sich auf dem Heimweg aus dem Internat zu seinem Vater befunden und war allein an Bord der British-Airways-Maschine gewesen, als diese bei der Zwischenlandung zum Auftanken mitten in die Invasion geriet. Craig und Stuart gingen gleich nach nebenan zu den vier Jungs, während Pat und Steve in unser Zimmer kamen, so daß wir einander die verschiedenen Erlebnisse und Abenteuer berichten konnten. Viele andere der Geiseln waren ebenfalls mit dem BA-Flug gekommen. Wir waren erleichtert, daß die Leute alle nett zu sein schienen und unsere Unterkunft einigermaßen wohnlich war.

Während wir mit Pat und Steve Geschichten austauschten, konnten wir sogar einmal herzhaft lachen. Sie erzählten uns, daß sie während des Aufenthalts in einem Hotel ihren Hochzeitstag gefeiert hatten. Die irakischen Wächter dort waren recht freundlich, und als sie von Pats und Steves besonderem Tag erfuhren, brachten sie ihnen einen Kuchen und eine Flasche Champagner. Unglücklicherweise sprachen sie nicht sonderlich gut Englisch.

»Wir hoffen, daß Sie noch lange genug bleiben, um Ihre Kinder heranwachsen zu sehen«, sagten sie, als sie die Geschenke übergaben.

Pat traf fast der Schlag, bis ihr klar wurde, daß die Wächter ihnen lediglich ein gemeinsames langes und glückliches Leben wünschen wollten.

Die Wächter in unserer neuen Behausung trugen Zivil, und obwohl ich mir sicher war, daß sie Waffen besaßen, zeigten sie sie nie. Jhallil, der Dolmetscher, war sehr freundlich und hilfsbereit und kam während des Nachmittags des öfteren mit einem von ihnen in unser Zimmer. Wenn er und die Wächter auch harmlos genug wirkten, hatten wir doch gemischte Gefühle. Denn immer wenn wir über unsere Schulter blickten, stand uns ein Offizier im Rücken, gleichgültig, wo wir uns auch aufhielten. Die anderen Geiseln erzählten uns, daß das Essen überraschend gut sei und an jedem Abend in die Zimmer gebracht würde. Außerordentlich beunruhigend war jedoch, daß alle unsere Fenster verbrettert waren.

Wir machten einen Rundgang durch das Gebäude und stellten fest, daß die Wächter ebenfalls einen Raum mit zwei Betten darin besaßen. In einem der Zimmer, an dem wir vorbeikamen, hing eine provisorische Wäscheleine mit einigen Kleidungsstücken. Während unseres Erkundungsgangs lernten wir ein Ehepaar namens Dale und Michelle kennen. Später am Nachmittag statteten sie uns mit ihrer dreijährigen Tochter Tamara und dem ein Jahr älteren Eliott in unserem Zimmer einen Besuch ab. Stuart freute sich, einen Jungen in seinem Alter gefunden zu haben, und die beiden setzten sich zusammen und malten Bilder auf ein altes Stück Papier, das ihnen einer der Wächter gegeben hatte.

Als der Abend herannahte, mußten wir das Beste aus den Waschgelegenheiten machen. Nachdem wir Stuart gebadet und in seinen Pyjama gesteckt hatten, kehrten wir in unser Zimmer zurück, um auf das Essen zu warten. Um viertel vor sieben kamen die Wächter an die Tür und gaben uns vier Eßgefäße und vier Getränkedosen. Das Essen – normalerweise so etwas wie Hühnchen mit Reis – war passabel, wenn auch nur lauwarm. Craig und Stuart fanden die Dosen himmlisch, denn sie hatten seit Tagen keinen Soft-Drink mehr bekommen. Als wir fertig waren, räumten wir auf, spülten Geschirr und Besteck ab und stellten die leeren Eßgefäße vor die Tür, so daß der ›Room Service‹ sie abholen konnte.

Danach waren die Jungs sehr müde und gingen gleich ins Bett, aber Derek und ich unterhielten uns noch mit Pat und Steve, die uns mit den neuesten Nachrichten über die sich zuspitzende Krise zwischen dem Irak und dem Westen versorgen konnten. Gott sei Dank war es Steve gelungen, einen Kurzwellenempfänger mit in die Gefangenschaft zu schmuggeln. An jedem Tag schaltete er gewissermaßen den World Servicc der BBC ein, machte sich Notizen und unternahm dann einen Rundgang zu allen von Geiseln bewohnten Zimmern, um relevante Informationen zu übermitteln. Wir gingen gegen Mitternacht zu Bett, aber Derek war sehr nervös und fand es schwierig, zur Ruhe zu kommen. Ganz offenkundig beendete er den Tag so, wie er ihn begonnen hatte – mit Sorgen.

Montag, 20. August

Nach einer sehr unruhigen, bedrückenden Nacht wachte ich auf und sah, daß Derek bereits aufgestanden und angezogen war. Er saß da und starrte buchstäblich ins Leere, und ich blieb noch ein paar Minuten im Bett liegen und beobachtete ihn nur. Er war offenkundig besorgt, und ich fühlte mich hilflos, weil ich ihm von seiner Verantwortung nichts abnehmen konnte. Eins unserer größten Kümmernisse war, daß die britische Botschaft in Bagdad jeden Kontakt zu uns verloren hatte, weil die irakischen Behörden den Zugang zu uns verweigerten. Niemand wußte, wo wir waren, und wir hätten vom Angesicht der Erde verschwinden können, ohne daß es jemandem aufgefallen wäre. An diesem Morgen herrschte in den Korridoren viel Betrieb. Die Wächter unterhielten sich auf Arabisch. Es war sehr nervtötend, weil wir nicht verstanden, um was es ging.

Ich stand auf, zog mich an, und nachdem ich ein paar

Minuten lang mit Derek über unsere Probleme gesprochen hatte, sagte ich, daß ich einen Rundgang machen und die Dusche ausprobieren wollte. Was für ein Erlebnis! Der ganze Wasch-, Dusch- und Toilettenbereich war schmutzig, und es stank entsetzlich, obwohl ich mich nach der kalten Dusche besser fühlte. Anschließend kehrte ich in unser Zimmer zurück und sah mich vergeblich nach einer Steckdose für meinen Haartrockner um. Alle Stecker in unserem Zimmer funktionierten nicht, und so ging Derek, um ein paar warme Worte mit den Wächtern zu wechseln, während ich mit triefend nassen Haaren dastand. Sie versprachen, einen Elektriker zu schicken, der sich um das Problem kümmern würde, und einer von ihnen fand in einem leeren Zimmer einen funktionierenden Schalter.

Als ich zurückkam, waren beide Jungs aufgewacht. Die Wächter hatten inzwischen das Frühstück gebracht, das überraschend gut war. Die Brötchen waren recht frisch, und dazu gab es Butter, Marmelade, Käse und für jeden ein hartgekochtes Ei. Es war nicht so gut wie im Ritz, aber viel besser, als wir erwartet hatten, und zu meiner Erleichterung langten beide Jungs ziemlich kräftig hin. Danach ging Craig zum Duschen, und ich brachte Stuart in den Waschraum. Sie hatten es eilig, weil sie mit Pat und Steve am Computer spielen wollten.

Im Verlauf des Morgens kam eine Ärztin in jedem Zimmer vorbei, um sich zu erkundigen, ob irgend jemand gesundheitliche Probleme hatte. Sie blieb ein paar Minuten bei uns und machte einen angenehmen Eindruck. Als sie ging, versprach sie, am nächten Tag etwa um die gleiche Zeit wiederzukommen. Wenig später tauchten Jhallil und ein anderer Wächter auf, fragten, wie es uns allen ging, und brachten sogar ein paar Spielsachen für die kleineren Kinder mit. Stuart dachte, daß sein Geburtstag und Weihnachten auf einen Tag gefallen wären, als er das Spielzeugauto, die legoähnlichen Bauklötze und das Malbuch mit den Buntstiften sah, die für ihn bestimmt waren. Die Wächter fragten, ob es sonst noch etwas gab, was wir uns wünschten. Derek gewann ein Stück seines gewohnten Humors zurück und bat um vier Flugtickets nach London. Sie wirkten zuerst ein bißchen verlegen. Als sie merkten, daß er nur einen kleinen Scherz gemacht hatte, lächelten sie, gingen aber nicht weiter darauf ein. Jhallil sagte, daß er, wenn wir aufschrieben, was wir haben wollten, sein Bestes tun würde, um es uns zu besorgen.

Wir stellten fest, daß sich im Rezeptionsbereich diverse bewaffnete Wächter in dunkelgrüner Uniform aufhielten. Sie bildeten einen starken Kontrast zu den üblichen Wachen in Zivilkleidung, deren einige sogar Trainingsanzüge trugen. Wir begannen uns Sorgen zu machen und stellten Spekulationen darüber an, aus welchem Grund sie wohl gekommen sein mochten. Ein paar der Uniformierten hatten sehr harte Gesichter, und ich wäre nur ungerne mit ihnen aneinandergeraten, aber die Mehrheit schien doch ganz freundlich zu sein. So entspannten wir uns wieder so gut wie möglich, da uns offenbar nichts passieren würde. Derek brachte sogar den Mut auf, einen von ihnen zu fragen, ob nicht die Bretter von den Fenstern entfernt werden könnten und wir uns eine gewisse Zeit außerhalb des Gebäudes aufhalten könnten, um etwas Bewegung zu haben. Der

Mann hatte seine Zweifel, daß die Leute, die das Kommando führten, ihre Zustimmung geben würden, versprach aber immerhin, sich zu erkundigen.

Die Mittagszeit rückte heran, und wieder war das Essen reichlich und passabel, wenn auch kalt. Obst, wie beispielsweise Trauben und Datteln, war im Überfluß vorhanden. Wir gaben den Jungs zwei Dosen Limonade, die wir vom gestrigen Abend aufgespart hatten, und versuchten, das Essen ein bißchen wie eine Party ablaufen zu lassen.

Wir waren kaum fertig, als einer der Wächter in Begleitung von zwei Männern in Overalls erschien. Nach ein paar Worten mit Derek in arabischer Sprache begannen sie, die Bretter von den Fenstern zu nehmen. Als das Tageslicht ins Zimmer zu fluten begann, fand eine erstaunliche Verwandlung statt. Unsere Stimmung hob sich merklich, obwohl es noch anderthalb Stunden dauerte, bis die Arbeit beendet war. Zum ersten Mal seit unserer Ankunft blickten wir aus dem Fenster und sahen ein bißchen Rasen, den unvermeidlichen Drahtzaun und dahinter eine Straße. Als die Arbeiter fertig waren, machten sie in den Zimmern nebenan, die nur zu Lagerzwecken benutzt wurden, weiter. Andere Männer kamen und brachten Jalousien an. Sie befestigten sie an Ort und Stelle, indem sie Löcher in die Wand bohrten, und erledigten ihre Arbeit ausgesprochen fachmännisch.

Die Entfernung der Bretter war an sich schon ein Schock, aber es sollte noch eine weitere Überraschung folgen. Wir bekamen gesagt, daß wir uns innerhalb des Geländes draußen aufhalten und in vernünftigem Rahmen kommen und gehen konnten, wann wir wollten. Wir hatten den Wunsch nach zwei Dingen geäußert, die unmöglich zu sein schienen, und beide waren uns am selben Tag gewährt worden – wir konnten es kaum glauben! Die Nachricht von unserer relativen Freiheit sprach sich in der Geiselmannschaft schnell herum, und alle wanderten nach draußen. Stuart tat sich mit Elliott zusammen. Es dauerte nicht lange, bis sie fröhlich mit ein paar alten Brettern spielten und Brücken über einige kleine Gräben seitlich des Hauses errichteten. Das Gelände des Komplexes sah mehr oder weniger wie Ödland in einem Erschließungsgebiet aus, aber wir kamen uns vor wie im Himmel, weil wir uns wieder im Sonnenlicht bewegen konnten. Die Wächter stellten sogar ein paar Stühle hin, auf die wir uns setzen konnten, um ein Sonnenbad zu nehmen. Derek machte die spaßhafte Bemerkung, daß es nett wäre, wenn jetzt ein Fußball da wäre, mit dem man ein bißchen herumkicken könnte. Die meisten von uns aber waren schon damit zufrieden, einfach nur so dazusitzen und die frische Luft genießen zu können, und so blieben wir eine gute Stunde lang draußen. Derek machte einen Spaziergang über das Gelände abseits vom Gebäude, und da niemand Einwände dagegen erhob und ihn aufhielt, folgten die andern nach und nach seinem Beispiel.

Nachdem wir wieder ins Innere gegangen waren, suchten Pat und Steve Zuflucht in unserem Zimmer. Die Arbeiter, die jetzt im ganzen Haus die Bretter entfernten, waren mit ihren Fenstern beschäftigt. Wir verbrachten eine Stunde mit Kartenspielen, und als sie gegangen waren, erzählte mir Derek einiges von dem, was er bei seinem Spaziergang gesehen hatte.

Unmittelbar vor uns stand irgendeine Wiederaufbereitungsanlage, während sich hinter uns ein kleines Kraftwerk und einige weitere Gebäude befanden, die noch im Bau waren. Mir kam der ganze Ort ziemlich harmlos und sicher vor, und es war vielleicht auch gut, daß ich die Wahrheit erst später erfuhr, weil ich sonst nachts kein Auge mehr zugemacht hätte.

Gegen fünf Uhr nachmittags wollte Derek noch einmal nach draußen gehen, und ich begleitete ihn. Wir begegneten vier Männern in alter, schmutziger Arbeitskleidung, die sich daran machten, die Gartenfläche in Ordnung zu bringen. Dies war ein weiteres eigenartiges Geschehen an einem sehr seltsamen Tag. Es war fast so, als ob wir Touristen in einer neuen Ferienanlage wären, in der gerade die letzten Arbeiten abgeschlossen wurden. Dieser Vorfall ließ jedoch die Frage in mir aufkommen, wie lange wir hier eigentlich festgehalten werden sollten, denn all diese Arragements sahen für meinen Geschmack ein bißchen zu sehr nach einem langen Aufenthalt aus. Es schien, daß unseren ›Gastgebern‹ keine Mühe zu groß war, um uns zufriedenzustellen.

Dies bestätigte sich ein paar Minuten später, als einer der Wächter unerwartet mit dem Fußball auftauchte, den Derek früher am Tag erwähnt hatte. Sofort fingen Derek und unsere beiden Jungs an, ein bißchen herumzukicken, und verblüffenderweise gesellten sich vier Wächter dazu und machten mit, ganz so, als ob sie Animateure in einem Ferienlager wären. Die ganze Situation wurde von Minute zu Minute eigenartiger. Ich mußte mich beinahe kneifen, um mich zu vergewissern, daß ich nicht träumte.

Um viertel nach sechs gingen wir wieder ins Innere, und einige der andern Geiseln versammelten sich in unserm Zimmer, um sich eine Zusammenfassung der Weltnachtnachrichten anzuhören, die Steve am Nachmittag aufgeschnappt hatte. Es gab nichts Neues, nur die üblichen Kommentare und die Entrüstung der Westmächte, aber es war zumindest beruhigend zu wissen, daß man uns nicht vergessen hatte. Der frühe Abend war der schlimmste Teil des ganzen Tages, weil sich die Zeit nur so dahinschleppte. Trotz der zusätzlichen Aktivitäten und der damit verbundenen Aufregung bildete auch der heutige Abend keine Ausnahme. Das Essen traf erst um neun Uhr in unserem Zimmer ein, was für Stuart wirklich schon zu spät war. Immerhin, es gab noch Verpflegung, obwohl es von Tag zu Tag spürbar weniger wurde. Derek kam zu der Ansicht, daß so etwas wie ein Whist-Turnier nötig war, um die Monotonie zu durchbrechen, und redete deshalb mit den anderen Familien darüber. Nachdem alle Gefallen an der Idee gefunden hatten, machte er sich daran, Erwachsenen- und Kinderwettbewerbe für den nächsten Tag zu planen.

Wir waren mit einem Fernseher versorgt, aber die Programme waren so entsetzlich, daß man sie sich ebensogut hätte sparen können. Die ganze Nacht gab es Nachrichten, die in sieben verschiedenen Sprachen verlesen wurden, in einer nach der anderen. Das wäre gar nicht so schlecht gewesen, wenn sie wirklich etwas zu sagen gehabt hätten, aber es war alles absolut belanglos und ohne jeden Inhalt. Auf die Zeitungen traf das gleiche zu. Dies konnte kaum überraschen, denn den Menschen im Irak wurde nur das gesagt, was die Obrigkeit sie hören lassen wollte. Es gab viele Reden von Saddam Hussein. Sie wurden für uns sehr wichtig, denn obwohl wir wußten, daß sie nichts als Propaganda gegen den Westen enthielten, hofften wir doch immer, einen Hinweis darauf zu erlangen, was er mit uns zu tun gedachte. Das Frustrierendste an den Reden waren die Lügen und Täuschungen, denn sie standen in krassem Widerspruch zu den wirklichen Tatsachen, die wir den Weltnachrichten der BBC entnehmen konnten.

Nach dem Essen brachten wir Stuart ins Bett, und Craig gab bekannt, daß er noch zu seinen Freunden gehen wollte, um eine Partie Schach und am Computer zu spielen. Auch wir spielten mit Pat und Steve noch ein bißchen Karten und setzten uns dann gemeinsam mit ihnen hin, um uns *Petrocelli* anzusehen, eine Kriminalserie aus den Vereinigten Staaten, die an jedem Abend der Höhepunkt des Fernsehprogramms war. Nachdem die Kinder in ihr eigenes Zimmer zurückgekehrt waren, legten wir uns alle ins Bett, aber an Schlaf war nicht zu denken, weil wir die Bohrgeräusche der Arbeiter hörten, die noch immer an den Fensterverschlägen im Gebäude arbeiteten. Nach einer Weile stand Derek auf und beschwerte sich bei den Wächtern. Sie entschuldigten sich und erklärten, daß die Männer inzwischen an den letzten Brettern arbeiteten und in dieser Nacht noch fertig werden wollten. Schließlich trat Ruhe ein, und wir fielen schnell in unruhigen Schlaf. Das Einschlafen war nie besonders angenehm.

Trotz all der Verbesserungen bei unseren Lebensbedingungen, die wir am Tag erreicht hatten, vegetierten wir mehr oder weniger vor uns hin und machten eine einzige Tortur durch. Wenn man am Ende des Tages die Augen schloß, kam der Zeitpunkt, an dem all die Gedanken und Ängste anfingen, einem durch den Kopf zu gehen. Es war ein höchst eigenartiges und beängstigendes Gefühl, beim Einschlafen nicht zu wissen, ob man am nächsten Morgen überhaupt wieder aufwachen würde.

Dienstag, 21. August

Als ich an diesem Morgen aufwachte und die Augen öffnete, lag die niederdrückende Realität unserer Haft wie ein tonnenschweres Gewicht auf mir. Ich hatte das Gefühl, nicht aufstehen und einem weiteren Tag entgegentreten zu können. Dies war das erste Anzeichen einer Depression, und ich wußte, daß ich mir ganz bewußt große Mühe geben mußte, um meinen Zusammenbruch zu verhindern. Wieder einmal war Derek schon aufgestanden und saß tief in Gedanken versunken da. Schließlich stand ich auf und versuchte, mich durch eine kalte Dusche auf Vordermann zu bringen.

Bevor ich ganz wach wurde, hörte ich draußen auf dem Flur Leute umherlaufen. Im Hintergrund ertönten hämmernde Geräusche, und als ich das Zimmer verließ, fand ich mich in der Mitte von Arbeitern wieder, die hektisch hin und her eilten. Einer der Wächter lächelte und wünschte mir einen guten Morgen. Ich fragte ihn, was hier vor sich ging, und er erklärte mir stolz, daß sie eine europäische Toilette einbauten. Es fand tatsächlich ein Aufschwung statt. Ich duschte schnell und kehrte in unser Zimmer zurück, um Derek die Neuigkeit zu erzählen.

Alles wirkte sehr eigenartig, und es lag ein Gefühl von Aufregung und Hektik in der Luft. Uns wurde klar, daß etwas Besonderes passierte. Wir hatten vorher gehört, daß das Rote Kreuz eine Delegation nach Bagdad schickte, und uns gefragt, ob sie uns einen Besuch abstatten würden. Die Ereignisse des Morgens trugen nur dazu bei, solche Spekulationen anzuheizen. Nach dem Frühstück kam eine kleine Gruppe von Putzfrauen in das Gebäude, die alles saubermachen sollten. Tatsächlich begnügten sie sich mit einem schnellen Drüberwischen, aber es war zweifellos eine Verbesserung und ein Schritt in die richtige Richtung. Wir wurden informiert, daß sie von jetzt an jeden Tag zur gleichen Zeit kommen würden. Die Ärztin sah abermals nach uns, und dann bekamen wir Besuch von einer Offiziersgruppe, darunter auch ein General, vor dem sich sämtliche Wächter förmlich überschlugen. Ich glaubte, er führte das Oberkommando, denn er erkundigte sich, ob es allen ›Gästen‹ gutging und ob wir irgend etwas benötigten. Wir sagten ihm, daß wir gestern eine Wunschliste eingereicht hätten, und er sprach auf Arabisch mit den Wächtern. Derek erzählte mir später, daß er ihnen befohlen hatte, dafür zu sorgen, daß wir alles bekamen, was wir haben wollten.

Nach dieser abschließenden Aufregung verlief der weitere Morgen ereignislos. Wir gingen ein bißchen später in Pats und Steves Zimmer, und den Männern gelang es, den World Service der BBD einzuschalten, als keine Wächter in der Nähe waren, aber es gab keine Nachrichten, die irgendwelche Konsequenzen für uns hatten. Einige der anderen Bewohner spazierten die Gänge entlang, um sich etwas Bewegung zu verschaffen. Alle sahen die gesamte Situation überraschend ruhig und sachlich, und wir führten eine Reihe von langen Gesprächen und Diskussionen darüber, obgleich uns die ganzen Debatten nicht allzuweit brachten. Jetzt, da es uns erlaubt war, nach draußen zu gehen, verschafften sich einige Bewegung, indem sie Runde auf Runde um das Gebäude drehten, und ein paar fingen sogar an zu joggen.

Nachdem das Mittagessen serviert worden war, brachte uns einer der Wächter ein Bügeleisen, eins der Geräte, um die wir am Tag zuvor gebeten hatten. Wir begrüßten diese Anschaffung sehr, denn wir waren es leid, in zerknautschten, ungebügelten Kleidern herumzulaufen, und so konnten wir uns zumindest halbwegs anständig anziehen. Etwas später brachten uns die Wächter sogar einige Federballschläger mit Bällen und versprachen, ein richtiges Netz aufzubauen, so daß wir draußen spielen konnten. Das Whist-Turnier kam ebenfalls in Gang und war ein großer Erfolg. Wir einigten uns darauf, die Endrunden der Wettbewerbe am nächsten Tag auszutragen.

Nachdem wir die Karten zur Seite gelegt hatten, wollte sich Craig mit seinen Freunden wieder an den Computer setzen, während Derek und ich mit Stuart nach draußen gingen, um Federball zu spielen. Ich setzte mich hin und sah Derek und Stuart eine Weile zu. Dann fragte mich einer der Wächter, ob ich mit ihm ein Spiel machen wollte, und so waren wir etwa eine Dreiviertelstunde lang zu viert beschäftigt. Inzwischen war das Netz aufgebaut worden, und alle Teenager kamen aus dem Haus, um Federball oder Fußball zu spielen. Schließlich machten auch sämtliche Wächter mit, und alle – Bewacher und Bewachte – schienen durch die Bank großen Spaß zu haben. Die ganze Sache war wieder einmal absolut bizarr. Eine weitere Überraschung, die uns erwartete, war, daß der Garten in Ordnung gebracht wurde und sogar Tische und Stühle bereit standen, die wir benutzen konnten. Wir juxten, daß es ein Biergarten ohne Bier wäre: Obgleich wir frohgemut nach Drinks gefragt hatten, erwarteten wir nicht wirklich, daß uns eine traditionell islamische Gesellschaft welche zur Verfügung stellen würde, und sie waren dann auch einige der wenigen Sachen, die wir nicht erhielten.

Inzwischen bekamen wir allmählich eine ziemlich klare Vorstellung vom Aufbau des Komplexes und dem täglichen Gang der Dinge. Während der Tagesstunden hatten wir eine ganze Anzahl von Leuten gesehen, die sich im Umkreis der Städte aufhielten und wieder gingen. Sie schienen Zivilisten zu sein. Wir kamen zu der Auffassung, daß die meisten von ihnen Arbeiter waren, die morgens gebracht und abends wieder abgeholt wurden. Wir stellten auch fest, daß es gleich gegenüber von unserem Gebäude auf der anderen Straßenseite ein medizinisches Zentrum gab, und nahmen an, daß die Ärztin jeden Morgen von dort kam. Nach außen hin wirkte die ganze Örtlichkeit ziemlich unschuldig und sicher. Aber die Gegenwart von bewaffneten Wächtern am Tor erinnerte immer wieder an die harte Realität unserer Situation. Wir konnten uns der Tatsache, daß die oberflächliche Harmlosigkeit nur ein Trugbild war, nicht verschließen.

Nach dem Abendessen waren alle aufgrund der langen Stunden, die wir im Freien verbracht hatten, sehr müde. Dennoch setzten wir uns zusammen, um den abendlichen Nachrichtenmarathon im Fernsehen über uns ergehen zu lassen. Wir brachten die jüngeren Kinder ins Bett und begannen mit dem gewohnten Kartenspiel, an dem auch die älteren Jungs teilnahmen. Der Tag insgesamt war nicht schlecht gewesen, aber es führte kein Weg daran vorbei, daß wir Gefangene waren und ein Ende unserer Misere nicht in Sicht zu sein schien. Pat war sehr, sehr besorgt und wollte von mir immer wieder die Versicherung haben, daß alles gut ausgehen würde. Natürlich gab ich sie ihr bei jeder Gelegenheit, denn wir mußten positiv denken, aber als die Tage verstrichen, wurde ich selbst ständig niedergeschlagener und pessimistischer. Worte der Beruhigung kamen mir nicht immer bereitwillig über die Lippen.

Die Verhältnisse hier waren viel angenehmer und entspannter als im Hotel, und jetzt, wo wir uns eingewöhnt hatten, war die Atmosphäre recht erträglich. Die Wächter erwiesen sich als freundlich, ud keine unserer Bitten schien ihnen zu große Mühe zu bereiten. Wer sich niemals in einer Situation wie der unseren befunden hat, und über unsere Erlebnisse nur aus zweiter Hand informiert ist, könnte den Eindruck haben, daß wir eine zwanglose Zeit voller Vergnügen und Spaß in einer Art Ferienlager verbrachten. Aber wir wußten, daß man uns an einer strategisch wichtigen Örtlichkeit untergebracht hatte, ganz einfach weil die Iraker hofften, daß unsere Gegenwart die Streitkräfte der Alliierten von einem Angriff abhalten würde. Nach allem, was wir aus den

World News der BBC hörten, war dies jedoch von Anfang an eine vergebliche Hoffnung. Wir zweifelten nicht daran, daß unsere Anlage im Kriegsfall in die Luft gejagt werden würde – und wir mit ihr. Unsere Gefangenenwärter gaben sich die größte Mühe, alle unsere Wünsche zu erfüllen mit Ausnahme der einen Sache, die wir wirklich wollten – unsere Freiheit.

Mittwoch, 22. August

Das Frühstück wurde etwas früher als gewohnt serviert, und ich war noch nicht aufgewacht, als es eintraf. Ich nehme an, daß ich dabei war, verlorenen Schlaf aufzuholen, denn ich hatte seit mehr als drei Wochen nicht mehr richtig geschlafen. Aber es spielte auch keine Rolle, ob man verspätet aufstand – es gab absolut keinen Grund, aus dem Bett zu springen, denn abgesehen von einigen kleinen Vergnügungen warteten nur lange Stunden der Langeweile. Schließlich erhob ich mich und ging in den Waschraum. Als ich zurückkam, waren die Putzfrauen gerade mit dem Ausfegen unseres Zimmers fertig.

In dem Lagerraum nebenan schien einige Bewegung zu herrschen, und wir stellten fest, daß die Wächter das ganze Zimmer ausräumten. Was hatten sie diesmal vor? Im Verlauf des Morgens fanden wir heraus, daß sie selbst in das Zimmer einziehen wollten. Ihr eigenes, das sie frei gemacht hatten, sollte anschließend in einen Gemeinschaftsraum für uns alle verwandelt werden. Später wurden darin ein Videogerät und ein Fernseher aufgestellt. Die größeren Kinder freuten sich sehr, Pat und Steve hatten einige Videobänder aus Kuwait mitgebracht, und endlich stand ein Gerät zur Verfügung, auf dem sie abgespielt werden konnten. Bei den Sanitäranlagen hatte es eine dramatische Verbesserung gegeben: Die europäische Toilette war inzwischen installiert, und obwohl sie westlichen Anforderungen nicht ganz entsprach, war sie nach dem Loch im Fußboden ein geradezu himmlischer Komfort.

Unsere Mahlzeiten, obwohl noch immer angemessen, wurden allmählich kleiner, und deshalb waren wir erstaunt, als uns die Wächter plötzlich Speisekarten brachten und uns aufforderten, fürs Abendessen zu bestellen, was wir wollten. Wir konnten wie im Hotel à la carte wählen – Huhn, Steak, Lamm, Braten, – es war wirklich unglaublich. Das Hauptgespräch am restlichen Nachmittag drehte sich um das, was sich alle ausgesucht hatten, und um die Gründe für dieses so großartig verbesserte Essen. Ausnahmsweise sahen wir dem Abendessen einmal erwartungsvoll entgegen.

Unsere Spielwettbewerbe fanden am Nachmittag mit der Endrunde des Whist-Turniers ihre Fortsetzung und endeten nach anderthalb Stunden damit, daß Kim zur Siegerin gekürt wurde. Das Turnier hatte allen großen Spaß gemacht, und es wurde beschlossen, ein weiteres zu organisieren. Und auch der Vorschlag, eine Domino-Liga ins Leben zu rufen, stieß auf begeisterte Zustimmung. Die meisten der älteren Kinder hatten sich während des Fortgangs des Kartenspiels viel zu lange im Videoraum aufgehalten, und so schleppten wir sie nach draußen, damit sie ein bißchen an die frische Luft kamen. Da es noch immer ziemlich warm war, holten wir einige Stühle und unterhielten uns im Schatten, während die Teenager, die Wächter und einige der Männer Fußball oder Federball spielten. Ein paar andere gingen einfach nur spazieren, ganz so als würden sie an der Küste eines englischen Badeorts entlangschlendern.

Stuart hatte sich mittlerweile mit einigen der Wächter angefreundet und schien eindeutig ihre Herzen gewonnen zu haben. Ich war natürlich ein bißchen ängstlich, aber sie schienen alle sehr freundlich zu sein und ich rechnete mir aus, daß ihre Vorgesetzten ihnen die Köpfe auf den Richtblock legen würden, wenn einem von uns etwas zustieß.

Nachdem er den World Service der BBC gehört hatte, kam Steve zu uns nach draußen und erzählte uns von dem Hohn und der Kritik, die Präsident Bush und Mrs. Thatcher über Saddam Hussein ausgeschüttet hatten, weil er uns gefangenhielt. Wir haßten es, wenn die Erklärungen voll von politischem Säbelrasseln waren, weil wir nur auf gute Nachrichten aus der Heimat warteten und es so aussah, daß wir von Tag zu Tag tiefer und tiefer in die Krise gerieten. Im Nachhinein verstehe ich, daß die britischen und amerikanischen Führungspersonen tatsächlich alles versuchten, was in ihrer Macht stand, um unsere Freilassung zu erwirken, aber damals klammerten wir uns pathetisch an jeden kleinen Strohhalm des Optimismus und dachten entsetzt an unsere Sicherheit, wenn wir hörten, daß die Iraker gerügt wurden. Sie wurden nämlich ausgesprochen ärgerlich und wütend, wenn man sie beschimpfte, und das, was Mrs. Thatcher und Mr. Bush sagten, beeinflußte ihre Handlungsweise ganz beträchtlich. Jeden Tag hofften wir von neuem, daß irgend etwas passieren würde, wodurch sich der tote Punkt überwinden ließ, und wir alle bald nach Hause zurückkehren könnten. Die negativen Nachrichten aber ließen unsere Moral auf einen Tiefpunkt sinken.

Um achtzehn Uhr ereignete sich etwas Lustiges. Es war so schön, einmal lachen zu dürfen. Ein Friseur erschien von irgendwoher und bestand darauf, allen Männern die Haare zu schneiden. Seit unserer Wiedervereinigung war Stuart kaum von Dereks Seite gewichen, weil er fürchtete, daß sein Daddy abermals verschwinden könnte. Er pflegte ihm sogar in den Waschraum und auf die Toilette zu folgen, und so war es nicht überraschend, daß Derek auf dem Weg zum Haareschneiden von seinem kleinen Schatten begleitet wurde. Stuart hatte vorher noch nie einen männlichen Friseur gesehen – seine Haare waren immer von einer Friseuse geschnitten worden –, und während er zusah, wie Dereks Haare behandelt wurden, fragte er, ob nicht auch seine geschnitten werden könnten. Er saß ganz brav vor dem Stuhl, während der Friseur an ihm herumschnipselte, als Steve, der nur einen sehr spärlichen Haarwuchs hatte, ins Zimmer kam.

Stuart begrüßte ihn und sagte dann zu dem Friseur: »Ich will meine Haare aber nicht so haben wie er.«

Alle brachen in dröhnendes Gelächter aus, und Stuart, der gar nicht wußte, was so lustig an seinen Worten gewesen war, wurde ganz still. Weil er jedoch für soviel Heiterkeit gesorgt hatte, beschloß er, es noch einmal zu versuchen. Als der Friseur fertig war, ihm die losen Haare vom Nacken bürstete und das Frisiertuch abnahm, wandte sich Stuart an Derek.

»Dad«, sagte er, »ich muß mir dieses Tuch doch nicht wie ein Araber um den Kopf wickeln, oder?«

Wieder wurde Gelächter laut, und ein Lächeln kehrte

in Stuarts Gesicht zurück. Mit schelmischem Grinsen verließ er den Raum.

Wir sahen Fernsehen und warteten mit großer Ungeduld auf die Ankunft unseres besonderen Abendessens, das wir uns auf der neuen Speisekarte ausgesucht hatten. Als das Essen eintraf, rissen wir voller Erwartung die Einwickelfolien von den Eßgefäßen und ... fanden den gewohnten lauwarmen Reis, kleine Fleischportiönchen, Trauben und Datteln. Wir konnten es kaum glauben und fragten uns, ob es sich um einen weiteren üblen Scherz handelte, verbargen unsere Enttäuschung jedoch und erwähnten den Wächtern gegenüber davon kein Wort. Wenn sie schon glaubten, uns einen Streich spielen zu müssen, dann hatten wir nicht die Absicht, darauf einzugehen.

Donnerstag, 23. August

An diesem Tag hörte mein fünfjähriger Sohn auf, ein völlig sorgloser kleiner Junge wie Millionen andere zu sein, und wurde ohne sein Zutun in den Alptraum des globalen Rampenlichts katapultiert, der auf sein ganzes restliches Leben Einfluß haben wird.

Heute wurde Stuart zu der kleinen ›britischen Bulldogge‹, die dem skrupellosesten, mörderischsten Diktator der neunziger Jahre dieses Jahrhunderts augenscheinlich die kalte Schulter zeigte und dabei von Fernsehzuschauern in der ganzen Welt beobachtet wurde. Weil er sich im wahrsten Sinne des Wortes zum falschen Zeitpunkt am falschen Ort befand, wurde er jenem Mediendruck und -spektakel ausgesetzt, unter dessen Belastung selbst abgehärtete Filmstars zusammenbrechen können. Nur die Zeit wird erweisen, wie er damit zurechtkommt, während wir versuchen, ihn durch das Trauma des Heranwachsens in die relative Sicherheit des Erwachsenendasein zu steuern. Ich habe den Verdacht, daß er immer noch ›die kleinc britische Bulldogge‹ sein wird, wenn er längst ein alter Mann geworden ist, und es gibt Augenblicke, in denen ich Angst um ihn habe. Als es passierte, konnten wir noch nicht ahnen, daß die Konsequenzen die glückselige Abgeschiedenheit unseres einst so normalen Lebens zerstören sollten.

Als ich aufwachte, war ich gefühlsmäßig auf dem tiefsten Punkt angelangt und sah wieder der dumpfen Routine eines Lebens in Gefangenschaft entgegen. Derek hatte bereits mit der ersten Grübelei des Tages begonnen, und die Jungs schliefen noch. An jedem vorangegangenen Morgen meiner Gefangenschaft hatte ich vor dem Frühstück geduscht und mir die Haare gewaschen, aber an diesem Morgen brachte ich einfach nicht die Energie dazu auf. Dies war ein schlechtes Zeichen und vermutlich der erste Schritt auf dem Weg nach unten. Ich wusch mich lediglich in aller Kürze, und nachdem Stuart aufgewacht war, wusch ich auch ihn und zog ihn an. Craig tauchte ebenfalls aus dem Schlaf auf und brauchte wie üblich gutes Zureden, bevor er in Gang kam. Er sagte, daß er nach dem Frühstück zum Duschen gehen würde.

Während wir noch aßen, erschienen ein paar Wächter und hängten ein Bild von Saddam Hussein in unserem Zimmer auf. Wir Glücklichen! Sie gingen durch das Gebäude und taten in sämtlichen Zimmern dasselbe, was uns aber kaum überraschte – wir gewöhnten uns langsam an ihr wechselhaftes Verhalten. Ihnen folgten die Putzfrauen, die noch schneller und früher als sonst durch unser Zimmer huschten. Dies und die außerordentlichen Ereignisse der letzten paar Tage ließen das Gefühl der Spannung und Erwartung spüren, das in der Luft hing. Kurz darauf kam einer der Wächter zurück und bat Derek, nach dem Videogerät zu sehen, das nicht richtig zu funktionieren schien, und Derek verließ das Zimmer, mit seinem Schatten Stuart an der Seite. Da Craig beim Duschen war, blieb ich allein im Zimmer zurück und beschäftigte mich damit, einige Sachen zum Waschen auszusortieren und die Betten zu machen.

Als ich am Fenster vorbeikam, erweckte draußen etwas meine Aufmerksamkeit. Ich blickte hinaus und sah fünfzig bewaffnete Soldaten in den schmucken dunkelgrünen Uniformen der Republikanergarde umherlaufen. Sie schienen in sämtliche denkbaren Richtungen zu rennen, und der Würgegriff des puren Entsetzens umklammerte mein Herz und meinen Magen, als die blinde Furcht, daß sie gekommen waren, um uns wegzuschleppen, in mein Bewußtsein drang. Mit zitternden Beinen hastete ich aus dem Zimmer und rannte den Flur hinunter, um zu Derek und Stuart in den Aufenthaltsraum zu kommen, aber als ich in der Eingangshalle des Gebäudes ankam, blieb ich vor Verblüffung wie angewurzelt stehen. In der Mitte des Raumes stand Präsident Saddam Hussein höchstpersönlich. Mit seinem schmukken Designer-Anzug, der Seidenkrawatte und einem dazu passenden Tuch in der Brusttasche sah er sehr königlich aus. Er war umgeben von bewaffneten Wächtern in strammer Habachtstellung. Aber es war etwas anderes, das mir den Atem raubte und meine Augäpfel praktisch aus den Höhlen springen ließ. Unmittelbar neben dem Schlächter von Bagdad stand mein über alles gelieber Stuart – und der Präsident sprach mit Hilfe eines Dolmetschers mit ihm. Wie hypnotisiert sah ich zu, wie sich das gespenstische Gruppenbild, immer noch mit Stuart in der Mitte, dem Freizeitraum entgegenbewegte. Dann bog ich um die Ecke, so daß ich außer Sicht war, drehte mich um und rannte zurück, um einige der anderen Geiseln zu warnen.

Als ich bei ihnen ankam, waren meine Beine wie Pudding, und mein Herz pochte so heftig, daß ich glaubte, es würde zerspringen. Ich hatte gerade angefangen, die Neuigkeit zu verbreiten, als ein Wächter auftauchte und uns alle anwies, in den Aufenthaltsraum zu kommen, wo der Präsident zu uns sprechen wollte. Als wir dort eintrafen, stellten wir fest, daß viele andere bereits Platz genommen hatten. Craig war gleich vom Duschen hergekommen, Derek saß auf der linken Seite, und ganz vorne, neben dem Präsidenten, stand Stuart. Der Offizier unmittelbar hinter Saddam Hussein griff nach einem Stuhl und stellte ihn neben den Dereks, so daß auch ich mich setzen konnte, um mit klopfendem Herzen zu hören, was der Mann, der für alle unsere Probleme verantwortlich war, zu sagen hatte. Die Atmosphäre war elektrisch aufgeladen, ähnlich dem unerträglichen, erstickenden Luftdruck, unmittelbar vor dem Ausbrechen eines heftigen Gewitters. Der Raum war voller uniformierter Offiziere, und wohin man außerhalb der Fenster auch blickte, sah man weitere Soldaten mit Gewehren, die jede denkbare Ecke und jede Person in Schach hielten. Eine plötzliche Bewegung von einem von uns in Richtung des Präsidenten hätte unzweifelhaft eine Kugel in den Kopf nach sich gezogen, und so saßen wir da und wagten uns nicht zu regen. Offiziere mit Mikrophonen, Tonbandgeräten und Notizblöcken waren anwesend, und die Linsen von Fotografen und Fernsehleuten richteten sich auf uns.

Blitzartig wurde mir klar, warum wir in den letzten paar Tagen Besuch vom Friseur, von den Putzfrauen und von der Ärztin bekommen hatten und was der Zweck dieser getürkten Speisekarte gewesen war. Dies alles hatte zu einem ausgeklügelten Spiel gehört, das dem Zweck diente, den Präsidenten davon zu überzeugen, daß wir den Komfort eines Fünf-Sterne-Hotels genossen, und ihm die Möglichkeit zu geben, diese Tatsache der zuschauenden Weltöffentlichkeit in einer großen Schau zu demonstrieren. Als ich mich im Raum umsah und auf die andern Geiseln blickte, konnte ich erkennen, daß sie genauso geschockt waren wie ich, und selbst die irakischen Offiziere schienen ziemlich angespannt zu sein. Die einzige völlig gelassene Person war der Präsident selbst, der ein makelloses Bild der Perfektion bot und alles beherrschte.

Stuart war an Saddam Husseins Seite gesetzt worden, und mehrmals versuchte der Präsident, ihn noch näher heranzuziehen. Einmal sah es so aus, als ob er ihn auf seinem Knie sitzen lassen wollte, aber Stuart hatte damit nichts im Sinn und blieb steif und kompromißlos. Ich starb fast, als einer der Offiziere versuchte, Stuart näher in Richtung des Präsidenten zu manövrieren, und es dabei zu der Szene kam, die in der ganzen Welt berühmt wurde. Meine eiskalten, aber schweißnassen Hände klammerten sich an der Seitenlehne meines Stuhls fest, bis die Knöchel weiß wurden, als ich sah, wie Stuart reagierte. Ich hatte keine Ahnung, was Saddam Hussein ihm antun würde, hätte mir jedoch keinc Sorgen zu machen brauchen, denn er schien die Wirkung, die er auf einen normalerweise lebhaften, kontaktfreudigen kleinen Jungen hatte, überhaupt nicht mitzubekommen. Ich konnte fühlen, wie sich Derek neben mir verkrampfte, und weil ich befürchtete, daß er eingreifen wollte und dabei erschossen werden würde, warf ich ihm einen funkelnden Warnblick zu, um ihn zu veranlassen, auf seinem Stuhl sitzen zu bleiben.

Ich war mir nicht im klaren darüber, warum sich Stuart so verhielt, wie er es tat, denn er hatte sich anderen Personen gegenüber niemals in dieser Weise benommen. Damals konnte ich nur vermuten, daß seine Reaktion auf die unerträglich gespannte Atmosphäre zurückzuführen war, auf die Gegenwart von so vielen uniformierten Soldaten und auf die Tatsache, daß er den Präsidenten von seinen Bildern wiedererkannt hatte, die wirklich an jeder freien Wandstelle klebten.

Spätere Ereignisse ließen jedoch den Verdacht in mir aufkommen, daß mehr hinter Stuarts Widerspenstigkeit steckte, denn Saddam Hussein gab sich die größte Mühe, nett und zwanglos mit ihm umzugehen. Lag es vielleicht an der Scheu, mit einer so bedeutenden Person zusammenzutreffen? Unwahrscheinlich, denn Stuart hat später Margaret Thatcher und Mitglieder der königlichen Familie kennengelernt und ist in ihrer Gegenwart absolut entspannt gewesen. Lag es daran, daß Saddam

Hussein Araber war und nur in seiner Muttersprache reden konnte? Nein, denn Stuart war mit Arabern aufgewachsen, die kein Englisch sprechen konnten. Irgend jemand hatte mir später gesagt, daß Stuart die schönsten und gefühlvollsten Augen besitzt, und wenn man sich das Video von seinem berühmten Moment ansieht, kann man einen Hinweis auf sein Verhalten an diesen Augen ablesen. Ich glaube, sie lassen erkennen, daß Stuart den sechsten Sinn hatte, der ihm sagte, daß der Präsident ein böser, gefährlicher Mensch war, den man vorsichtig, aber entschieden zurückweisen mußte.

Zu meiner großen Erleichterung ließ der Präsident Stuart schließlich gehen und begann, durch einen Dolmetscher zu uns zu sprechen, und um Saddam Hussein gegenüber fair zu sein, muß ich feststellen, daß das ganze Interview in sehr geordneten Bahnen verlief. Unvermeidlich fing er mit der gewohnten Lektion über die Geschichte Kuwaits und des Iraks an. Er behauptete, daß sich der Irak nur zurückgeholt habe, was ihm rechtmäßig gehöre. Als nächstes wandte er sich dem Begriff ›menschliches Schutzschild‹ zu, der seit einiger Zeit von den westlichen Medien als Bezeichnung für uns benutzt wurde und zu einem der vielen Klischees im Zusammenhang mit der Golfkrise geworden war. Obgleich wir immer glaubten, daß er log, versuchte er darzulegen, daß das arabische Wort für ›verhindern‹ vom Westen fälschlich als ›Schild‹ übersetzt worden war. Wir wären nämlich, versicherte er uns, alle Botschafter des Friedens, die dazu beitragen würden, den Ausbruch eines Krieges zu ›verhindern‹.

»Ihre Gegenwart«, fügte er hinzu, »dient dazu, das Kriegsgespenst fernzuhalten, aber wir hoffen, daß Ihr Aufenthalt nicht lange andauern wird. Als Iraker verstehe ich Ihre Gefühle und Ihren Wunsch, in Großbritannien sein zu wollen, aber manchmal wird der Mensch in Situationen hineingezwungen, die gegen seinen Willen sind. Bitte verzeihen Sie uns, denn auch wir haben Kinder wie Sie selbst.«

Er entschuldigte sich dafür, daß er uns als ›Gäste‹ festhalten mußte, und hoffte, daß wir eines Tages, wenn die Krise vorüber war, in den Irak zurückkehren würden, um das Land richtig kennenzulernen. Ich erinnere mich daran, daß ich in diesem Moment einen Blick auf Derek warf und lächeln mußte, weil er inmitten all dieser schmuck gekleideten Soldaten und Amtsträger einen solch auffälligen Anblick bot. Er war von der Situation völlig überrascht worden, denn als er gerufen wurde, um nach dem Videogerät zu sehen, hatte er kein Hemd angehabt, und nun saß er nur halb angezogen da. Der Präsident forderte uns dann auf, Fragen zu stellen, und mein Herz schlug wieder bis zum Hals. Derek kann manchmal ziemlich barsch sein, und ich wußte, daß ihm viel auf der Zunge lag, denn er war sowohl wegen unserer Behandlung als auch wegen der unverfrorenen Benutzung Stuarts äußerst wütend. Ich fürchtete, er würde sagen, was er dachte, und dadurch in schreckliche Schwierigkeiten geraten. Deshalb bedachte ich ihn mit einem funkelnden Blick.

»Wage es nicht, ein einziges Wort zu sagen«, zischte ich ihm zu.

Eine der Frauen, eine Ärztin namens Marla, ergriff

gleich das Wort, und da sie sehr intelligent war und tapfer einige kritische Punkte ansprach, wurde sie praktisch zur Sprecherin der ganzen Gruppe. Die übrigen von uns beschränkten ihre Fragen ganz bewußt auf ein Minimum, weil sie erkannten, daß Marla unseren Widersacher in die Enge trieb, und ihren Redefluß nicht stören wollten. Ihre schnelle Intervention hatte vielleicht sogar Derek davor geschützt, in einen Streit verwickelt zu werden, der ihn möglicherweise das Leben gekostet hätte. Sie formulierte ihre Fragen so sorgsam, daß ihnen Saddam Hussein nicht mit einer langen, ausufernden Antwort ausweichen konnte, wie es seinem normalen Stil entsprach, und er war sichtlich geschockt. Die gesamte arabische Welt ist eine stark von Männern dominierte Gesellschaft, und ich glaube nicht, daß eine Frau jemals zuvor so mit ihm gesprochen hatte – noch dazu eine Ausländerin.

Marla, die sich in Begleitung ihrer beiden erwachsenen Söhne befand, hatte in der gestrandeten Maschine der British Airways gesessen, und sie fragte, warum man die Passagiere als Geiseln aus dem Flugzeug geholt hatte, da dieses nur zum Auftanken gelandet war und sie technisch gesehen den kuwaitischen Boden nicht einmal betreten hätten. Der Präsident zögerte offensichtlich, und wir konnten erkennen, daß ihn seine Helfer nicht angemessen über diesen Vorfall ins Bild gesetzt hatten. Er verlangte Schreibmaterial von ihnen. Dies verursachte unter ihnen hektische Aktivitäten und brachte die würdige Zusammenkunft an den Rand der Komödie. Sämtliche Generäle und hohen Amtsträger sprangen nach vorne und hielten den beiden Colonels unmittelbar neben ihm ihre Füllfederhalter hin. Die beiden Männer hantierten dann wild mit einem Dutzend Füllern herum, um den besten, elegantesten und teuersten Croes oder Mont Blanc zu finden, der im Angebot war. Schließlich wurde einer ausgewählt und dem Präsidenten übergeben, der zu schreiben begann. Wir saßen ganz in seiner Nähe, und Derek, der über akzeptable Arabischkenntnisse verfügt, konnte erkennen, daß er lediglich die Flugnummer, das Datum und den Zeitpunkt der Landung in Kuwait notierte. Wir werden nie erfahren, ob bei seinen anschließenden Nachforschungen etwas herauskam und ob irgendwelche irakischen Beamten in Schwierigkeiten gerieten, aber es schien ihm zu mißfallen, daß man ihm nicht alle relevanten Informationen über die Affäre gegeben hatte. Als wir später dazu kamen, die Sache vernünftig zu diskutieren, gelangten wir zu der Auffassung, daß seine Ratgeber einen Teil der Wahrheit weggefiltert und ihm nur gesagt hatten, was er ihrer Meinung nach hören wollte. Schließlich befreite er sich aus seiner Verlegenheit, indem er fragte, wer die Passagiere angewiesen hatte, das Flugzeug zu verlassen. Nachdem er erfahren hatte, daß ein Mitglied der Crew dafür verantwortlich zeichnete, sagte er, daß es ihm leid täte, er aber keine Möglichkeit sähe, etwas daran zu ändern.

Marla war jedoch mit dem Präsidenten noch nicht fertig und fragte ihn, wie lange wir noch festgehalten werden sollten, weil sich die meisten Kinder auf wichtige Prüfungen vorbereiten mußten und ihren Schulunterricht unbedingt brauchten. Er antwortete schnell, daß er nicht wüßte, wie lange es erforderlich wäre, uns festzuhalten. Für den Fall eines verlängerten Aufenthalts wollte er bis zum Ende des Schuljahrs die besten Lehrer im Irak schicken, um das Schulniveau der Kinder nicht leiden zu lassen. Er sprach sogar mit einem der Offiziere, der sich Notizen machte, um zu gewährleisten, daß seine Instruktionen auch schriftlich festgehalten wurden. Die nächste Frage war, ob er nicht fürchtete, daß der Rest der Welt seine Handlungsweise als den Versuch ansehen würde, sich hinter Frauen und Kindern zu verstecken. Doch er wiederholte nur seine gewohnten Propagandasprüche, Kuwait gehöre dem Irak und die Kriegsdrohung würde durch unsere Gegenwart als ›Gäste‹ abgewendet.

Ermutigt durch die Tatsache, daß Marla ihn angesprochen hatte, beschwerte sich Michelle darüber, daß man sie mit ihrer Familie aus ihrem Haus in Kuwait geholt, in einen Bus verfrachtet und nach Bagdad gebracht hatte, so daß sie alles zurücklassen mußte, was ihnen gehörte. Er entschuldigte sich und sagte zu unserer Verblüffung, daß wir für alles, was wir verloren hätten, entschädigt würden. Dies war das beste Versprechen, das wir bisher von einem Iraker erhalten hatten, und es kam von dem ranghöchsten im Staat. Pat stellte fest, daß sich unsere Angehörigen in England sehr große Sorgen um uns machten, und fragte, ob wir nicht mit ihnen brieflich oder telefonisch in Verbindung treten könnten. Der Präsident erwiderte, daß Telefonate nach England zur Zeit nicht möglich seien, wir aber natürlich die Erlaubnis bekämen, nach Hause zu schreiben, und eingegangene Nachrichten unserer Angehörigen an uns weitergeleitet würden. Zusätzlich versprach er, daß uns Repräsentantinnen der irakischen Frauenvereinigung besuchen würden, um zu gewährleisten, daß wir alles bekämen, was wir brauchten.

Das Treffen dauerte insgesamt etwa zwei Stunden, und trotz der Tatsache, daß der Präsident charmant war und uns viele Zusagen und Versprechungen machte, war es sehr unbefriedigend. Wir waren unserer Freiheit keinen Schritt näher gekommen und hatten nichts gehört, was unsere zukünftige Sicherheit garantierte. Da es sich um eine Propagandaschau für die Medien handelte, lag es auf der Hand, daß die aus unserer Sicht besten Teile des Gesprächs, die Hussein außer Fassung und seiner glatten Worte beraubt zeigten, sorgfältig aus den Presse- und Fernsehberichten gestrichen würden. Außerdem hatte uns die ständige Präsenz der bewaffneten Wächter innerhalb und außerhalb des Gebäudes daran gehindert, ihm zu zeigen, was wir wirklich von ihm hielten. Im Hinterkopf hatten wir immer den Gedanken gehabt, daß es für alle im Raum das Ende bedeuten könnte, wenn einer von uns irgendein falsches Wort sagte – und das hätte man ganz bestimmt nicht im Fernsehen gezeigt. Es war frustrierend, den Verursacher unseres ganzen Unglücks auf Armeslänge vor sich zu haben und nicht imstande zu sein, ihm an die Gurgel zu gehen. Besonders Derek knirschte vor Enttäuschung mit den Zähnen, und es gab mehrere Anlässe, bei denen er sich auf die Zunge beißen mußte.

Schließlich versuchte der Präsident, das Treffen zum Abschluß zu bringen, indem er sagte, daß er gerne mit uns zu Mittag essen würde, aber leider einen anderen Termin hätte. An dieser Stelle erzielten wir unseren größten

Erfolg. Pat sprach das Problem Alan Barnetts an, des fünfzehnjährigen Jungen, der ganz allein ohne seine Eltern hier war. Die Umstände wurden dem Präsidenten mit vorsichtiger Wortwahl aus unserer Sicht der Dinge geschildert, und er erklärte sich augenblicklich damit einverstanden, Alan freizulassen. Er rief Alan nach vorne und fragte ihn, ob er gerne nach Hause gehen wollte, und das arme Kind brach vor Freude in Tränen aus. Wir freuten uns alle mit ihm. Saddam Hussein machte ihm sogar ein Abschiedsgeschenk von fünfhundert Dollar. Zum Abschluß fragte der Präsident, ob wir uns für ein Gruppenbild aufstellen würden, und wollte allen die Hand schütteln, bevor er mit seinem Gefolge davonfuhr und uns mit dem Gefühl des Verlassenseins zurückließ.

Nach kurzem Schweigen begannen einige wenige von uns, sich im Flüsterton über das unglaublichste Ereignis in unserer Gefangenschaft zu unterhalten, und plötzlich brachen sich überall in der Anlage aufgeregte Gespräche Bahn. Ich brannte darauf, von Derek zu erfahren, wie Stuart in die Situation geraten war, in der ich ihn fand, als ich unseren außergewöhnlichen Besucher zum ersten Mal sah. Es stellte sich heraus, daß Derek beim Reparieren des Videorekorders irgend etwas in seinem Rücken gespürt und sich umgedreht hatte, um Saddam Hussein mit Stuart an der Hand im Türeingang stehen zu sehen. Stuart und der Präsident waren sich offensichtlich an der Tür begegnet. Dereks erster Gedanke war, Stuart wegzubringen, und er schickte sich an, dies zu tun, als der Präsident auch schon zu einem Sessel geführt wurde. Doch ihm war bewußt, in welche Gefahr er Stuart bringen würde, wenn er versuchte, ihn vom Saddam wegzureißen. Ein nervöser Wächter, der dachte, der Diktator würde angegriffen, hätte das Feuer eröffnen können. Deshalb griff er, als Saddam mit seinen Soldaten an ihm vorbeikam, unauffällig nach Stuarts Arm und zog den Jungen sanft, aber mit fester Hand an seine Seite.

Dann wurde sich Derek der Tatsache bewußt, daß er kein Hemd anhatte, und sagte zu einem der höchsten Offiziere des Präsidenten, daß er Stuart wirklich nach draußen bringen sollte, damit sie sich beide anständig anziehen könnten. Dieser listige Versuch, Stuart sicher in unser Zimmer zurückzubringen, scheiterte jedoch, weil der Mann sehr höflich zu ihm sagte: »Nein, das ist schon in Ordnung – machen Sie sich bitte keine Sorgen.« Derek wurde gebeten, sich zu setzen, und der Präsident, der seine Aufmerksamkeit vermutlich deshalb auf Stuart gerichtet hatte, weil er die propagandistische Wirkung einer im Bild gezeigten Plauderei mit ihm erkannte, rief unseren Sohn zu sich und stellte ihm die Frage, die berühmt werden sollte: »Bekommst du auch deine Milch?« Nach einer langen Pause gab Stuart zur Antwort, daß er sie bekäme – und Cornflakes noch dazu –, worauf der Präsident sagte, daß selbst irakische Kinder nicht immer Cornflakes bekämen.

Unsere normalen Wächter in der Anlage waren begeistert, weil ihnen ihr Präsident einen Besuch abgestattet hatte, und unterhielten sich aufgeregt über das Geschehene. Ich nehme an, daß es für sie ebenso bedeutsam war, wie für einen durchschnittlichen Engländer, der die Haustür öffnete und die Königin auf der Schwelle stehen sah. Im Gegensatz dazu freuten sich die Geiseln am meisten über die bevorstehende Heimkehr des jungen Alan Barnett, die jetzt wohl bald erfolgen würde. Es war eine Schande, daß er überhaupt erst in Gefangenschaft geraten war. Ein paar Leute waren im Hinblick auf seine Heimkehr skeptisch, aber ich glaubte, daß die Iraker gar keine andere Wahl hatten, als ihn gehen zu lassen, nachdem die höchste Autorität im Lande in dieser Sache sein Wort vor den laufenden Fernsehkameras gegeben hatte. Die einzige Wolke am Horizont bestand darin, daß wir nicht wußten, wie lange es dauern würde, bis man ihn freiließ.

Als wir in unser Zimmer zurückkamen, sagte ich Derek, daß ich eine kurze Nachricht an meine Schwester Judy in England schreiben wollte, um sie wissen zu lassen, wie es uns ging. Ich wollte Alan bitten, sie zur Post zu bringen, wenn er in Großbritannien ankam. Ich kritzelte einen schnellen Brief hin und ging dann in Pats und Steves Zimmer, um Alan zu fragen, ob er ihn mitnehmen würde. Verschiedene andere Leute hatten die gleiche Idee gehabt, aber Alan schwebte noch immer im siebten Himmel und sagte, daß es ihm nichts ausmachte, sie alle mitzunehmen. Er war so trunken vor Glück, daß ich glaube, er hätte sich bereitwillig damit einverstanden erklärt, jeden Brief eigenhändig in Londons Hauptsortierstelle abzugeben.

Eigenartigerweise hatte sich nach dem Besuch des gefürchteten Mannes im gesamten Mittleren Osten die Atmosphäre im ganzen Gebäude beträchtlich gebessert. Besonders unsere Wächter waren in Hochstimmung. Und wenn unsere Wächter entspannt und jovial waren, dann bedeutete das, daß auch wir es sein konnten, weil unsere Sicherheit weniger bedroht war.

Als wir nach dem Mittagessen in unserem Zimmer saßen, sprachen wir noch immer über den Besuch, und Craig brachte uns zum Lachen, als er uns von seiner Rolle in dem Drama erzählte. Er war noch unter der Dusche gewesen, als die Gesellschaft eintraf, und platzte beim Herauskommen mitten in sie hinein. Seine nassen Haare waren ungekämmt, weil er vergessen hatte, seine Haarbürste mitzunehmen, und sein T-Shirt hatte er auf den Fußboden des Waschraums fallen lassen. Als er erkannte, was vor sich ging, stürzte er in den Raum zurück, zog sein nasses T-Shirt an und glättete die Haare mit den Händen, so gut es ging. Craig fügte hinzu, daß er wie Derek und ich erschrocken und wütend gewesen war, als er den Präsidenten mit Stuart sah, und am liebsten zu ihm hinübergerannt wäre, um ihn anzuschreien: »Laß meinen Bruder in Frieden!« Gott sei Dank war er vernünftig genug gewesen, dies nicht zu tun. Schon der bloße Gedanke ließ mich frösteln.

Gegen Viertel vor vier nachmittags traf eine Delegation von sechs Frauen der Frauenvereinigung ein, begleitet von ein paar Armeeoffizieren in Uniform, und traf uns im Freien an. Einer der Männer war gekommen, um Alan auf das erste Teilstück seines Heimwegs zu bringen, und der Junge fing ganz aufgeregt an, sein ›Gepäck‹ zu packen. Es dauerte nicht lange, denn wie wir alle besaß er, abgesehen von ein paar Kleinigkeiten, nichts. Er brauchte viel mehr Zeit, um sich von allen zu verabschieden. Wir freuten uns alle gewaltig für ihn, auch wenn viele weinten. Für einen einsamen englischen Teenager war es sehr beängstigend, eine so lange Reise in einem fremden und feindlichen Land vor sich zu haben. Bevor er ging, fragten ihn die Iraker, ob er damit einverstanden sei, sich von einem ihrer Fernsehteams interviewen zu lassen. Das Interview sollte ein bißchen später am Nachmittag stattfinden.

Alle weiblichen Geiseln wurden gebeten, sich im gemeinschaftlichen Freizeitraum mit den Frauen der Vereinigung zu treffen, damit diese Listen mit allen Dingen, die wir benötigten, zusammenstellen konnten. Wir erklärten uns nur widerstrebend damit einverstanden, weil niemand ihnen wirklich traute, aber nachdem sie ein paar Minuten mit uns gesprochen hatten, fertigten sie eine ziemlich bescheidene Liste unserer Wünsche an. Wir baten um Toilettenartikel, verschiedene Kleidungsstücke und auch um einiges Schuhzeug, obgleich wir in keiner Weise damit rechneten, irgend etwas davon zu bekommen.

Alans Interview begann, nachdem sich unsere Männer wieder zu uns gesellt hatten, und der Interviewer stellte ihm die üblichen Standardfragen über die Gefühle, die er hatte, weil er jetzt nach Hause gehen konnte. Als er fertig war, fragte der Moderator, ob sich sonst noch jemand interviewen lassen wollte, aber niemand schien von der Idee sehr angetan zu sein. Der Moderator wollte uns überreden, indem er sagte, daß es Zweck der Sache war, Botschaften zu filmen, die an unsere Verwandten in England geschickt werden sollten, und schließlich traten ein paar der älteren Teenager vor. Ich war besorgt, daß auch Craig vor die Kamera treten würde, und bedachte ihn mit einem warnenden Stirnrunzeln, aber ich hätte mir keine Gedanken zu machen brauchen, weil seine Freunde schon interviewt worden waren und er sich vor Lachen ausschüttete. Er war offenkundig nicht in der Verfassung, über irgend etwas zu reden, und wir waren sehr froh, daß er sich zurückhielt und nicht einspannen ließ.

Dann fragte der Moderator, ob eine Dame vortreten und etwas sagen wollte, aber keine von uns machte Anstalten dazu, und die Iraker waren ziemlich verärgert. Nach einigen Augenblicken wurde ich zur ›Freiwilligen‹ bestimmt, und das Fernsehteam bat mich, Stuart mitzubringen. Ich nahm Platz und beantwortete ein paar Fragen; gegen Ende des Interviews beugte sich der Moderator zu Stuart hinüber und fragte ihn, ob es etwas gab, was er sich wünschte.

»Ich möchte nach England, um meine Nannas zu sehen«, sagte er wie auf Stichwort.

Zum zweiten Mal an diesem Tag hatte er – Gott sei Dank – die irakischen Bemühungen vereitelt, politisches Kapital aus einem unschuldigen Kind zu schlagen, und als wir zu unseren Sitzen zurückkehrten, sah ich, daß viele Frauen weinten. Einer der Fernsehreporter fragte mich nach meinem Namen, und ich bot ihm an, ihn aufzuschreiben, aber er erklärte, daß er selbst mit der englischen Schreibweise zurechtkäme.

Das letzte Interview wurde mit einem Schüler namens Bruce geführt, der achtzehn Jahre alt war, aber älter aussah und sich auch so verhielt. Die Fragen, mit denen er geradezu ins Kreuzverhör genommen wurde, waren weitaus politischer als die vorangegangenen. Sie hätten ziemlich gefährlich werden können, wenn die falsche Person hätte antworten sollen. Bruce jedoch bewältigte die ganze Sache hervorragend und gab kein Wort preis, das die Iraker zu ihren Gunsten verwenden konnten. Schließlich stellten sie ihre Versuche, ihm Worte in den Mund zu legen, ein und brachen das Interview ab. Wir wurden gebeten, nach draußen zu gehen, um für Bilder zu posieren, die an unsere Angehörigen geschickt werden könnten. Derek und viele andere Männer weigerten sich, und so gingen um des lieben Friedens willen nur die Frauen und Kinder. Einer der Wächter fragte mich, warum Derek sich nicht habe fotografieren lassen wollen, und ich tat die Frage mit der Erklärung ab, daß er kamerascheu sei. Die Fotografen und Fernsehleute machten schließlich einen Rundgang durch unsere Wohnquartiere und knipsten alles, was sie finden konnten, darunter auch Szenen mit Geiseln beim Fernsehen und Kindern, die sich mit Schachspielen oder dem Computer beschäftigten.

In der Zwischenzeit waren die Frauen von der Vereinigung eifrig dabei gewesen, die Namen, Adressen und Telefonnummern von unseren Angehörigen in England aufzunehmen, so daß ihnen Nachrichten übermittelt werden konnten. Es behagte uns weiterhin nicht, diese Informationen preisgeben zu müssen. Wir fragten uns, warum genau die Iraker diese Adressen haben wollten und welchen Druck sie auf die britische Regierung auszuüben gedachten, indem sie an unsere Verwandten herantraten. Derek und ich schafften es, der Sache aus dem Wege zu gehen, indem wir sagten, daß unsere Mütter sehr krank wären und wir in Sorge waren, daß irgendwelche Kontakte mit dem Irak sie zu sehr aufregen könnten.

Glücklicherweise gaben sie sich mit unserer Erklärung zufrieden. Die Frauen schienen tatsächlich sehr nett und freundlich zu sein, und als sie gingen, versprachen sie, ihr Bestes tun zu wollen, um alles zu beschaffen, um was wir sie gebeten hatten.

Um zwanzig Uhr setzten wir uns hin, um die Abendnachrichten im Fernsehen zu sehen. Und welche Geschichte sorgte wohl für die Hauptschlagzeile des Tages? Die ganze Nachrichtensendung wurde vom Besuch des Präsidenten bei uns beherrscht. Das Gespräch mit uns war sorgfältig gekürzt worden und zeigte nur einen Bruchteil dessen, was tatsächlich passiert war. Dennoch klebten wir förmlich am Bildschirm. Als es vorbei war, kehrten wir in unser Zimmer zurück, aber der Film wurde während des ganzen Abends ständig wiederholt, und jedesmal kam einer der Wächter den Flur heruntergelaufen, um uns Bescheid zu sagen.

Später begannen Pat, Steve, Derek und ich gerade mit einem Kartenspiel, während sich die Kinder einen Videofilm ansehen wollten, als im Fernsehen eine Sendung namens *Gäste-Neuigkeiten* kam. Es handelte sich um eine Zusammenstellung aller Filmszenen und Interviews, die während des Tages in unserer Anlage aufgenommen worden waren, und so versammelten wir uns wieder alle vor dem Kasten. Ich sah meinem Interview mit Grauen entgegen, aber als es an die Reihe kam, blickten alle auf meinen Namen, dessen Buchstaben auf dem Schirm erschienen, und brachen in wildes Gelächter aus. Der kompetente Reporter, der darauf bestanden hatte, meinen Namen selbst aufzuschreiben, hatte es geschafft, Glenda Lockwood in Candelon Kut zu verwandeln. Ich glaube nicht, daß irgend jemand ein Wort meines Interviews mitbekam, weil wir alle so laut lachten, daß uns die Tränen kamen. Ich hatte das Gefühl, daß ich platzen würde. Derek fand sogar seinen natürlichen Humor wieder und verursachte einen zweiten Heiterkeitsausbruch.

»Ich bin froh, daß wir keine Deutschen sind«, sagte er. »Dann wäre ich nämlich Herr Kut, und jeder Engländer würde mich für einen Friseur halten.«

Von nun an machten sich die Leute ständig den Spaß, im Korridor hinter mir her zu laufen und »Hi, Candy« zu schreien.

Was für ein eigenartiger Tag! Er hatte mit tiefen Depressionen begonnen, Augenblicke des Entsetzens gebracht und mit einer Farce geendet, die uns ein bißchen dringend benötigtes Amüsement bescherte. Ironischerweise war unsere Begegnung mit einem der meistgefürchtesten Männer der Welt, der uns soviel Kummer und Sorgen gebracht hatte, tatsächlich sehr nützlich für uns gewesen. Vorher war er für uns ein Schreckgespenst mit so unglaublicher Macht gewesen, daß wir von der realen Person keine Vorstellung mehr hatten. Aber seitdem er uns leibhaftig gegenübergetreten war, hatte er viel von dem Mythos und der Stärke verloren, mit der wir ihn in unserer Phantasie umgeben hatten. Wir hatten keine Illusionen bezüglich unserer Sicherheit oder unseres Status' als Mittel zur Durchsetzung seiner Ziele. Er war gefährlich, aber er war ein Mensch und kein Dämon, und deshalb war er nicht unbezwingbar. Einer tapferen Frau war es immerhin beinahe gelungen, ihn durch die Klugheit ihrer Fragestellung zu demütigen.

Alles in allem fühlte ich mich beim Zubettgehen an diesem Abend viel besser als beim Aufstehen am Morgen. Wir wurden jedoch noch immer aufmerksam von ihm beobachtet, als wir uns zum Schlafen hinlegten, denn das Gesicht Seiner Exzellenz Präsident Saddam Hussein grinste von dem Porträt an unserer Schlafzimmerwand aus weiter auf uns herunter.

Freitag, 24. August

An diesem Tag entlud sich der ganze Zorn der westlichen Welt gegen Saddam Hussein, denn sein zynischer Versuch, Stuart zu Propagandazwecken zu mißbrauchen, fiel auf ihn selbst zurück. Der irakische Film, der uns in Gefangenschaft zeigte, war offenbar bereits im britischen Fernsehen gelaufen, und das ganze Land brodelte vor Entrüstung. Die Absicht des Präsidenten war es gewesen, als charmanter, lächelnder und gütiger Gastgeber zu erscheinen – als Typ eines internationalen ›guten Onkels‹, der von Kindern aller Nationalitäten verehrt wurde. Statt dessen sah man ihn als einen brutalen Gewaltmenschen, der Frauen und Kinder mit bewaffneten Schergen bedrohte und unschuldige Zivilisten internierte, um militärische Ziele zu schützen. Ein armer, kleiner britischer Junge hatte ihm vor Millionen von Fernsehzuschauern die kalte Schulter gezeigt, ein Junge, der, obgleich er blaß und müde aussah, nicht klein beigegeben und es abgelehnt hatte, sich von ihm vereinnahmen zu lassen. Jetzt versuchte der World Service der BBC, die Identität des kleinen Helden in Erfahrung zu bringen.

Derek und ich saßen draußen im Sonnenschein und

sahen der ›britischen Bulldogge‹ beim Spielen zu, als wir zum erstenmal von dem Aufruhr zu Hause hörten. Wir verbrachten die langen, langweiligen Stunden oft auf diese Art, sprachen dabei über die guten alten Zeiten unseres Lebens in Kuwait und träumten von unserer Heimkehr nach England, wo wir wieder frei sein würden und tun und lassen konnten, was wir wollten. An diesem Morgen war ich sehr bedrückt, denn ich hatte Briefe an unsere Angehörigen geschrieben, um sie wissen zu lassen, daß es uns gutging, und war bei dem Gedanken, daß wir sie vielleicht nie wiedersehen würden, in Tränen ausgebrochen. Derek legte den Arm um mich und gab mir einen Kuß, um mich aufzuheitern, aber wir fanden es schwierig, miteinander zu reden.

Schließlich schafften wir es, eine Unterhaltung in Gang zu bringen, und Derek erzählte mir, wie stolz er darauf war, daß Stuart standhaft geblieben war und nicht zugelassen hatte, daß ihn Saddam Hussein auf sein Knie zog. Propagandafilme, die den Präsidenten inmitten von glücklichen, lächelnden Kindern zeigten, liefen jeden Tag im irakischen Fernsehen und endeten stets mit einer Szene, in der ein kleines Kind auf seinem Schoß saß. Aber Stuart hatte es abgelehnt, sich auf diese Weise benutzen zu lassen, weil er gespürt hatte, wie unberechenbar gefährlich dieser Mann war und daß man besser Abstand zu ihm hielt. Ich brachte sogar ein Lächeln zustande, als Derek mir sagte, wie stolz er auf unsere beiden Söhne war und wie sehr er sich freute, daß sich Stuart als ›Bulldogge und nicht als Schmetterling‹ erwiesen hatte.

Dieser kurze Augenblick häuslichen Friedens wurde

bald unterbrochen. Steve wollte uns wissen lassen, welche Diskussionen die Ausstrahlung des Films in Großbritannien ausgelöst hatte. Auf dem Kurzwellenempfänger, den er gut vor den irakischen Wächtern verborgen hielt, hatte er den World Service des BBC gehört. Er brannte darauf, uns zu erzählen, wie verblüfft er gewesen war, die Stimme seiner eigenen Mutter zu hören. Anscheinend war bei der Sendung des Films auch der Aufruf ergangen, daß sich alle, die irgendeine der Geiseln erkannten, mit dem Fernsehsender in Verbindung setzen sollten. Seine Mutter war dem Aufruf gefolgt und anschließend von einem Reporter interviewt worden. Der Klang ihrer Stimme machte Pat erst richtig bewußt, wie furchtbar sie an Heimweh litt. Sie war völlig aus der Fassung geraten, und so ging ich zu ihr, um sie zu trösten. Nach einer Weile fühlte sie sich viel besser. Wir waren uns einig darüber, daß wir, unabhängig von der Reaktion zu Hause, durch den Besuch des Präsidenten zwei Dinge erreicht hatten. Zum einen war Alan Barnett – das hofften wir jedenfalls – inzwischen sicher auf dem Heimweg, und zweitens wußten unsere Angehörigen, daß wir zum gegenwärtigen Zeitpunkt noch alle lebten. Es war jetzt genau eine Woche her, daß der britischen Botschaft der Zugang zu uns verboten worden war, und so hätte man bis zur Ausstrahlung des Films ohne weiteres davon ausgehen können, daß wir nicht mehr lebten.

Außerdem wurde uns jetzt von seiten der irakischen Beamten, die in der Anlage verblieben, eine etwas achtungsvollere Behandlung zuteil. Wir hatten bereits Besuch von einer Sonderdelegation bekommen, die sich erkundigen wollte, ob wir irgend etwas brauchten und wie uns der Besuch des Präsidenten gefallen hatte. Die Gruppe wurde von einem Major befehligt, der offensichtlich das örtliche Kommando führte und sich förmlich überschlug, als er Stuart zu Gesicht bekam. Etwas später besuchte uns auch wieder die Ärztin und stellte eine Reihe interessierter Fragen über unser Zusammentreffen mit Saddam Hussein.

Viele der Geiseln amüsierten sich nachhaltig über den Besuch des VIPs. Einige von ihnen, insbesondere Val und Kim, hielten den Candelon-Kut-Scherz am Leben, und die älteren Jungs zogen ihre Freunde auf, die interviewt worden waren. Einer der Söhne Pats und Steves genoß eine Sonderbehandlung, weil er während seines Interviews gesagt hatte, daß das Leben in unserer Anlage ganz in Ordnung war und der Präsident ›ein ganz netter Bursche zu sein schien‹. Seine arme Mutter versetzte das in große Verlegenheit, aber die anderen Jungs fanden es unheimlich lustig.

Im Laufe des Morgens brachten die Wächter eine Waschmaschine, die dann sogleich außerhalb des Männerduschraums installiert wurde. Wir Frauen waren entzückt. Die Männer und Jugendlichen trugen als Einheitskleidung in unserem Gefängnis den ganzen Tag Jeans, so daß sie ständig gereinigt werden mußten. Mit der Waschmaschine, dem Bügeleisen und sogar einer Wäscheleine konnten wir einen fast perfekten Waschservice einrichten. Es hatte Pannen gegeben, als plötzlich das Bügeleisen verschwand und wir vierundzwanzig Stunden lang ohne ein solches dastanden. Es war offensichtlich, daß es ein Iraker genommen hatte, weil von uns keiner damit irgendwohin gehen konnte, aber schließlich sorgte einer der Wächter für Ersatz. Als die tägliche Langeweile wieder bei uns einkehrte, wurde das Wäschewaschen für mich zum Höhepunkt des Tages – eine Sache, die ich niemals für möglich gehalten hätte.

Die Langeweile wurde in der Tat zu einem ernsthaften Problem. Wir hatten den ganzen Tag Zeit, darüber nachzudenken, wann und ob wir jemals freigelassen würden oder uns unseren Depressionen hinzugeben. Es war deshalb wichtig für uns alle, Beschäftigung zu haben, was die einzelnen Individien auf die unterschiedlichste Art und Weise erreichten. Ein Ehepaar namens Alan und Barbara lief immer an der Grenze des Geländes entlang, während Michelle und ein Mann namens Richard stundenlang Runden um das Gebäude drehten. Wir waren in einer Gruppe, die sich der kleinen Freiheit erfreute, das Haus nach Belieben verlassen oder wieder hineingehen zu können, und zwischen diesen Gängen streuten wir Fußball-, Federball- oder Volleyballspiele ein. Stuart verbrachte einen großen Teil seiner Zeit damit, die Wächter zu becircen, insbesondere einen Mann, den er seinen ›Freund‹ zu nennen begann.

Es wurde wieder Mittagszeit, und wir stellten fest, daß die Portionen inzwischen wesentlich kleiner waren als bei unserer Ankunft in der Anlage. Pat und Steve machten sich deswegen Sorgen, denn ihre drei Jungs waren alle große Burschen mit entsprechend gesundem Appetit, und die Rationen reichten für sie einfach nicht aus. Sicher, wir konnten uns immer mit den im Überfluß zur Verfügung gestellten Weintrauben behelfen, aber sie waren schon ziemlich welk und sahen aus, als ob bei ihnen das Verkaufsdatum bereits überschritten sei. Steve sammelte sie ein und fing heimlich an, Wein zu produzieren.

Alle redeten noch immer über den Besuch Saddam Husseins, aber selbst dieses Gesprächsthema verlor nach einer Weile seinen Reiz, und der Nachmittag schleppte sich wirklich zäh dahin. Es war ein Glück, daß die Wächter uns einige unerwartete Köstlichkeiten brachten – eine Handvoll Süßigkeiten und ein paar Päckchen Kartoffelchips. Stuart war im siebten Himmel, denn er hatte schon fast vergessen, wie sie schmeckten, aber die Vorräte hatten sich schnell erschöpft. Es brach mir fast das Herz, als er ging und seinen ›Freund‹ fragte, ob er noch welche haben könnte, aber gesagt bekam, daß nichts mehr da wäre. Der Mann spürte Stuarts Enttäuschung und versprach ihm lächelnd, am nächsten Tag eine neue Lieferung mitzubringen. Zigaretten wurden hingegen ziemlich großzügig ausgegeben, und obwohl ich nicht rauche, nahm ich meine Ration immer für Derek in Anspruch, der aus naheliegenden Gründen sehr viel rauchte.

Die Zeit schien stillzustehen. Es war Freitag – der heilige Tag der Muslims und das Äquivalent unseres Sonntags. Bei einer Gelegenheit fragte Pat Derek, wann wir seiner Meinung nach die Erlaubnis bekämen, nach Hause zurückzukehren, und er antwortete so, wie er es bei dieser Frage immer tat: »Samstag – vielleicht nicht morgen, aber vermutlich nächste Woche.«

Pat lächelte nur, wandte sich an mich und sagte: »Ich liebe es, mit deinem Mann zu sprechen, weil er mich immer so aufheitert.«

Trotz der Verfassung, in der ich ihn jeden Morgen fand, gelang es Derek, viel von seinem Humor zu bewahren. Er scherzte noch immer mit den Wächtern, und immer wenn einer kam, um sich zu erkundigen, ob wir etwas brauchten, sagte er: »Nur Flugtickets nach London – und Koffer, damit wir alle unsere alten Plastiktüten einpacken können.«

Aber auch sein aufmunternder Frohsinn konnte uns nicht vor der furchtbaren Traurigkeit retten, die kurz vor dem Abendessen einsetzte. Wir setzten uns hin, um fernzusehen, und hörten zum ersten Mal von Saddam Husseins trickreichen Versuchen, die arabische Welt gegen den Westen zu vereinigen, indem er mit dem Iran Kriegsgefangene austauschte. Wir sahen Filme von Menschen, die in Flugzeuge und Busse ein- und ausstiegen und beim Wiederbetreten der heimatlichen Erde den Boden küßten, und plötzlich wünschten wir uns verzweifelt, daß wir es wären, die nach Hause zurückkehrten. Obwohl uns Hussein gesagt hatte, daß sich die Wahrscheinlichkeit eines Krieges mit jedem Tag verringerte, glaubten wir ihm nicht und hatten das Gefühl, daß unsere Freiheit weiter entfernt war als je zuvor. Zusätzlich fühlten wir uns durch die irakische Propagandamaschine drangsaliert, die die amtlich genehmigte Version der ›Wahrheit‹ vierundzwanzig Stunden am Tag unter das Volk brachte. Unsere Stimmung sank auf den Nullpunkt. Wir wußten, daß wir positiv denken mußten, und schafften es auch, wenn wir uns in der Gruppe aufhielten. Die schwierigen Momente kamen, wenn Derek und ich allein waren oder wenn wir uns nachts zum Schlafen hinlegten. Dann hatten wir zuviel Zeit zum Nachdenken und fragten uns immer wieder, wie, in aller Welt, wir jemals aus dieser Misere herauskommen würden.

Die Zeit zum Abendessen kam, und mit ein bißchen Überredungskunst gelang es uns, die Jungs zum Essen zu veranlassen, trotz der wachsenden Betrübnis und der entsetzlich eintönigen Mahlzeiten. Inzwischen wußten sie, daß sie hungrig bleiben würden, wenn sie nicht aßen, was ihnen vorgesetzt wurde. Es gab absolut keine Alternative. Nachdem wir, wie jeden Abend, noch beieinander gesessen, geredet und Karten gespielt hatten, gingen wir zu Bett. Es war unmöglich einzuschlafen, weil sich die Wächter in ihrem Zimmer nebenan laut unterhielten. Bei ihnen brannte noch Licht, und da alle Wände zwischen den Zimmern und Korridoren mit Milchglasplatten ausgestattet waren, störte uns die Helligkeit entsetzlich. Derek nahm es einige Zeit lang hin, ging dann zu ihnen und bat sie, das Licht auszumachen und leiser zu sein, weil sie Stuart störten. Sie entschuldigten sich sogar und legten sich zum Schlafen nieder. Und auch wir schliefen schließlich ein.

Samstag, 25. August

An diesem Morgen stießen wir alle einen gewaltigen Seufzer der Erleichterung aus, als wir im World Service der BBC hörten, daß Alan Barnett sicher in England angekommen war. Seine Eltern und ganz Großbritannien freuten sich sehr über seine Rückkehr, aber sie konnten kaum glücklicher darüber sein als wir, die wir uns noch in Gefangenschaft befanden. Wir waren, als er sich bei uns aufhielt, seine inoffiziellen Beschützer gewesen und hatten die schwierige Entscheidung getroffen, ihn aus unserem Schutz zu entlassen und einer Gruppe völlig Fremder zu übergeben. Wenn ihm etwas zugestoßen wäre, hätten wir uns das nie verzeihen können, und die Nachricht von seiner Ankunft zu Hause nahm uns die schwere Last der Verantwortung von den Schultern. Wir hatten gedacht, daß er seine Reise vielleicht schon gestern beendet hätte, weil wir glaubten, er würde den Irak über Jordanien verlassen, aber offensichtlich war er über Nacht im Mansour Melia in Bagdad untergebracht worden. Dieses Hotel wurde, wie wir später herausfanden, als Hauptquartier der Geheimpolizei benutzt und war zu einer zentralen Durchgangsstelle für Geiseln geworden, die innerhalb des Landes verlegt wurden. Es lag in der Nähe des berüchtigten politischen Gefängnisses, in dem die Menschen für immer verschwanden, wenn sie einmal seine Schwelle überschritten hatten.

Wir erhielten auch Nachricht von einem freudigen Ereignis, das zwei Geiseln in einer anderen Anlage betraf, die wir allerdings weder persönlich kannten noch jemals kennengelernt hatten. Debbie Hayes und ihr Freund heirateten, und wir sahen einen Teil des Ereignisses im Fernsehen. Die Zeremonie wurde von Pater Jones vorgenommen, der mit uns im Konvoi aus Kuwait gekommen war, und die Iraker hatten der Braut sogar ein Hochzeitskleid zur Verfügung gestellt.

Stuarts ›Freund‹ hielt sein Versprechen und erschien mit weiteren Süßigkeiten für ihn, und von diesem Tag an brachte er ihm jedesmal, wenn er in den Komplex zurückkam, ähnliche kleine Geschenke mit. Der Mann sah so hart wie Stahl aus und gehörte zu den ranghöchsten Geheimpolizisten, die in unserer Anlage stationiert waren. Er schien aber wahrhaft vernarrt zu sein in Stuart und mußte etwas Gutes an sich haben, denn mein jüngerer Sohn hatte auf dramatische Art und Weise unter Beweis gestellt, daß er eine gute Menschenkenntnis besaß. Der ›Freund‹ war sehr nett zu Stuart und spielte oft Schlagball und Fußball mit ihm. Stuart gewöhnte sich an, nach nebenan zu gehen und viel Zeit mit den Wächtern in ihrem Zimmer zu verbringen, und sie alle bemühten sich sehr um ihn. Ihre Tür war nie geschlossen, und wenn Stuart sich bei ihnen aufhielt, achteten wir darauf, daß unsere ebenfalls offen blieb. Wir wollten nicht zu vertrauensvoll sein, obgleich Stuart meiner Überzeugung nach in ihrer Gesellschaft absolut sicher war. Gelegentlich fragte er, wann wir nach Hause zurückkehren würden, und schien zufrieden zu sein, wenn wir ›bald‹ zu ihm sagten. Es war verblüffend, wie gut er mit den ungewöhnlichen und erschreckenden Verhältnissen, unter denen wir leben mußten, fertig wurde.

Craig bewältigte die ganze Situation ebenfalls großartig und verhielt sich sehr erwachsen, wobei ihm fraglos der Umstand half, daß eine Gruppe von gleichaltrigen oder nur wenig älteren Jugendlichen zugegen war. Sie spielten mit Pats und Steves Computer, der ein absolutes Gottesgeschenk war und viele öde Stunden für sie ausfüllte, wobei ihnen oft ein paar Wächter Gesellschaft leisteten. Derek bekam jetzt, da er nicht länger durch den Druck seiner Arbeit abgelenkt war, ein engeres Verhältnis zu Craig.

»Das hätte schon viel früher passieren sollen«, sagte mir Derek während eines unserer privaten Augenblicke. »Er ist ein toller Bursche, und ich werde mir in Zukunft mehr Zeit für ihn nehmen müssen.«

In diesem Stadium hatte es bei den Mahlzeiten, die man uns servierte, eine noch auffälligere Verschlimmerung gegeben. Vorher war das Essen einfach nur schlecht gewesen, aber jetzt war es entsetzlich. Das lag zum Teil an dem Umstand, daß es in einem Hotel außerhalb des Lagers gekocht und in Behältern zu uns gebracht wurde. Das allein war schon schlimm genug, aber aus irgendwelchen Gründen kamen die Mahlzeiten jetzt aus einem anderen Hotel, das noch weiter von der Anlage entfernt lag, so daß sie eiskalt waren, wenn sie bei uns eintrafen. Wir beschwerten uns bei den Wächtern, und sie versorgten uns mit Bratpfannen, so daß wir das Essen in der Küche heiß machen konnten, wodurch es allerdings den letzten Rest an Geschmack verlor und sich das Risiko einer Lebensmittelvergiftung erhöhte. Craig und Stuart weigerten sich inzwischen, es anzurühren, und hielten Leib und Seele zusammen, indem sie Brot-, Marmelade- und Käsebeilagen aßen, die mitgeliefert wurden. Selbst diese waren ziemlich unappetitlich, denn das Brot wurde täglich trockener und muffiger.

Kurz vor dem Mittagessen erhielten einige von uns Überraschungsgeschenke. Die Wächter kamen und gaben uns wunderschöne Fotoalben aus Leder, die Bilder von uns enthielten. Sie trugen vorne alle eine Widmung in erhabenen Goldbuchstaben mit den Worten: ›Ein Geschenk des Präsidenten der Republik Irak, Chefs des Generalstabs und Oberbefehlshabers der Streitkräfte, Saddam Hussein.‹

Die meisten Geiseln erhielten nur einen Abzug des Gruppenfotos, aber unserer Familie wurde eine Sonderbehandlung zuteil: Unsere Mappe enthielt auch die Bilder Stuarts mit dem Präsidenten. Ein paar der Geiseln, die ohne Familienangehörige da waren, bekamen überhaupt keine Mappen. Wir nehmen an, daß ihre Erinnerungsstücke – wie das elektrische Bügeleisen – von einigen der Wächter unterschlagen wurden. Im Leben des Durchschnittsirakers gibt es so wenig Besonderes, und so war die Versuchung, etwas zu behalten, das sie normalerweise nie besitzen würden, vermutlich zu groß gewesen.

Die Wächter erzählten, daß der Präsident so schöne Geschenke üblicherweise nur bedeutenden ausländischen Würdenträgern machte, und waren über das Ergebnis seines Besuchs in ihrer Anlage ganz aus dem Häuschen. Ihre Euphorie war, wie wir später herausfanden, nicht allein auf den ehrenvollen Anlaß als solchen zurückzuführen, sondern auch auf den Umstand, daß wir ihnen das Leben gerettet hatten. Einige von ihnen vertrauten uns an, daß die ganze Sache für sie vielleicht fatal ausgegangen wäre, wenn wir in irgendeiner Weise das Mißfallen des Präsidenten erregt hätten. Hätten wir versucht, zu fliehen oder unseren bedeutenden Besucher anzugreifen, wären sie gemeinsam mit uns von der republikanischen Garde erschossen worden. Kein Wunder, daß sie an dem großen Tag so angespannt gewesen waren.

Wir bekamen noch einige zusätzliche Fotos, für die in unserem Lederalbum kein Platz mehr gewesen war, und eins davon zeigte Stuart und Saddam Hussein in der Rezeptionsecke, wobei unser Chefdolmetscher Jhallil daneben stand. Sobald Jhallil das Bild sah, fragte er, ob er es haben könnte, um es seiner Mutter nach Hause zu schicken. Es war kein sehr gutes Foto, weil es leicht unscharf war, und wir waren nur zu froh, es ihm geben zu können, weil er immer sehr nett zu uns gewesen war und sich als reizender Mann gezeigt hatte.

»Ich danke Ihnen – meine Mutter wird so stolz auf mich sein«, sagte er und brach beinahe in Tränen aus.

Den Rest des Tages verbrachte er damit, uns immer wieder zu danken und die Fotografie jedem in der Anlage zu zeigen. Ich hoffe von ganzem Herzen, daß es heute irgendwo im Irak eine ältere Frau gibt, die dieses Foto stolz auf ihrem schönsten Schrank zur Schau stellt und nach wie vor einen guten Sohn, der noch am Leben ist, ihr eigen nennen kann.

Sonntag, 26. August

Die Anlage, in der wir festgehalten wurden, war nicht, wie wir zuerst gedacht hatten, ein harmloser Bürokomplex, sondern eine von Husseins gefürchteten Fabriken für chemische Waffen. Erraten Sie, wer uns diese Entdeckung ermöglichte? Ja, die kleine ›britische Bulldogge‹, die unschuldig zu einem solchen Dorn in der Seite der irakischen Obrigkeit geworden war.

Stuart, dessen Zutrauen zu den Wächtern ständig wuchs, hatte sich angewöhnt, mit ihnen Schach zu spielen. Als er einmal zu der üblichen Partie in ihr Zimmer ging, machte er, bevor sie ihn daran hindern konnten, einen Schrank auf, um das Schachbrett zu suchen. Wie Derek durch die offene Tür beobachtete, fiel ein Kasten aus dem Schrank. Dabei ging der Deckel ab und zeigte zwei Gasmasken. Augenblicklich stürzten sich die Wächter auf den Kasten, machten ihn wieder zu und stellten ihn eilig in den Schrank zurück, wobei sie schuldbewußte Blicke über die Schulter warfen, um zu prüfen, ob irgend jemand etwas gesehen hatte. Derek täuschte Ignoranz vor, aber der Vorfall ließ ihn die wahre Natur des Komplexes erkennen. Die Gasmasken erfüllten eindeutig den Zweck, die Wächter für den Fall eines Unfalls bei der Waffenproduktion zu schützen. Zuerst erzählte Derek nicht einmal mir, was er gesehen hatte, und als er es dann doch tat, beschlossen wir, unser Wissen für uns zu behalten, denn wenn wir den anderen Geiseln Bescheid gesagt hätten, wären nur Panik und Verzweiflung unter ihnen ausgebrochen.

Im Laufe des Morgens trafen weitere Fotografien für uns ein, die mich und die Jungs außerhalb des Gebäudes zeigten. Außerdem bekamen wir neue Stifte, Papier und Briefumschläge, vor allem aber eine Kontaktadresse, über die unsere Angehörigen uns schreiben konnten. Die Adresse, die wir angeben sollten, lautete Postfach 3990, Haifa Street, Bagdad und stellte sich als Hauptquartier der regierenden Baath-Partei gleich neben dem Mansour Melia heraus. Ich schrieb vorsichtig, formulierte aber fröhlich klingende Briefe an meine und an Dereks Mutter und legte beiden eine der neuesten Fotografien bei. Ich weiß nicht genau, wie ich das schaffte, denn ich fühlte mich nicht im mindesten fröhlich. Die Verbesserung unserer Moral, die durch die Aufregung um Saddam Husseins Besuch hervorgerufen worden war, hatte sich inzwischen völlig verflüchtigt, und unsere düstere Gemütsverfassung wurde wieder ganz von den langen Stunden der Langeweile geprägt. Trotz der arabischen Sonne, die auf uns herunterbrannte, hatte ich dasselbe Gefühl, das ein verregneter Sonntagnachmittag Ende November in England verursacht.

Wir hatten in der Zeit unserer Gefangenschaft alle an Magenverstimmung unterschiedlicher Stärke zu leiden, und als die Ärztin zu ihrer täglichen Sprechstunde erschien, baten wir sie um eine neue Lieferung von Kohletabletten. Sie gab uns welche und ließ durchblicken, daß alle, die im Mansour Melia untergebracht waren, auf dieselbe Art und Weise beeinträchtigt wurden. Es war eindeutig, daß sich das Problem auf Bakterien im Trinkwasser des Hotels zurückführen ließ.

Während des Essens fiel eine meiner Zahnfüllungen heraus. Der Grund dafür war das Essen, bei dem es sich diesmal um einen großen karpfenartigen Fisch handelte, der im Tigris gefangen wird und ein typisches irakisches Gericht ist. Die beiden Jungs wollten ihn nicht anrühren, weil er sehr glitschig war und uns fortwährend von seiner letzten Ruhestätte auf dem Teller aus anzustarrte, aber Derek und ich begannen ihn zu essen. Augenblicke später wünschte ich, daß ich es nicht getan hätte, denn das Ding war eine Masse harter Gräten, und eine davon brach meine Füllung heraus. Michelle hatte ebenfalls Zahnprobleme, und so gingen wir nach dem Essen zu Jhallil, um ihn zu fragen, ob wir einen Zahnarzt aufsuchen könnten. Er führte gleich ein Telefongespräch, und kurz darauf wurden wir in das medizinische Zentrum auf der anderen Straßenseite gebracht. Hier schickte man uns zu einer Frau, die unsere Ärztin mitunter bei ihren Besuchen in unserer Anlage begleitet hatte. Sie machte mir eine provisorische Füllung und sagte, daß ich in einer

Woche wiederkommen sollte. Mein Herz sank wie ein Stein – der einzige Ort, an dem ich in einer Woche sein wollte, war England.

Kurz bevor ich den Behandlungsraum verließ, sagte die Zahnärztin, wie leid es ihr tat, daß wir in der Anlage festgehalten wurden. Der Tonfall ihrer Stimme schien mich einzuladen, ihr meinen Kummer auszuschütten und die irakische Obrigkeit dafür zu kritisieren, daß sie uns eingesperrt hatte, aber irgendwie spürte ich, daß ich in eine Falle laufen würde, und schwieg deshalb. Es war ein Glück, daß ich dies tat, denn sie hatte mich offensichtlich locken wollen, um dann mit einer sorgfältig einstudierten Brandrede, die sie vorher geprobt hatte, über mich herzufallen. Als ich nicht nach dem Köder schnappte, erteilte sie mir die Lektion trotzdem, und ich mußte mir eine fünfminütige Tirade darüber anhören, wie egoistisch und gedankenlos wir Geiseln wären. Sie versuchte, es so klingen zu lassen, als ob die ganze Situation unsere Schuld wäre, und schien Vergnügen daran zu haben, mir ein romantisches Bild des Luxus aufzuzeichnen, den wir im Gegensatz zum Lebensstil des irakischen Volkes genossen. Sie erzählte mir von den Krankheiten der ortsansässigen Kinder und von ihrer eigenen Mutter, die sich nicht medizinisch behandeln lassen konnte, obwohl sie Diabetes hatte. Im Vergleich dazu erhielten wir Geiseln das beste Essen und die beste gesundheitliche Betreuung, die zur Verfügung stand.

Natürlich lag sie mit ihrer Einschätzung des harten Loses der einfachen Iraker richtig. Aber ich hätte auch feststellen können, daß wir entgegen aller internationalen Gesetze festgehalten wurden und daß wir den Einheimischen liebend gerne unseren Anteil an den Resourcen überlassen hätten, wenn man uns nur nach Hause gehen ließe. Diese Worte brannten mir auf der Zunge, aber ich widerstand der Versuchung. Es wäre sinnlos und vielleicht auch gefährlich gewesen, mit ihr zu streiten, und mein Schweigen verleidete ihr außerdem die uneingeschränkte Freude an ihrer Lektion.

In jedem Fall war es nicht wirklich ihr Verschulden. Sie betete nur die offizielle irakische Linie während der Golfkrise nach, die dem Volk jeden Tag stundenlang vom staatlich kontrollierten Fernsehen eingetrichtert wurde. Saddam Hussein sprach ständig von seinen Friedensinitiativen, und da er sie seinem Volk so prächtig verkleidet präsentierte, konnten die Leute nicht wissen, daß er ihnen einen Haufen Lügen erzählte und den Vereinten Nationen Vorschläge unterbreitete, die ungerecht und völlig unakzeptabel waren.

Selbst wir, die wir den Vorzug hatten, die Nachrichten des Westens und täglich den World Service der BBC zu hören, waren uns über das Geschehen auf der internationalen Bühne nicht völlig im klaren. Der durchschnittliche Iraker mußte sich fragen, wie die westlichen Regierungen so unvernünftig und unfair sein konnten. Hussein, der seine rhetorischen Angriffe zu Beginn ausschließlich gegen die Amerikaner gerichtet hatte, wurde jetzt mehr und mehr antibritisch und attackierte England dafür, daß es mitgeholfen hatte, die Grenzen in der arabischen Welt zu ziehen. Der Mann auf der Straße wurde auf extreme Feindschaft gegenüber den Briten eingestimmt, und dies gab uns ein sehr starkes Gefühl des Unbehagens. Wir hatten uns naturgemäß sicherer gefühlt, als nur die Amerikaner als große Feinde herhalten mußten.

Die Putzfrauen, die täglich zu uns kamen, waren ebenfalls eindeutig über unsere Einstellung erstaunt. Sie waren Christinnen und im Grunde genommen reizende Frauen, die den ganzen Tag lang an fünf verschiedenen Stellen innerhalb des Komplexes ihren Dienst versahen. Während sie sich die Hände wund arbeiteten, schienen wir nichts anderes zu tun zu haben als zu faulenzen, und dabei bekamen wir auch noch besseres Essen als sie selbst. Sie konnten nicht verstehen, wieso wir deprimiert waren und nur den Wunsch hatten, die besondere Gastfreundschaft, die der Führer ihres Landes den ausländischen ›Gästen‹ gewährte, abzuschütteln. Im Gegensatz zu der wütenden Zahnärztin wunderten sich diese einfachen Frauen nur, und jetzt, da ihr Land in Trümmern liegt, fürchte ich, daß sie es vermutlich nie verstehen werden.

Montag, 27. August

Die Pakete mit den Kleidungsstücken und den Toilettenartikeln von der irakischen Frauenvereinigung trafen ein, und wir nahmen alle an einem Kostümfest teil, bei dem die neuen Sachen vorgeführt wurden. Es machte tatsächlich großen Spaß und war sehr amüsant, denn die meisten Stücke, die sie uns geschickt hatten, waren fürchterlich und hätten ideal für eine Party des ›schlechten Geschmacks‹ gepaßt. Das Hauptproblem bestand darin, daß kaum etwas irgend jemandem paßte.

Die Sachen kamen in großen Kisten an. Die Wächter packten sie aus und brachten dann verschiedene Kleidungsstücke in die einzelnen Zimmer. Bald probierten alle dies oder jenes an. Die Geiseln fingen an, sich gegenseitig Besuche abzustatten, um Sachen, die zu klein oder zu groß waren, gegen passende einzutauschen, und es dauerte nicht lange, bis die ganze Anlage wie ein einziger riesiger Ramschladen aussah. Es herrschte das totale Chaos, denn viele der Sachen, die wir für die Männer bestellt hatten, waren in Kindergrößen gekommen. Craig hatte einen leuchtend roten Sonnenhut bekommen, aber selbst dieser saß nicht richtig. Für die Damen gab es BHs und andere Unterwäsche, und auch hier stimmten die Größen nicht.

Bei der Lieferung befanden sich auch drei äußerst auffällige Bermudashorts mit dazu passenden Hemden, und aus irgendwelchen Gründen brachten die Wächter sie alle uns. Ein Paar war grün, eins gelb und eins orange, und alle waren über und über mit Palmen und Sonnenuntergängen bedruckt. Derek probierte sie an, aber sie waren absolut zu klein, und so gaben wir sie Craig, dem sie jedoch viel zu groß waren. Ich glaube, Craig wäre lieber nackt herum gelaufen, statt sie zu tragen, und ich versuchte, sie bei anderen Geiseln loszuwerden, die das Angebot jedoch gütig ablehnten. Wir blieben auf den verdammten Dingern sitzen, obwohl wir später feststellten, daß sie unser Zimmer aufhellten, wenn wir die Stühle damit drapierten.

Nachdem sich der Trubel gelegt hatte und eine sehr amüsante Stunde des Anprobierens hinter uns lag, erkannten wir, daß unsere Familie augenscheinlich mehr Glück gehabt hatte als alle anderen. Stuart hatte ein neues T-Shirt, und Derek fand schließlich eine Jeans und

Turnschuhe, die so gut paßten, daß er sie sogar aus der Gefangenschaft mit nach Hause brachte und noch heute trägt. Craig und die anderen Jugendlichen entwickelten ihren eigenen Modetrend, indem sie sich alle angelieferten Männerwesten schnappten, sie mit Comicfiguren bemalten und dann über ihren T-Shirts trugen.

In den Paketen befanden sich auch andere Artikel wie Haarspray, Nagelfeilen, Nagellack und Lippenstifte, obwohl die Farbe letzterer dunkelrot war. Alle Frauen benutzten sie trotzdem, und plötzlich war die Anlage voller Leute, die aussahen wie Bette Davis in den vierziger Jahren. Val sorgte für einen gewaltigen Heiterkeitsausbruch.

»Heute schmeißen wir eine Frauenparty«, sagte sie. »Kommt, werft eure Handtaschen auf den Fußboden, und dann tanzen wir um sie herum.«

Wir wußten jedoch alle die große Mühe zu schätzen, die sich die Mitglieder der Frauenvereinigung gemacht hatten, um uns Sachen zu beschaffen, die kaum lieferbar waren und für sie den Gipfel des Komforts verkörperten. Außerdem waren sie auch so nett gewesen, uns Pakete mit Keksen und Süßigkeiten für die Kinder zu schicken.

Etwas früher wurde Stuart stolzer Besitzer eines neuen Haustiers. Er und sein ›Freund‹ durchstreiften das Gelände der Anlage und kamen triumphierend mit einer kleinen Eidechse zurück. Stuart setzte sie in einen Pappkarton, und da ich nicht gestatten wollte, daß sie in unserem Zimmer blieb, brachte er sie im Raum der Wächter unter. Alles war in bester Ordnung, bis sein kleiner Freund Elliot die Eidechse sah und ihr einen Teil des Schwanzes abriß. Stuart weinte bitterlich, aber glücklicherweise überlebte die Eidechse, und Stuart verbrachte den ganzen Tag damit, sie zu pflegen und dafür zu sorgen, daß sie sich wieder erholte. Als unsere Kleiderpakete eintrafen, fanden wir darin auch eine kleine Nagelschere. Stuart versteckte sie in seiner Tasche und ging mit ihr nach draußen, um Gras für die Eidechse damit zu schneiden. Dies war ziemlich harte Arbeit, die ihm viel leichter gefallen wäre, wenn er das Gras einfach mit den Händen ausgerupft hätte, aber er war ganz stolz darauf, ein Spezialinstrument für seine Arbeit verwenden zu können, und er hatte seine Beschäftigung.

Unter seinen aufmerksamen Augen wurde die Eidechse im Laufe des Tages wieder ganz gesund, und vor dem Abendessen überredeten wir Stuart, sie nach draußen zu bringen und ihr die Freiheit zurückzugeben. Er kam gerade davon zurück, als Elliot mit einer anderen Eidechse, die er gefangen hatte, und ein paar eigentümlich aussehenden Käfern auftauchte. Der arme Stuart! Er hatte sich nur ein Haustier zum Versorgen gewünscht, das an die Stelle seines Papageis Peter treten sollte. Der Anblick von Elliots Tier ließ ihn wieder in Tränen ausbrechen, aber schließlich konnten wir ihn besänftigen. Wir überzeugten ihn davon, daß sich wilde Tiere in ihrer natürlichen Umgebung glücklicher fühlten und es richtig von ihm gewesen war, seine eigene Eidechse freizulassen, so daß sie zu ihrer Mama und ihrem Papa zurückkehren konnte.

Inzwischen hatten wir erfahren, daß einer der Söhne Pats und Steves, der ebenfalls Craig hieß, am nächsten Tag vierzehn wurde, und wir fingen an, Pläne zu machen, damit er seinen Geburtstag so normal wie möglich feiern konnte. Derek, Steve und ein paar der anderen Männer versuchten den Wächtern klarzumachen, daß es in England unerläßliche Tradition war, einen Jungen an seinem vierzehnten Geburtstag Bier trinken zu lassen. Ich bin nicht davon überzeugt, daß ihre Motive völlig selbstlos waren, und die Iraker waren es auch nicht, denn nicht einmal dies konnte sie dazu bewegen, Getränke herbeizuschaffen, die ihnen ihre Religion verbot. Geburtstagskarten standen jedoch zur Verfügung, und Jhallil machte sich freundlicherweise die Mühe, einige für uns zu besorgen.

Beim Abendessen erwartete uns eine freudige Überraschung, denn es standen Pizzas auf der Speisekarte, und ausnahmsweise langten die Jungs einmal kräftig zu. Stuart erinnerte sich daran, im kuwaitischen Fernsehen einen Werbespot für eine Firma namens Pizza Italiana gesehen zu haben, die einen Kellner zeigte, der mit einem Wagen herumfuhr und die Pizzas servierte, und plötzlich wollte er ein echter Pizza-Italiana-Mann sein. Er flehte die Wächter an, ihn beim Servieren der Mahlzeiten helfen zu lassen, und plötzlich gab es einen ganz neuen und sehr kleinen Kellner, der die abendlichen Rationen an alle Geiseln ausgab. An jedem Abend bekamen wir außerdem Getränkedosen, die aus Jordanien importiert wurden und als der Hit das Tages angesehen wurden. Derek und ich verzichteten immer darauf, so daß die Jungs jeweils zwei Stück haben konnten. Stuart verteilte nun auch diese Getränkedosen, die ihm während seiner eintönigen Existenz in der Gefangenschaft so ans Herz gewachsen waren, an die Geiseln, und er tat es mit einem stolzen Lächeln im Gesicht. Er hinterließ bei allen den Eindruck, daß die Getränke auf seine Rechnung gingen und er sie aus purer Großzügigkeit spendierte.

Nach dem Servieren der Pizzas verschwand er für längere Zeit, und ich machte mir schon Sorgen, daß er sich erkälten würde. Als ich mich auf die Suche nach ihm machte, entdeckte ich ihn jedoch im Zimmer der Wächter, wo er sich bereits mit ihnen zusammen über das Essen hergemacht hatte. Dadurch blieb in unserem Zimmer eine Portion übrig, und da dies niemand zu merken schien, verzehrte Craig sie klammheimlich. Unglücklicherweise war sie inzwischen kalt geworden, so daß sie nicht mehr so gut schmeckte wie die erste, aber sie war ihm dennoch höchst willkommen und füllte ein klaffendes Loch in seinem hungrigen Teenagermagen.

Dienstag, 28. August

Heute spürten wir einen ersten Hauch der Freiheit, aber es war eine bittere, unglückliche Erfahrung, die dazu führte, daß wir für drei Monate von Derek getrennt wurden und ihn beinahe für immer verloren hätten.

Der Tag hatte jedoch fröhlich angefangen, denn wir waren alle mit den Vorbereitungen für den Geburtstag von Pats und Steves Sohn beschäftigt. Craig war ausnahmsweise schon wach und aktiv, als Derek und ich aufstanden. Er lag auf seinem Bett und bastelte eine Geburtstagskarte für seinen Freund. Er machte das ausgesprochen gut, wenn man bedenkt, mit welchen bescheidenen Mitteln er arbeiten mußte. Nach dem Frühstück gingen wir in Pats und Steves Zimmer, um dem Geburtstagskind unsere Karten zu übergeben. Alle schienen es geschafft zu haben, entweder eine Karte zu kaufen oder selbst zu basteln, und er war hocherfreut. Seine Mutter war während der Tage vor dem Geburtstag ein bißchen bekümmert und nachdenklich gewesen, aber an diesem Morgen wirkte sie heiterer, wobei ich allerdings nicht wußte, ob sie sich nur um ihres Sohnes willen zusammenriß oder wirklich besser fühlte. Steve gelang es, den World Service der BBC einzuschalten, aber abgesehen von der andauernden Verdammung unseres Fernsehauftritts von seiten der Regierung zu Hause gab es nichts wirklich Interessantes.

Der Rest des Morgens verging ziemlich schnell, was meiner Meinung nach am Hin und Her des Geburtstags und an den Planungen für eine Überraschungsparty am Abend lag. Selbst die Wächter ließen sich von der Aufregung anstecken. Sie sagten, daß sie einen Kuchen bestellt hätten, der später angeliefert würde, und daß die Feier im Freizeitraum stattfinden könnte. Beim Mittagessen war Stuart in seinem Element, denn die Wächter ließen ihn wieder beim Servieren der Mahlzeiten helfen, und er nahm seine Aufgabe sehr ernst. Anschließend setzten wir uns hin und lasen etwas, bis sich die größte Mittagshitze gelegt hatte und wir nach draußen gehen konnten, um den Sonnenschein zu genießen. Es war noch immer sehr warm, und um die Mittagszeit war es zu heiß für die Kinder, um im Freien zu spielen. Zum Glück hatte das Gebäude eine Klimaanlage, denn sonst wäre es sehr unangenehm für uns geworden.

Später am Nachmittag organisierte Derek wieder ein Whist-Turnier, an dem alle ihren Spaß hatten, und plötzlich rückte der Abend heran, und es wurde Zeit, sich für die Party fertig zu machen. Pat und Val sagten, daß sie vorhatten, ihr neues Make-up anzulegen, und wir mußten alle herzlich lachen, weil die Farben ausgesprochen kühn waren.

Während wir zusammensaßen, führten wir auch eine ernsthafte Diskussion darüber, wie es mit dem Schulunterricht unserer Kinder werden würde, wenn wir noch länger in Gefangenschaft bleiben mußten. Seit Saddam Hussein uns versichert hatte, daß man sich darum kümmern würde, waren fast sechs Tage vergangen. Wir beschlossen deshalb, ihm einen persönlichen Brief zu schreiben, um ihn an sein Versprechen zu erinnern, und brachten sogar einen Entwurf des Briefes zustande. Letzten Endes wurde es aber nicht notwendig, ihn abzuschicken.

Kurz nach neunzehn Uhr herrschte auf einmal helle Aufregung, denn Val kam in unser Zimmer gestürmt, und rief, daß im Fernsehen ein Treffen Saddam Husseins mit einer zweiten Geiselgruppe gezeigt werden sollte. Wir stellten den Apparat an und erkannten auf Anhieb eine Reihe der Inhaftierten. Das Treffen schien in einer Art Palast stattzufinden. Der Präsident saß in einem sehr königlich wirkenden, thronähnlichen Sessel am Ende des Raums, während seine ›Gäste‹ in Reihen vor ihm saßen, die durch einen zentralen Mittelgang voneinander getrennt wurden. Die allgegenwärtigen Sicherheitsleute waren nicht zu übersehen, was die Inhaftierten jedoch nicht daran hinderte, viele Fragen zu stellen.

Jackie, die mit ihrem Sohn Daniel zu der Begegnung gekommen war, bewies großen Mut. Sie sagte dem Präsidenten ins Gesicht, wie feige es war, sich hinter Frauen und Kindern zu verstecken. Vor aller Öffentlichkeit wies sie ihn darauf hin, daß er Unschuldige mißbrauchte, die nicht verstanden, was eigentlich vor sich ging. Er speiste sie mit derselben Antwort ab, die er uns gegeben hatte – daß er der Ansicht wäre, unsere fortgesetzte Anwesenheit im Irak würde dazu beitragen, einen Krieg ›abzuwenden‹. Er wurde dann ziemlich sarkastisch gefragt, in welcher Reihenfolge die Geiseln für den Fall eines Angriffs in die Luftschutzbunker geschickt würden, was ihn ein wenig zu amüsieren schien. Er erwiderte, daß Frauen und Kinder die ersten sein würden, gefolgt von den ausländischen Männern und schließlich von den Irakern, aber wir alle hielten seine Worte für bloßes Gerede.

Dem Treffen wohnten Repräsentanten aller wichtigen Nationen bei, aus denen sich die Geiseln rekrutierten – Briten, Amerikaner, Franzosen und Japaner – offensichtlich wollte Saddam Hussein den Industriestaaten demonstrieren, daß sie alle betroffen wären und seine Feinde zumindest diese Menschen verlieren würden, wenn sie den Irak angriffen. Einer der Amerikaner machte den sehr klugen Vorschlag, die Frauen und Kinder freizulassen. Durch ihre Heimkehr, sagte er, würde er der Welt zeigen können, daß er wirklich Frieden wollte und um eine friedliche Lösung bemüht war.

Am Ende des Treffens kam es zu einer dramatischen Szene. Jackie, eine andere unserer Freundinnen wurde mit ihren Kindern Colin und Rachael festgehalten, und als der Präsident erfuhr, daß Rachael Geburtstag hatte, sagte er, daß die ganze Familie freigelassen würde – als Geburtstagsgeschenk. Wir beneideten sie sehr und freuten uns natürlich auch für sie, gleichzeitig aber tat uns die arme Pat leid. Auch ihr Sohn hatte ja Geburtstag, und unwillkürlich stellte sie sich vor, daß sie mit ihrer Familie vielleicht auch hätte die Heimreise antreten können, wenn der Präsident erst fünf Tage später zu uns gekommen wäre. Sie grämte sich sehr, aber es war müßig, über das nachzugrübeln, was vielleicht geschehen wäre. Wir redeten ihr gut zu und heiterten sie auf, indem wir ihr klarmachten, daß es besser für uns alle sei, unsere ganze Energie für die Geburtstagsparty ihres Sohnes aufzuwenden.

Wir aßen zu Abend und gingen dann in den Freizeitraum, wo der Geburtstagskuchen schon darauf wartete, angeschnitten zu werden. Einige hatten das Zimmer mit ein paar Luftballons geschmückt, die sie irgendwo aufgetrieben hatten, und dank Steves Organisationstalent hatten wir sogar Musik, zu der wir tanzen konnten. Sein Radio, das uns mit den Weltnachrichten versorgt hatte, konnte auch als Kassettenrekorder benutzt werden. Er hatte eine Ewigkeit darauf verwendet, mit Hilfe von Zahnpasta das Kurzwellenempfangssymbol abzukratzen, so daß wir es bei der Party benutzen konnten, ohne die Wächter zu alarmieren.

Pat sorgte für einen fröhlichen Auftakt, indem sie ihre Drohung, ihr neues Make-up anzulegen, wahr machte. Die Teenager und Wächter steuerten eine bunte Sammlung von Kassetten bei, aber wie auch bei jeder gesellschaftlichen Veranstaltung zu Hause in England waren alle zu schüchtern zum Tanzen. Um das Eis zu brechen, fingen Pat und ihr jüngerer Sohn schließlich an, Derek und Stuart machten mit, während alle anderen in die Hände klatschten. Derek führte dann mit einem der Wächter einen kleinen arabischen Tanz vor, der alle vor Gelächter aufheulen ließ, und da die Party jetzt in vollem Gang war, wurde der Kuchen angeschnitten und stückweise an die Feiernden verteilt. Wir hatten ihn gerade verzehrt, als einer der Luftballons platzte, und Derek veranlaßte den ganzen Raum wieder zu einem Heiterkeitsausbruch, indem er sich auf den Boden warf und brüllte: »Wo ist der Luftschutzbunker?« Einige der Wächter konnten mit dem Lachen gar nicht aufhören, und erklärten ihren Kollegen, die des Englischen nicht so mächtig waren, mit Tränen in den Augen den Witz in arabischer Sprache. Die Party kam jetzt wirklich in Schwung, und wir hatten alle unseren Spaß, aber sie sollte mit Tränen enden.

Gegen dreiundzwanzig Uhr kam Dale plötzlich aus dem Fernsehzimmer angelaufen und sagte, gerade sei in den Nachrichten bekanntgegeben worden, daß die Frauen und Kinder bald freigelassen würden. Einer der Wächter kam herein und sprach flüsternd mit einem vorgesetzten Offizier, der sich erhob und nach draußen ging. Unsere wundervolle Party, die das angenehmste und freudigste Ereignis seit unserer Ankunft im Irak gewesen war, verlor schnell an Stimmung. Die verwirrten Geiseln liefen hin und her und redeten leise miteinander. Wir fragten die Wächter, ob es stimmte, was Dale gehört hatte, und sie gaben zur Antwort, daß es wohl so wäre, wir aber auf die Bestätigung bis morgen früh um zehn warten müßten, wenn sie weitere Anweisungen bekommen würden.

Die Nachricht hätte mich wohl in Hochstimmung versetzen sollen, aber das Gegenteil war der Fall. Tatsächlich war ich sehr betrübt und ging gleich in mein Zimmer, wo ich mich hinsetzte und weinte. Ich hatte mit dieser Möglichkeit schon vorher gerechnet – insbesondere angesichts des Umstands, daß die amerikanische Geisel Saddam Hussein persönlich darauf angesprochen hatte –, aber jetzt, da sie sich eröffnete, standen wir vor der schrecklichen Frage, wie wir reagieren sollten. Beide Alternativen waren gleichermaßen trostlos. Entweder mußte ich Derek allein einer höchst gefährlichen und ungewissen Zukunft überlassen, obwohl ich nur den einen Wunsch hatte, bei ihm auszuharren. Blieben wir aber, um uns gegenseitig Trost zu spenden, setzten wir das junge Leben unserer Söhne aufs Spiel. Diese Wahl war grauenhaft, und ich wollte sie nicht treffen müssen.

Während meiner turbulenten Gedankengänge kam Craig ins Zimmer und wollte wissen, was los war. Seit dem Augenblick, in dem Derek in Kuwait gekidnappt worden war, hatte ich ihm nichts verheimlicht, und da ich nicht der Ansicht war, daß jetzt der Zeitpunkt war, damit anzufangen, sagte ich es ihm. Craig war genauso erregt wie ich. Kategorisch weigerte er sich, seinen Vater jemals wieder allein zu lassen, und als Derek ein paar Minuten später zu uns kam, sagte er ihm das auch. Derek sagte, daß Craig, Stuart und ich für den Fall der Freilassung von Frauen und Kindern gar keine andere Wahl hätten, als zu gehen. Er fügte allerdings hinzu, daß die ganze Sache seinem Gefühl nach außer Kontrolle geriet und sich als fauler Zauber entpuppen konnte. Bevor wir irgendwelche Entscheidungen treffen konnten, mußten wir warten, bis ein klares Ergebnis vorlag.

Craigs Antwort war kurz und traf den Punkt genau: »Wenn es stimmt, dann gehe ich nicht.« Dann warf er sich aufs Bett.

Stuart spürte natürlich auch, daß etwas nicht in Ordnung war, aber er war erschöpft und schlief sehr schnell ein.

Ich ging ebenfalls ins Bett, konnte aber nicht einschlafen und weinte eine Zeitlang vor mich hin, die mir wie Stunden vorkam. Derek blieb noch eine Weile auf und dachte über die furchtbare Entscheidung nach, die drohte, unsere Familie nun abermals auseinanderzureißen. Er unterschied sich jetzt vollkommen von dem komischen arabischen Tänzer, der uns noch vor weniger als zwei Stunden alle so amüsiert hatte. Schließlich kam er ins Bett. Doch er fand keine Ruhe, weil ihm ständig der beängstigende Gedanke an die unangenehme Pflicht durch den Kopf ging, die vor ihm lag.

Mittwoch, 29. August

Gleich als ich die Augen aufschlug, wußte ich, daß sich unser Leben heute verändern würde. Aufgrund des chronischen Schlafmangels hatte ich rasende Kopfschmerzen. Sie hinderten mich jedoch nicht daran, die Skepsis, mit der einige die folgenschwere Ankündigung des vergangenen Abends betrachteten, als unbegründet abzutun. Für mich gab es keinen Zweifel, daß die Frauen und Kinder heute die Erlaubnis erhalten würden, nach Hause zu gehen. Ich war überzeugt davon, daß die Ankündigung fraglos in die Tat umgesetzt werden würde, nachdem sie der irakische Führer einmal so entschieden öffentlich bekannt gegeben hatte. Und noch einer Sache war ich mir ganz sicher: Ich würde bei Derek bleiben, allen seinen Worten zum Trotz.

Als ich aus dem Bett stieg, war ich gleich wieder in Tränen aufgelöst. Ich ging deshalb in den Duschraum, um mich für die bevorstehende schwere Prüfung einigermaßen in Schuß zu bringen. Die erste Person, die ich traf, war Barbara, und ich fragte sie, was sie zu tun gedächte. Sie gab zur Antwort, daß sie bei Allan bleiben würde. Dabei wirkte sie sehr ruhig und gefaßt, weil sie offenbar alles sehr gründlich durchdacht hatte. Sie fügte jedoch hinzu, sie hätte diese Entscheidung aufgrund der Tatsache getroffen, daß sie keine Kinder hatte, und würde, wenn sie welche hätte, vielleicht einen anderen Standpunkt einnehmen. Wir bekamen bald Gesellschaft von Michelle, die trotz ihrer zwei kleinen Kinder ebenfalls beabsichtigte, bei Dale zu bleiben. Zur Begründung meinte sie, daß sie ihren Kindern mehr Schaden zufügen würde, wenn sie sie von ihrem Vater trennte. Außerdem hielt sie es für besser, wenn alle zusammen als Geiseln hier blieben. Natürlich war auch sie sich keineswegs sicher, ob sie richtig handelte.

Als ich in unser Zimmer zurückkehrte, war ich mehr denn je zum Bleiben entschlossen, aber schon als ich durch die Tür trat, rannte ich bei Derek gegen eine Mauer. Ich weinte, als er mir sagte, daß ich gar keine andere Wahl hätte, als ihn zu verlassen und die Kinder sicher nach England zurückzubringen. Doch ich begriff, daß alle Tränen der Welt ihn nicht zu einem Sinneswandel veranlassen würden. Pat war ebenfalls in Tränen aufgelöst, als sie zu uns kam, weil Steve genau dasselbe gesagt hatte, und auch Val hatte von ihrem Mann Kim einen ähnlichen Bescheid bekommen. Eine dunkle Wolke schien über der ganzen Anlage zu hängen. Inmitten der ganzen Verzweiflung gab es nur eine glückliche Familie: Marla und ihre beiden Söhne waren hocherfreut, zu ihrem Mann und Vater zurückkehren zu können, der in London auf sie wartete.

Unterdessen beteuerte Craig weiterhin verzweifelt, daß er nicht die Absicht hätte zu gehen, und so setzte sich Derek zu einem langen Gespräch mit ihm zusammen. Er erklärte, daß er uns nur ungerne gehen ließ, sich aber viel glücklicher fühlen würde, wenn er wüßte, daß wir dieser schrecklichen Gefahr entgangen und sicher nach England zurückgekehrt wären. Derek sagte außerdem, daß es für ihn eine geringere Belastung wäre, wenn er sich nur um sich selbst kümmern müßte, und daß es für ihn allein viel leichter wäre, eine Fluchtmöglichkeit zu nutzen, falls sich eine solche anbieten sollte. Seine Worte stießen jedoch auf taube Ohren: Craig brach in Tränen aus, stürmte aus dem Zimmer und verkündete weiterhin trotzig, daß er nicht gehen würde.

Die tägliche Routine des Gefängnislebens setzte sich während des Morgens fort, aber es herrschte eine sehr gedämpfte Atmosphäre. Die Putzfrauen trafen ein, kurz darauf gefolgt von der Ärztin, aber statt der sonstigen Freundlichkeiten gab es zwischen ihnen und uns nur lastendes Schweigen. Sie spürten offenbar die Aura der Verzweiflung, die uns umgab, und gingen still ihren Pflichten nach, um uns dann so schnell und unauffällig wie möglich zu verlassen.

Der Alptraum wurde grimmige Wirklichkeit kurz vor dem Mittagessen, als drei Wächter mit Notizblock und Stift in unser Zimmer kamen.

»Kehren Sie und Ihre Familie zurück?« fragten sie.

Für einen Augenblick glaubten wir, daß es einen Sinneswandel gegeben hatte und Derek mit uns gehen könnte. Doch als wir fragten, wußten wir die Antwort schon in voraus. Die spöttisch verzogenen Mundwinkel und das leise Auflachen, mit dem sie unsere Hoffnung quittierten, waren wie der Dorn, der in eine bereits klaffende Wunde getrieben wird. Es schien, als ob einige der Iraker unfähig waren, echte Gefühle jedweder Art zu verstehen oder selbst zu empfinden. Derek sagte augenblicklich, daß ich gehen würde. Ich erwiderte, daß ich bliebe. Dann begann ich zu weinen. Der Wächter senkte die Augen zu Boden und trat vor Verlegenheit von einem Fuß auf den anderen. Er sagte, daß wir darüber reden müßten und er später wiederkommen würde, um sich unsere endgültige Antwort abzuholen. Anschließend ging er in Alans und Barbaras Zimmer gegenüber.

Ein paar Minuten später hörte ich, wie Barbara draußen auf dem Flur weinte und ihrem ohnmächtigen Zorn gegenüber den Wächtern freien Lauf ließ. Sie sagte Ihnen, daß es unfair wäre, uns vor eine solch grauenvolle Entscheidung zu stellen. Die Wächter wurden durch unsere Reaktion völlig überrascht. Sie meinten wirklich, daß sie uns durch die Freilassung der Frauen und Kinder glücklich machten und konnten einfach nicht den tiefen Schmerz verstehen, der durch die Trennung so vieler Familien hervorgerufen wurde.

Derek setzte sich neben mich und legte mir liebevoll den Arm um die Schulter. Natürlich hatte er den verzweifelten Wunsch, uns bei sich zu behalten. Dennoch gab es bei ihm nicht den geringsten Zweifel, daß wir diese Gelegenheit nutzen und gehen mußten. Er sagte, daß jeder Mann die Chance, drei von vier Menschen aus einer derart ungewissen Situation herauszubringen, ohne jede Frage ergreifen müßte. Craig kam wieder herein. Er hörte zu, während Derek redete, und diesmal unterbrach er ihn nicht.

Der Wächter hatte offenbar bei einigen der anderen Familien ähnliche Probleme bekommen. Er kehrte sehr still und verlegen zu uns zurück, um unsere endgültige Antwort in Empfang zu nehmen und ging dann so schnell wie möglich davon. Als Derek dem Wächter sagte, daß wir gehen würden, trafen mich seine Worte wie ein Todesurteil. Er fragte, wann wir aufbrechen müßten, und der Wächter sagte, daß es seiner Meinung nach nicht vor morgen soweit sein würde. Ich war sehr bekümmert, aber ich fühlte mich ein bißchen besser, als ich hörte, daß uns immerhin ein Tag blieb, den wir zusammen verbringen konnten.

Das Mittagessen wurde uns wie immer ins Zimmer gebracht. Es blieb praktisch unberührt, weil kurz darauf einer der Wächter zurückkehrte und uns mitteilte, daß wir packen sollten; wir würden in einer Viertelstunde aufbrechen. Mir zog sich der Boden unter den Füßen weg. Abermals wurden meine Hoffnungen und Erwartungen durch einen weiteren gemeinen Trick der Iraker zunichte gemacht. Zum x-ten Mal an diesem Tag vergoß ich eine ganze Flut von Tränen. Craig begriff plötzlich, daß er erwachsener sein mußte als je zuvor, denn jetzt, da wir abermals den Vater verloren, brauchte ich seine ganze Unterstützung. Er fing schweigend an, unsere

Sachen zu sortieren und die Plastiktragetaschen zu pakken, die so sehr zu einem Teil unseres Lebens geworden waren. Mit einer letzten rührenden Geste schenkte er seinem Vaten den kostbaren Walkman und die Kassetten. Außerdem gaben wir Derek die Erste-Hilfe-Ausrüstung und sämtliche Toilettenartikel.

Derek war sehr still, aber er machte sich auf den Weg zur Rezeptionsecke, um herauszufinden, wohin man uns bringen würde. Sollten wir über die Straße geradewegs nach Jordanien oder zum Flughafen befördert werden, um dort auf ein Flugzeug zu warten? Oder würde man uns über Nacht in einem Hotel unterbringen? Niemand schien es zu wissen, zumindest erfuhren wir nichts. Wieder einmal schoß der schreckliche Gedanke durch unser gequältes Bewußtsein, daß keiner von uns nach Hause zurückkehren würde und das Ganze lediglich ein Täuschungsmanöver war, um uns voneinander zu trennen.

Dann trat Mike auf uns zu und bat mich, zu Hause einen Brief an seine Freundin Sheila zur Post zu bringen. Sie wohnte ganz in unserer Nähe in Worcester. Er gab mir auch ihre Telefonnummer und bat mich, sie nach meiner Rückkehr anzurufen, um ihr zu sagen, wie sehr er sie liebte. Er fing an zu weinen und ich versprach ihm voller Mitgefühl, alles zu tun, worum er mich gebeten hatte.

Inzwischen versammelten sich alle an der Rezeption, um auf die Abfahrt zu warten. Wir nahmen unsere Habseligkeiten und gesellten uns zu den anderen. Alle hatten Tränen in den Augen, und einer der freundlicheren Wächter ging von einem zum anderen und versuchte, uns aufzuheitern.

»Machen Sie sich keine Sorgen«, sagte er immer wieder. »Unser Präsident schickt Sie nach Hause, damit Ihre Kinder wieder in die Schule gehen können, und es wird nicht lange dauern, bis auch Ihre Männer zurückkehren dürfen.«

Einer der ranghöheren Offiziere in der Rezeptionsecke trat auf ihn zu und sprach leise mit ihm. Danach sagte er nur noch sehr wenig – offenbar hatte man ihm einen Maulkorb angelegt.

Man hätte meinen sollen, daß sich mittlerweile alle ausgeweint hatten, aber als wir den Abmarschbefehl bekamen und unser letztes Lebewohl sagten, brach uns fast das Herz. Stuart weinte bitterlich, und sein irakischer ›Freund‹ ging zu ihm hinüber, hob ihn hoch und küßte ihn. Doch diesmal wollte Stuart nicht bei ihm sein. Er strampelte sich frei und flüchtete in die Arme seines Daddys. Die brüchige Fassade von Craigs unfreiwilligen Vorsätzen brach völlig zusammen, und er flehte mich wieder an, bleiben zu dürfen. Er bettelte und flehte, bis ich nicht mehr ein noch aus wußte. Ich kann mich nicht erinnern, wie wir in den wartenden Bus kamen. Wir bewegten uns wie in Trance.

Schließlich saßen wir auf unseren Plätzen, während Derek und Steve draußen vor dem Fahrzeug auf dem Pflaster standen. Zwei der Wächter kamen, um zu prüfen, ob wir vollzählig waren, und als sie sahen, wie bekümmert wir waren, fingen sie selbst an zu weinen. Sie gingen zu Derek zurück und sagten ihm, daß er kommen und uns ein letztes Mal umarmen dürfe, weil sie es nicht ertragen könnten, uns in einer derartigen Verfassung wegfahren zu sehen. Derek kletterte in den Bus, kam zu unseren Plätzen und versicherte mir erneut, daß wir das Richtige taten. Dann mußte er gehen, das Fahrzeug setzte langsam aus der Einfahrt zurück und fuhr davon. Trotz der Gefahren, denen wir sowohl im Irak als auch in Kuwait ausgesetzt waren, war dies der schlimmste Augenblick, und ich hatte das Gefühl, als würde mir das Herz aus dem Leib gerissen. Ich fürchtete, Derek zum letzten Mal überhaupt gesehen zu haben und sah seine Gestalt nur noch durch einen Schleier von Tränen. Noch heute sehe ich ihn dort ganz allein stehen und winken, und jetzt, da ich darüber nachdenke und schreibe, kommen mir noch immer die Tränen.

Wir hatten keine Ahnung, wohin wir fuhren, und als ich einen Teil meiner Fassung wiedergewonnen hatte, fragte ich den Wächter, der uns auf der Reise begleitete, nach dem Ziel. Es war ein Schock, als er erwiderte, daß wir seiner Meinung nach über Nacht in einem Hotel bleiben und dann den Irak über Jordanien verlassen würden. Er glaubte, wir würden im Al Raschid absteigen, doch als wir in Bagdad ankamen, fuhren wir an der entsprechenden Abzweigung vorbei und hielten vor dem altbekannten Mansour Melia. Wir bekamen Quartiere in einem der oberen Stockwerke und konnten Gott sei Dank ein Zimmer neben Pat und ihren drei Jungs ergattern. Das Haus schien sehr leer zu sein. Besorgt fragten wir uns, was aus uns werden würde und wie lange wir hier bleiben müßten.

Zu diesem Zeitpunkt war Craig mit seiner Kraft am Ende, warf sich aufs Bett und weinte und weinte. Als er schließlich nicht mehr konnte, flehte er mich an, nachzufragen, ob wir nicht zu seinem Daddy zurückkehren können. In diesem Augenblick erschien einer der Wächter, um uns die Anmeldeformulare zu übergeben. Wir hatten ihn während unseres ersten Aufenthalts als sehr netten Mann kennengelernt. Es tat ihm offensichtlich weh, Craig in einer derartigen Verfassung zu sehen, und er sagte mir, daß er uns persönlich zu Derek zurückbringen würde, wenn ich das wollte. Craig verdoppelte seine Anstrengungen, mich zu überzeugen. Das Angebot war wirklich sehr verlockend, aber ich mußte es ablehnen. Ich wußte, daß Derek bei unserer Rückkehr darauf bestehen würde, daß wir wieder gingen, und dann würden wir das Trauma der Trennung abermals durchstehen müssen. Schließlich erkannte der Wächter, daß wir nicht in der Lage waren, zu einer klaren Aussage zu kommen, und sagte, daß er später wiederkommen würde.

Stuart war während dieser Szene ungewöhnlich still und geistesabwesend gewesen, so daß ich schon anfing, mir Sorgen um ihn zu machen. Immerhin gab mir sein Schweigen Gelegenheit, mit Craig zu reden und ihm zu erklären, warum Derek gewollt hatte, daß wir ihn verließen, und welche Vorteile dies sowohl für uns als auch für ihn auf lange Sicht hätte. Es dauerte eine ganze Weile, bis Craig überzeugt war, aber schließlich hatten wir es geschafft.

Als der Wächter zurückkam, um die Formulare auszufüllen, fragte ich ihn, wie lange wir im Hotel bleiben müßten, und er sagte, daß der Aufenthalt seiner Ansicht nach nicht länger als vierundzwanzig Stunden dauern würde. Das war ein harter Schlag. Offenbar konnte man meinem Gesicht ansehen, wie enttäuscht ich darüber war, daß wir nicht früher nach Hause zurückkehren konnten, denn dieser freundliche Mann blieb noch eine ganze Weile und redete mit uns. Er sagte, daß die Wächter im Hotel bei der Ankündigung der Freilassung davon ausgegangen waren, daß nur etwa die Hälfte der Frauen und Kinder das Angebot annehmen würden. Sie waren sehr überrascht, weil sich so viele zum Gehen entschlossen hatten. Er erzählte uns, daß er uns im Fernsehen gesehen hatte, und sprach schließlich von seiner eigenen Familie und seiner dreijährigen Tochter, die er sehr selten sah, weil man ihm aufgrund der gegenwärtigen Krise praktisch den ganzen Heimaturlaub gestrichen hatte. Ich glaube, er wollte uns klarmachen, daß auch die Iraker Härten erdulden mußten und von ihren Familien getrennt waren, so daß er verstehen konnte, was wir in diesem Augenblick empfanden.

Als er gegangen war, kam Pat vorbei und berichtete uns, daß einige Leute, die sie schon früher während der Gefangenschaft kennengelernt hatte, gerade im Hotel angekommen waren, und so holten wir unsere fünf Jungs zusammen und gingen, um nachzusehen, ob dort sonst noch jemand war, den wir kannten. Zu meiner Überraschung und Freude waren die meisten Frauen aus Fahaheel bereits eingetroffen, und in Anbetracht der Umstände, unter denen es stattfand, war unser Wiedersehen bemerkenswert fröhlich. Es fehlten lediglich fünf von uns, die beschlossen hatten, bei ihren Männern zu bleiben. Die meisten Männer hatten dieselbe Entscheidung getroffen wie Derek – daß ihre Familien gehen müßten, solange sie noch Gelegenheit dazu hatten. Die Nachricht, daß wir einen weiteren nutzlosen Tag im Mansour Melia bleiben mußten, brachte uns auf, denn wir hätten diese Zeit noch mit unseren Männern verbringen können. Eine der Hauptgesprächsthemen war Stuarts Auftritt mit Saddam Hussein im Fernsehen, den alle Frauen gesehen hatten. Auch die Wächter im Hotel erkannten ihn und machten ziemlich viel Aufhebens um seine Person.

Etwa eine Stunde später kehrten wir in unser Zimmer zurück. Craig war jetzt sehr still, aber er schien sich etwas besser zu fühlen – das Wiedersehen mit alten Freunden hatte ihm offensichtlich gut getan. Unser freundlicher Wächter kam kurz vor dem Abendessen noch einmal zu uns und war erleichtert, Craig in einer besseren Verfassung vorzufinden. Ich nutzte die Gelegenheit, ihm zu erklären, wie grausam wir uns behandelt fühlten.

»Zuerst haben Sie meinen Söhnen in Kuwait den Vater weggenommen«, sagte ich. »Dann haben Sie uns wieder zusammengeführt und gesagt, daß wir nicht wieder getrennt würden. Und nun sagen Sie uns, daß wir gehen können, ihr Vater jedoch zurückbleiben muß. Können Sie sich vorstellen, wie wütend wir sind?«

Dieser freundliche Mann verstand in der Tat, was ich meinte. Er entschuldigte sich und ließ uns dann schnell mit unserem Kummer allein.

Wir waren alle völlig erschöpft, und nach dem Abendessen gingen die Jungs gleich ins Bett. Ich blieb noch auf, um einen Brief an Derek zu schreiben, und fühlte mich danach viel besser. Der Brief brachte mich ihm irgendwie näher, denn unser freundlicher Wächter hatte versprochen, ihn am nächsten Morgen zur Post zu bringen.

Ich hoffte, Derek würde erfahren, daß wir uns im Mansour Melia aufhielten, obwohl ich Zweifel daran hatte, daß eine derartige Information zu ihm durchdringen würde. Einer Sache war ich mir jedoch sicher – er würde nicht ruhen und rasten, bis er im World Service der BBC hörte, daß wir sicher britischen Boden betreten hatten. Meine Gedanken waren noch immer bei ihm, als meine müden Augen zufielen und der Schlaf den unglücklichsten Tag meines Lebens beendete.

Donnerstag, 30. August

Das einzig gute am Mansour Melia war, daß es diesmal viel entspannter zuging, als es bei unserem ersten Aufenthalt der Fall gewesen war. Obwohl wir eigentlich genauso eingeschränkt waren wie zuvor, schien unser Kontakt zwischen den Stockwerken weniger scharf beobachtet zu werden. Am Ende der Korridore standen nicht so viele Sicherheitsbeamte Wache, und alle waren bemüht, freundlich zu uns zu sein. Den Kindern wurde um halb elf morgens ein Aufenthalt im Swimming-pool erlaubt, und Craig und Pats drei Söhne waren pünktlich zur Stelle, um keine einzige Sekunde zu versäumen.

Pat, Stuart und ich folgten ihnen wenige Minuten später, wurden aber von einem der Oberwächter aufgehalten, der uns in Begleitung von zwei Männern in Zivilkleidung entgegenkam. Es stellte sich heraus, daß diese beiden zu einem Fernsehteam gehörten und mit uns ein weiteres Interview drehen wollten. Weder Pat noch ich waren sonderlich versessen darauf, aber sie blieben hartnäckig, und während wir noch mit ihnen diskutierten, wanderte Stuart los, um sich zu seinem Bruder am Swimming-pool zu gesellen. Wir versuchten, den Männern klarzumachen, daß wir gehen und auf ihn aufpassen müßten, aber der Wächter sagte, er würde sich davon überzeugen, daß Stuart sicher ans Ziel gekommen war und Craig sich um ihn kümmerte. Damit entfiel unser letzter Vorwand für eine Nichtteilnahme, und wir wurden in die Hotelhalle geführt.

Dort stellten wir fest, daß man Fernsehkameras aufgebaut und den ganzen Raum in ein provisorisches Studio verwandelt hatte. Eine Menge offiziell aussehender Männer standen herum. Pat und ich unternahmen einen letzten Versuch, dem Interview zu entgehen. Wir betonten noch einmal, daß wir uns große Sorgen machten, weil die Jungs allein am Pool waren. Nachdem wir versprochen hatten, um Viertel nach zwölf zurückzukommen, ließen sie uns schließlich widerstrebend gehen. Draußen fragten wir die anderen Frauen unserer Gruppe, ob auch sie an dem Interview teilnehmen sollten, aber sie waren völlig ahnungslos. Dieses Versteckspiel verstärkte unsere Aversion noch mehr.

Als wir vom Schwimmen zurückkamen, ging es in der Halle sehr geschäftig zu. Die Fernsehleute nahmen eine ganze Reihe dieser *Guest-News*-Interviews auf, in denen die Geiseln gefragt wurden, welche Gefühle sie bei ihrer Heimkehr hätten. Wir gingen nach oben, um uns umzuziehen. Während wir auf das Mittagessen warteten, debattierten wir darüber, ob es jemand merken würde, wenn wir einfach vergaßen, beim Interview zu erscheinen. Wir kamen schließlich zu der Ansicht, daß wir doch hingehen sollten, weil wir in dieser letzten Phase keinen Ärger haben und uns die Chance zur Heimkehr nicht verscherzen wollten.

Als wir im Erdgeschoß ankamen, spielte sich mitten in der Halle vor den Fernsehkameras ein heftiger Streit ab. Eine Frau namens Maggie war während ihres Interviews sehr wütend geworden. Sie schrie den Interviewer an, daß die Iraker besser aufpassen sollten, was sie taten, die westliche Welt sei mit ihrer Geduld am Ende und würde ihre gesammelten Streitkräfte gegen sie losschicken. Der arme Mann wußte gar nicht, was er machen sollte. Ohne Frage bewunderten wir den Mut dieser Frau, obwohl wir es nicht gewagt hätten, solche Töne anzuschlagen.

Die Iraker setzten uns permanent moralisch unter Druck und hatten uns in ein Stadium gebracht, in dem wir kaum noch wagten, überhaupt etwas zu sagen, weil wir unsere Männer nicht in Gefahr bringen wollten. Wir waren allerdings auch nicht bereit, wie Marionetten dazustehen und mit uns machen zu lassen, was sie wollten. Keine von uns hätte heucheln und behaupten können, daß die irakische Nation großartig war. Wir waren Maggie sehr dankbar. Bei dem Aufruhr, den sie verursachte, vergaßen uns die Leute des Fernsehteams vollkommen, und so konnten wir uns diskret nach oben zurückziehen, ohne daß irgend jemand Notiz davon nahm.

Als wir einige Zeit später mit dem Mittagessen im Speisesaal fertig waren, trat unser freundlicher Wächter auf mich zu und gestand, daß wir heute nicht nach Hause zurückkehren würden. Ich war sehr betrübt und enttäuscht, und eigenartigerweise war es der Wächter auch. Er war einer der ranghöheren Leute, und die Informationen, die er uns gab, waren immer weitaus zuverlässiger als alle anderen, die wir aus irakischen Quellen sonst zu hören bekamen. Als wir ihn näher kennenlernten, offenbarte er uns, daß er nicht gerne Informationen weitergab, wenn er von der Richtigkeit nicht überzeugt war. Er fühlte sich offensichtlich schuldig, weil er uns bei einer so wichtigen Sache falsch unterrichtet hatte. Ich hatte einen zweiten Brief an Derek geschrieben, und so bat ich den Wächter, ihn zuzustellen. Er war glücklich, etwas zur Wiedergutmachung tun zu können.

Diese jüngste Verzögerung bei unserer Heimkehr traf Pat schwer. Ich bekam Angst, sie würde krank werden, so sehr grämte sie sich. Sie war völlig durcheinander und begann ernsthaft daran zu zweifeln, daß wir jemals nach Hause zurückkehren würden. Sie neigte dazu, zu lange über die Dinge nachzudenken. Vielleicht war ich hoffnungslos optimistisch, aber man mußte positiv denken. In jedem Fall glaubte ich noch immer, daß etwas passieren würde, wenn Saddam Hussein dies ganz groß in aller Öffentlichkeit verkündet hatte. Dennoch wurden alle Frauen in Mansour Melia zunehmend bitterer wegen der Verzögerung. Immer wieder schmerzte uns diese Verschwendung kostbarer Zeit, die wir mit unseren Männern verbringen hätten können.

Die Zeichen standen trotzdem gut für uns, denn das Hotel füllte sich immer mehr mit Geiseln aller Nationalitäten. Ständig erkannte ich vertraute Gesichter, die ich seit der Invasion in Kuwait nicht mehr gesehen hatte, und es war wundervoll zu wissen, daß auch diese Menschen die schreckliche Situation unbeschadet überstanden hatten. Ein Franzose stellte sich mir als Freund eines Mädchens namens Karen vor, das ich in Kuwait gut gekannt hatte. Sie hatten beide Stuart im Fernsehen gesehen, und wir alle lachten, als uns der Mann erzählte, daß Karen gesagt hatte, bei dem Interview könnte irgend etwas nicht gestimmt haben, weil sich Stuart normalerweise anders verhielt.

Inzwischen tauschten wir mit einigen anderen Frauengruppen Erfahrungen über die Anlagen aus, in denen sie festgehalten worden waren, und ich war überrascht von den äußerst unterschiedlichen Behandlungen, die wir alle bekommen hatten. An einigen Orten waren die Wächter so wie die unsrigen hilfsbereit und freundlich gewesen, während sie sich an anderen grob, unfreundlich und bedrohlich erwiesen hatten. Einige Geiseln hatten sogar – Alkohol bekommen. Es war typisch für Dereks Glück, daß wir in einer enthaltsamen Fabrik für chemische Waffen gelandet waren!

Das zweite Fernsehinterview mit Saddam Hussein war für die betreffenden Geiseln sehr angsterregend gewesen. Nachts um ein Uhr kamen die Wächter. Sie holten allein die Frauen und Kinder, ohne zu sagen, wohin sie gebracht werden sollten. Einige der Männer widersetzten sich mutig und verweigerten schlicht ihre Einwilligung. Die Geiseln wurden in ein Hotel gebracht und einige Zeit später in ein anderes Gebäude verlegt. Danach brachte man sie in den Palast Saddam Husseins, aber sie wußten nicht, wohin sie fuhren, weil in den Bussen die ganze Zeit über die Vorhänge zugezogen waren.

Den Irakern war es mit ihren üblichen Methoden gelungen, alle zu verwirren und so die absolute Sicherheit ihres Führers zu gewährleisten, aber es hatte ganz anders ausgesehen. Die Geiseln mußten denken, daß keine Fernsehkamera, sondern ein Konzentrationslager oder ein Erschießungskommando auf sie wartete.

Während des ganzen späten Nachmittags und frühen Abends mußten wir uns fotografieren lassen und diversen Beamten Angaben machen, so daß man uns provisorische Pässe zur Rückkehr nach Großbritannien ausstellen konnte. Außerdem wurden wir von Angehörigen der britischen Botschaft nach Ort, Art und Weise der Anlagen befragt, in denen wir festgehalten worden waren. Sie notierten sich so viel wie möglich, und diese Informationen erfüllten in den dunklen Monaten, die folgen sollten, zweifellos einen guten Zweck. Ich muß sagen, daß die britische Botschaft im Irak ebenso hilfsbereit und effizient war, wie die in Kuwait unfähig und hilflos.

Das Verrückteste am Tag war, daß Stuart die Gelegenheit erhielt, Bagdad zu besichtigen. Er hatte sich furchtbar gefreut, Thomas und James wiederzusehen, seine speziellen kleinen Freunde aus unserer Zeit in Kuwait. Im großen und ganzen jedoch war sein Betragen während unseres Aufenthalts im Mansour Melia nicht das beste gewesen, weil er das Haus haßte. Im Gegensatz zum International Hotel in Kuwait City hatte das Mansour weder Preisrätsel noch Spielsachen für die Kleinen. Sie langweilten sich sehr schnell, und Stuart wurde so zänkisch, daß es sogar unserem freundlichen Wächter auffiel. Als ich ihm die Gründe erklärte, bot er an, Stuart zu einem Ausflug in die Stadt mitzunehmen. Dies war ein hübscher Gedanke, und ich bin mir sicher, daß er es nur gut meinte, aber es war ein Risiko, das ich nicht eingehen wollte, und deshalb lehnte ich die Einladung höflich ab.

Freitag, 31. August
Ich hatte heute meine erste Berührung mit der internationalen Presse, und dies war keine sehr angenehme Erfahrung. Im Zuge eines letzten Bemühens, unter Beweis zu stellen, daß man gut für uns sorgte, hatten die Iraker westliche Journalisten nach Bagdad kommen lassen. Sie waren in unserem Hotel untergebracht, und es stand uns frei, sie zu treffen und ihnen zu sagen, was wir wollten. Nach fast einem Monat weitgehend verfälschter, mit Propaganda befrachteter Nachrichten konnten wir an die plötzliche Offenheit, die uns gewährt wurde, kaum glauben. Nach den Guest-News-Interviews vom Tag zuvor hatten wir kein Bedürfnis mehr nach einem Kontakt mit den Medien, und auch ich beabsichtigte nicht, mich mit ihnen einzulassen.

Wir durchquerten gerade die Hotelhalle, als Stuart bockig wurde und darauf bestand, daß ich ihn auf den Arm nahm. Ich hob ihn hoch, drehte mich um und sah plötzlich einen ganzen Trupp von Reportern auf mich losstürzen. Sie hatten uns sofort erkannt, und nun hatte ich das Gefühl, von einer Horde wilder Elefanten überrannt zu werden.

Die arme Pat wurde beinahe zu Boden geschleudert. Ich war wütend und stieß die Reporter zurück. Aus allen Richtungen wurden mir Mikrophone hingehalten. Ein Mann brüllte mich von hinten an, ob unsere Männer jetzt, da wir nicht mehr bei ihnen waren, anders behandelt würden als zuvor. Ich zuckte zusammen, so taktlos erschien mir diese Frage. Dennoch ließ ich mir meinen Zorn nicht anmerken und antwortet höflich, daß sie überhaupt nicht anders behandelt würden. Der Mann versuchte nur, seine Arbeit zu tun, aber er hatte einen wunden Punkt getroffen, als er genau das andeutete, was wir alle fürchteten, aber nicht auszusprechen wagten.

Inmitten dieses Tumults hatte Craig seinen großen Augenblick. Ein Reporter vom *Daily Telegraph* hatte ihn sich vorgeknöpft, und Craig begann, von seinen Erlebnissen zu berichten – angefangen bei der Invasion, die mehr als einen Monat zurücklag. Der Reporter machte sich pflichtbewußt Notizen, obwohl ihm der Gedanke gekommen sein mußte, daß er vermutlich weder die Zeit noch ein Notizbuch hatte, das groß genug war, um alles aufzuschreiben, was ihm erzählt wurde. Schließlich begriffen die Reporter, daß ich nicht bereit war, etwas wirklich Substantielles zu sagen. Sie ließen uns gehen, und wir flohen in unser Zimmer. Nach wie vor wurden wir hingehalten und bekamen keinen konkreten Hinweis auf unsere Weiterreise nach Europa. Einige der Frauen hatten der britischen Presse ausführliche Interviews über die Verzögerungstaktik der Irakis und andere Repressionen gegeben. Unsere Nerven waren äußerst angespannt, und mehrere Frauen machten sogar den Vorschlag, in den Speisesaal zu gehen und dort aus Protest ein Sit-in zu veranstalten.

Um die Mittagszeit wurde ich von einer Dame angesprochen, die mit der in Kuwait gestrandeten British-Airways-Maschine gekommen war. Sie war von den Irakern in unser Haus in Fahaheel einquartiert worden. Anhand des Fernsehinterviews und einiger Familienfotos an den Wänden war ihr klargeworden, daß sie sich in unserem Haus befand. Da sie ihr eigenes Gepäck verloren hatte, blieb ihr nichts übrig, als sich mit unseren zurückgelassenen Sachen neu einzukleiden. Sie fügte jedoch entschuldigend hinzu, daß das Haus bereits vor ihrer Ankunft von den Invasoren geplündert worden war. Es wäre unvernünftig gewesen, die Frau des Diebstahls zu bezichtigen. Sie hatte sich in den gleichen Schwierigkeiten wie ich selbst befunden, und außerdem wäre ich nie dahintergekommen, wenn sie es mir nicht selbst erzählt hätte.

Im Laufe des Gesprächs bat sie mich in ihr Zimmer, damit ich die Kleidungsstücke durchsehen und Sachen, an denen mir besonders lag, wieder in Besitz nehmen konnte. Es war ein eigenartiges Gefühl, Kleidungsstücke angeboten zu bekommen, die mir schon einmal gehört hatten, aber es wäre unhöflich gewesen, nach zu vielen zu greifen, und ihr nur einige wenige zu belassen. Letzten Endes schloß ich einen Kompromiß, indem ich nur ein paar Hosen für Derek aussuchte, die ich dann in ein Paket packte und dem freundlichen Wärter zur Weiterleitung in die Anlage übergab. Ich bedankte mich bei der Frau, und sie wiederum freute sich, daß ich ihr die Sache nicht übelnahm. Wir trennten uns in bester Freundschaft.

Die Ironie lag darin, daß wir unsere wenigen Habseligkeiten in einer alten Tüte herumtrugen, während sie meine schönste Reisetasche und Craigs Koffer besaß, der mit seinen Initialen versehen war. Ich mußte darüber lachen und sollte am nächsten Tag eine noch amüsantere Episode erleben. Wir warteten im Flughafen auf den Abflug aus dem Irak. Zufällig stand Craig neben seinem Koffer, den die Dame auf dem Fußboden des Flughafengebäudes abgestellt hatte.

»Genauso einen hatte ich auch mal«, sagte er zu mir.

Ich wagte nicht, ihm die Wahrheit zu sagen, weil er diese Angelegenheit vielleicht nicht verstanden und versucht hätte, den Koffer wieder an sich zu nehmen.

Inzwischen war in einem der Zimmer ein inoffizielles Café aufgemacht worden. Dort trafen wir Violet, die zu den glücklicheren Ehefrauen gehörte. Sie war in Kuwait festgehalten worden und hatte die Erlaubnis bekommen, zum Abschied ihren Mann Dick mit nach Bagdad zu bringen. Zu dieser Gelegenheit hatte sie Tee, Kuchen und Kaffee mitgebracht, und so kamen wir in ihr Hotelzimmer, um uns diese längst vergessenen Genüsse zu gönnen. Für die Kinder hatte sie sogar Schokolade aufgetrieben.

Während des Abendessens lächelte mir der nette Wächter ein paarmal zu, um meine Aufmerksamkeit zu erwecken, und kam schließlich zu meinem Tisch herüber.

»Sie werden morgen nach Hause zurückkehren, wenn Gott es will«, sagte er zu mir.

»Das haben Sie gestern auch gesagt, aber wir sind noch immer hier«, antwortete ich argwöhnisch.

»Ich weiß«, sagte er. »Aber diesmal bin ich mir fast sicher.«

Das Essen im Restaurant hatte sich im Laufe des Tages spürbar verbessert. Butter und Marmelade, die vorher nur zögernd und auf Anfrage ausgegeben worden waren, standen jetzt uneingeschränkt zur Verfügung, und selbst Getränke wie Coca Cola tauchten wieder auf der Speisekarte auf. Wir machten uns Sorgen, daß die neu eingetroffenen Geiseln, die aus Kuwait kamen, dachten, wir hätten die ganze Zeit über so gelebt, und neidisch werden konnten. Es war so, als ob die Iraker versuchten, uns einen fürstlichen Abschied zu bereiten, indem sie eine Art von Partyatmosphäre schufen. Nur voreingenommene Menschen wie wir konnten auf den Gedanken kommen, daß das Erscheinen der Weltpresse vielleicht etwas mit dieser plötzlichen Großzügigkeit zu tun gehabt haben könnte.

Samstag, 1. September

Bei den Mahlzeiten vermißte ich Derek sehr. Nach dem Zusammensein mit ihm in der Anlage, wo das Servieren der Mahlzeiten den Höhepunkt des Tages dargestellt hatte, sah ich ihn immer, wenn es Zeit zum Essen wurde, in Gedanken vor mir. Ich sah ihn mit seinem Teller dasitzen und fragte mich besorgt, was man ihm vorsetzte, und ob er genug zu essen bekam. Obgleich ich ständig versuchte, meine Gefühle in den Hintergrund des Bewußtseins zu verdrängen, malte ich mir voller Sorgen aus, daß man ihn vielleicht wieder verlegt hatte und daß sein neuer Haftort schlimmer war als zuvor.

Auf dem Weg vom Frühstücksraum in unser Zimmer verlor ich mich in meinen Gedankengängen. Erst als ich auf der Kreuzung unserer beiden Korridore dem freundlichen Wärter begegnete, kehrte ich in die Gegenwart zurück. Er redete mit Kollegen, unterbrach sich jedoch und sagte, daß er mit mir sprechen wollte. Vorsichtig folgte er uns in unser Zimmer und schloß die Tür. Es war nicht viel, was er zu sagen hatte, aber das Zuhören lohnte sich ganz gewiß. Höchstwahrscheinlich, so meinte er, würde an diesem Tag ein Flugzeug mit Geiseln den Irak verlassen, und obgleich er noch nicht wußte, wer für die Heimkehr eingeteilt war, wollte er uns Bescheid sagen, sobald er Näheres wußte.

Die Nachricht brachte unseren eintönigen Tagesablauf völlig durcheinander. Wir hätten schwimmen gehen können, weil wir aber fürchteten, daß in der Zwischenzeit die Namen der Auserwählten bekanntgegeben werden könnten, blieben wir im Hotel. Ich begann mich zu ängstigen, daß wir in letzter Minute doch noch um unsere Freiheit betrogen würden, aber es gelang mir, die Ruhe zu bewahren, nicht zuletzt mit Pats Hilfe. Wir waren in der ganzen Zeit unserer Geiselhaft gut zurechtgekommen, unsere Jungs hatten vieles gemeinsam, und weil wir in derselben Misere steckten, fühlten wir uns als Leidensgenossinnen, die sich gegenseitig Kraft geben. Pat wollte ständig von mir hören, daß alles gut ausgehen würde, und irgendwie schaffte ich es immer, ihr das auch zu sagen.

Das Hotel platzte zu dieser Zeit vor Geiseln aus allen Nähten, und beim Mittagessen wurde im vollbesetzten Speisesaal überall lautstark darüber diskutiert, wann wir nun endlich das Land verlassen dürften. Die Gerüchteküche brodelte. Einige Panikmacher begannen, Verzweiflung zu verbreiten, und deuteten an, daß einige von uns zurückgelassen werden könnten. Aber niemand wußte wirklich etwas Konkretes. Wir blieben so lange wie möglich an unserem Tisch sitzen, um die verhaßte Rückkehr in unser Zimmer hinauszuzögern, aber schließlich mußten wir aufstehen und uns auf den Weg zu den Aufzügen machen.

Der freundliche Wächter leistete uns im Lift Gesellschaft, aber die Kabine war so überfüllt, daß er nicht richtig mit uns sprechen konnte. Als wir in unserer Etage ausstiegen, fragte er jedoch, ob er kurz mit mir sprechen könne – sein Zimmer lag dem unseren praktisch gegenüber. Pat versprach, sich währenddessen um die Kinder zu kümmern, und ich nahm, in der Hoffnung, daß ihn der Wächter zur Post bringen würde, einen weiteren Brief an Derek mit.

Diesmal waren die Neuigkeiten positiv und besser, als ich zu hoffen gewagt hatte. Unsere Namen standen auf der Passagierliste, die Maschine sollte um achtzehn Uhr vom Bagdad International Airport abfliegen. Es sah so aus, als ob es zwei Flüge gäbe – aber der Wächter wußte nicht, welchem wir zugeteilt waren.

Danach sprachen wir ein bißchen über England – er war offenkundig von meiner Heimat angetan. Ich fragte ihn, ob er jemals dort gewesen sei, aber er war noch nie in Westeuropa gewesen und konnte nur sagen, daß er eines Tages gerne kommen würde. Er war ein sehr angenehmer, freundlicher Mensch, der mit Sicherheit einige Mühe auf sich genommen hatte und vielleicht auch Risiken eingegangen war, um uns zu helfen. Zu den traurigen Erlebnissen des Krieges gehört, daß man niemandem richtig zu trauen vermag, und so gab es zwischen uns immer wieder Momente verlegener Reserviertheit. Er sagte mir sogar, wie sehr er uns vermissen würde. Unter den gegebenen Umständen fand ich es jedoch unmöglich, das Kompliment zurückzugeben, obwohl ich im Irak auch anständigen und freundlichen Menschen begegnet war.

Unser Abmarschbefehl kam für vierzehn Uhr fünfundvierzig. Wir wurden angewiesen, unser Gepäck zu nehmen und uns in den Speisesaal zu begeben, wo wir an Tischen Platz nehmen mußten. Etwa ein halbes Dutzend Wächter stand um einen Tisch herum, auf dem ein Stapel von Pässen lag. Sie riefen lautstark die Namen der einzelnen Reisenden auf, die dann Gepäck und Reisepapiere nehmen, das Hotel verlassen und in einen der bereitgestellten Busse steigen mußten. Wir waren ziemlich entspannt, weil wir wußten, daß man uns für einen der Flüge ausgewählt hatte. Die Menschen um uns herum aber saßen mit verkrampften, ängstlichen Gesichtern auf der Kante ihrer Stühle und hypnotisierten die Wächter geradezu, damit sie ihre Namen aufriefen. Wir kamen tatsächlich als letzter an die Reihe, weil wir Reservepässe benutzen mußten, die nur für sieben Tage galten.

Als wir aus dem Hotel traten, stellten wir fest, daß die Arrangements für die erste Phase unserer Heimreise absolut chaotisch waren. Die Leute wurden einfach ohne Sinn und Verstand in die Busse verfrachtet, und eine Zeitlang sah es so aus, als ob nicht genug Platz für alle da wäre. Mit ein bißchen Umorganisation und Doppelbelegung der Sitze bekamen aber schließlich alle einen Platz. Einige der Frauen, die geglaubt hatten, daß sie nicht fliegen dürften, reisten jetzt offenkundig doch mit. Es war großartig, daß wir alle gemeinsam nach Hause kamen.

Als wir losfuhren, sah es so aus, als ob wir in Richtung der Anlage zurückkehrten. Unwillkürlich dachte ich an Derek und fragte mich wieder einmal, was die Zukunft uns beiden bringen würde. Nach der Ankunft am Flughafen wurden wir angewiesen, auf unseren Plätzen sitzen zu bleiben. Offensichtlich sollten die Busse nacheinander entladen werden, und dies war wirklich eine heikle Angelegenheit. Es war noch immer sehr heiß, Klimaanlagen in den Fahrzeugen gab es nicht, und nach wenigen Minuten waren alle in Schweiß gebadet.

Schließlich bekamen wir die Erlaubnis, uns aus dem überfüllten Bus zu quetschen. Dankbar traten wir in die relative Kühle des Terminals. Ein Angehöriger der britischen Botschaft wartete auf uns und erkundigte sich, ob wir in England abgeholt würden. Ich antwortete, daß ich dies nicht wüßte, aber wohl davon ausgehen könnte, wenn unsere Angehörigen von unserer Rückkehr verständigt würden. Danach reihten wir uns in einer Schlange ein, um die Abfertigungsprozedur hinter uns zu bringen. Mit der ganzen irakischen Bürokratie befrachtet, wie sie war, dauerte sie Ewigkeiten. Während wir warteten, erkannten die Flughafenangestellten Stuart von seinem Fernsehauftritt wieder und fingen an, seinen Namen zu rufen und ihm zuzuwinken.

Langsam bewegte sich die Schlange zur Gepäckkontrolle. Ich hatte keine Ahnung, warum alles so lange dauerte, da doch die meisten von uns kaum etwas zu verzollen hatten. Inzwischen waren Fernsehkameras und Reporter aus dem Nichts aufgetaucht und befragten die Jungs und mich. Sie schienen jedoch großes Verständnis dafür zu haben, daß wir nichts sagen wollten. Dann trat ein Team von ITN auf uns zu und ließ uns wissen, daß meine Schwester Judy und ihr Mann Phil in Heathrow auf uns warten würden. Ich war darüber so erfreut, daß ich einwilligte, ihnen ein kurzes Interview über unsere Gefühle bei der Heimkehr zu geben. Nach ein paar Minuten ließen sie uns in Frieden, so daß wir das nächste Hindernis ansteuern konnten.

Dieses entpuppte sich als die gewohnte Marathonsitzung, bei der Formulare ausgefüllt wurden. Dann mußten wir uns erneut anstellen, um die verdammten Dinger wieder abzugeben. Schließlich wartete noch eine weitere Schlange, um sich einer Leibesvisitation zu unterziehen, die uns jedoch erspart blieb, weil zwei Wächter Stuart erkannten und uns sagten, daß wir gleich zur Abflughalle durchgehen könnten. Als wir dort ankamen, kaufte ich den Jungs einige Süßigkeiten und Getränke für den Flug und setzte mich dann zu einer Unterhaltung mit Pat hin. Die Jungs wanderten währenddessen umher und sahen sich die Flughafenläden an.

Craig war sehr verschlossen und offenkundig bekümmert und durcheinander. Ich wußte, wie er sich fühlte, denn unsere Abreise, das heißt die damit verbundene Trennung von Derek, hatte die widersprüchlichsten Empfindungen in uns hervorgerufen. Es war entsetzlich, einerseits nach Hause zu gehen, aber denjenigen, den man über alles liebte, einer gefährlichen und ungewissen Zukunft überlassen zu müssen.

Mittlerweile hatten die meisten Leute die scheinbar endlosen Formalitäten hinter sich gebracht, und die Abflughalle füllte sich schnell. Wir hatten auch Gesellschaft von den Wächtern aus dem Hotel bekommen. Mehrere der uniformierten Gestalten mischten sich unter uns und beobachteten jede unserer Bewegungen aus allernächster Nähe. Außerdem entdeckten wir noch einen Überraschungsfluggast, denn plötzlich tauchte unser freundlicher Wächter auf, mit einer gelben Bordkarte in der Brusttasche. Ich fragte ihn, was das bedeutete, und er antwortete, daß er mit uns fliegen und eine ganze Woche in London bleiben würde. Er freute sich sehr, daß er im Begriff war, diesen alten Traum zu verwirklichen. Das war etwas ganz Besonderes, was der durchschnittliche Iraker niemals erlebt, und so freute ich mich mit ihm. Wieder einmal hatte er eine verläßliche Information – wir erfuhren, daß wir direkt nach London fliegen und nicht den Umweg über Jordanien machen würden. Wir werden nie erfahren, ob er den Befehl, uns zu begleiten, rein zufällig erhalten hatte oder eigenen Bemühungen verdankte, aber ich sah ihn später an Bord, und er lächelte.

Nachdem wir eine Ewigkeit gewartet hatten, wurden wir aufgefordert, uns in eine andere Halle zu begeben. Wir glaubten, nun endlich zum Flugzeug gehen zu können, aber wir mußten uns wieder setzen und weiter warten. Inzwischen war es fast achtzehn Uhr – der Zeitpunkt, zu dem wir planmäßig abfliegen sollten –, aber es gab noch immer keine Anzeichen dafür, daß es losging, und als Stunde auf Stunde verstrich, fingen alle langsam an, nervös zu werden. War in letzter Minute eine Komplikation eingetreten, die unseren Abflug verhinderte? Handelte es sich um ein letztes, grausames Täuschungsmanöver? Wir glaubten es nicht. Doch während wir in der Halle saßen und darauf warteten, das Flugzeug besteigen zu können, wurde die Atmosphäre wieder sehr gespannt. Wir sahen es draußen auf der Startbahn für uns bereitstehen.

Ein Regierungsbeamter machte die Runde und gab Postfachnummern aus, so daß alle Frauen eine Adresse hatten, wenn sie ihren Männern schreiben wollten, und schließlich begann sich in der Menge ein Gerücht über die Gründe für die Verzögerung auszubreiten. Offenbar warteten wir darauf, daß Senator Jesse Jacksons Maschine aus Kuwait eintraf. Niemand von uns wußte, daß er sich überhaupt im Mittleren Osten aufhielt, und wir vermochten auch nicht zu erkennen, was er mit uns zu tun hatte. Erst später erfuhren wir, daß er sich persönlich engagiert hatte, um einige Geiseln zu befreien, und nach Kuwait geflogen war, um noch Menschen herauszuholen, die zurückgelassen werden sollten.

Inzwischen fingen die Kinder an, sich unbehaglich und elend zu fühlen, denn seit dem Mittagessen hatten wir alle nichts mehr zu essen und – was schlimmer war – zu trinken. Wir mußten uns erst heftig bei den Wächtern beschweren, bevor wir tatsächlich eine Bordmahlzeit erhielten. Sie war nichts Besonderes, aber wir hatten Hunger, und sie war uns mehr als willkommen.

Nachdem wir rund acht Stunden im Flughafengebäude herumgesessen hatten, begannen die Wächter um Mitternacht damit, die Namen von Personen aufzurufen, die an Bord gehen konnten. Sie gingen ihre Liste nach den einzelnen Nationalitäten durch. Aufgrund der internationalen Lage waren die Amerikaner und Briten die letzten, die aufgerufen wurden.

Es dauerte Ewigkeiten, bis alle das System durchlaufen hatten. Plötzlich wurde es Pats ältestem Sohn Gary schlecht – er sah wirklich erbärmlich aus. Wir schafften ihn ins Flugzeug und wickelten ihn in eine Decke ein. Dann konnten wir nur noch hoffen, daß er den Flug nach England überstand.

Wir hatten uns schon auf unseren Sitzen angeschnallt, als in letzter Minute auch Jesse Jackson in die Maschine stieg, mit seinen Wächtern im Schlepptau den Mittelgang abschritt und allen zuwinkte. Er ging mit seinem

Gefolge nach oben, um in der ersten Klasse Platz zu nehmen. Die Maschine rollte auf die Startbahn und blieb einige Augenblicke lang bebend und mit dröhnenden Triebwerken stehen. Der Pilot gab die Bremsen frei, der riesige Jumbo machte einen Satz nach vorne und beschleunigte. Als er endlich vom Boden abhob, brach sich von der ersten bis zur letzten Reihe ein gewaltiger Schrei der Erleichterung Bahn, und alle fingen an zu klatschen.

Ich saß mit meinen Kindern neben mir wie angewurzelt auf meinem Sitz, während mir die Tränen über das Gesicht strömten. Craig war ebenfalls ganz durcheinander, und Stuart, der völlig erschöpft war, starrte nur aus dem Fenster. Die vergangenen vier sehr glücklichen Jahre, die wir in Kuwait verbracht hatten, huschten durch mein Bewußtsein. Sie gehörten zu den besten Abschnitten meines Lebens. Ich hatte meinen einen Sohn von einem kleinen Jungen zu einem Jugendlichen und den anderen von einem Baby zu einem Jungen heranwachsen sehen, unter wundervollen, idyllischen, opulenten Lebensbedingungen und umgeben von Freunden. Ich konnte kaum glauben, daß es so enden sollte und wir beinahe verarmt und ohne das liebste und wichtigste Mitglied unserer Familie nach Hause zurückkehrten.

In diesem Augenblick wurde der Schmerz in meinem Herzen fast unerträglich, und etwas starb in mir. Ich wußte, daß es erst wieder leben würde, wenn Derek sicher und gesund zu uns zurückkehrte, aber in meinem tiefsten Inneren fürchtete ich, daß dies nie geschehen würde.

Freiheit

Sonntag, 2. September
Der Augenblick, als wir mit dem irakischen Jumbo, der uns von Bagdad nach Hause brachte, zum erstenmal englischen Boden überflogen, verlor sich in der dunklen Verschwommenheit eines kalten Herbstmorgens.

Die Südküste glitt ungesehen fast zehntausend Meter unter uns dahin, aber der Kapitän gab über das Bordmikrophon bekannt, daß wir es tatsächlich geschafft hatten. Endlich löste sich die Spannung im Flugzeug, und die Passagiere brachen in Jubelrufe aus. Ich hätte mich wohl mit den anderen freuen sollen, aber dieser unglaubliche Moment, auf den wir so lange gewartet hatten, rief in mir im Grunde nur eine seltsame Mischung aus Erleichterung, Ernüchterung und äußerster Traurigkeit hervor. Natürlich war ich erleichtert, weil meine Söhne wieder sicher in ihrem Heimatland waren, und wußte, daß ich das Richtige für sie tat. Mein Herz aber war noch in Gefangenschaft bei Derek, denn eigentlich hätte ich bei ihm bleiben wollen. Unsere Familie war auseinandergerissen worden, und mir kamen die Tränen, wenn ich daran dachte.

Der fünfstündige Flug war mehr oder weniger ereignislos verlaufen. Craig und Stuart hatten die meiste Zeit geschlafen, während ich vergeblich versuchte, meine aufgewühlten Gefühle zu ordnen. Um mich herum tauschten die Familien aufgeregt Klatschgeschichten aus, und aus dem Hintergrund drang zu mir die Geschichte von einer Amerikanerin, die sich versteckt hatte, als wir übrigen vom International Hotel in Kuwait nach Bagdad verlegt wurden. Doch bevor sie das Hotel verlassen konnte, quartierte die irakische Armee zweihundert Soldaten dort ein. Sie hielt sich in ihrem Zimmer verborgen und überlebte durch das Essen, das ihr das getreue Hotelpersonal heimlich brachte.

Als die Frauen und Kinder freigelassen wurden, war ihre Lage überaus prikär, denn in den Protokollen der Iraker wurde sie nicht geführt. Erst als sich Jesse Jackson für sie einsetzte und um ihre Freiheit kämpfte, konnte auch sie den Irak verlassen. Etwa eine halbe Stunde, bevor wir Paris überflogen, teilte mir ein irakischer Steward mit, daß Senator Jackson im vorderen Teil des Flugzeugs säße und mit uns sprechen wollte. Wir gingen zu ihm und erfuhren jetzt endlich, welches Echo Stuarts Fernsehauftritt mit Saddam Hussein in der ganzen Welt gehabt hatte. Die Leibwächter des Senators erzählten uns, daß Stuart, ohne es zu ahnen, ganz Amerika erobert hatte und sehr populär geworden war. Deshalb wollte ihn die amerikanische Delegation kennenlernen. Senator Jackson war sehr freundlich und lud uns ein, bei ihm in der ersten Klasse Platz zu nehmen. Wir blieben jedoch bei unserer Gruppe im Hauptteil des Flugzeuges, denn wir alle hatten so viel durchgemacht, daß wir bis zum Ende zusammensein wollten.

So fragte mich Senator Jackson, ob er sich mit Stuart

unterhalten und seine Assistenten das Gespräch mit Video aufzeichnen dürften, und gegen bessere Einsicht erklärte ich mich einverstanden. Er nahm Stuart auf seinen Schoß und stellte ihm Fragen über das Interview mit Saddam Hussein, die er noch gar nicht verstand. Doch Stuart schien ihn zu mögen und fing an, von unserer Gefangenschaft und unserem Tagesablauf im Kuwait International Hotel zu plappern. Er ließ das Ganze wie ein Ferienlager erscheinen, und Senator Jackson, der annahm, daß Stuart von dem Hotel in Bagdad redete, war völlig verwirrt. Wir kehrten zu unseren Plätzen zurück und dachten, daß wir nie wieder etwas von Senator Jackson sehen oder hören würden, aber wir hatten nicht mit dem Instinkt des Politikers gerechnet, der die Medien für seine Zwecke benutzte und aus jeder sich bietenden Gelegenheit noch das letzte Quentchen Publicity herausquetschte.

Schließlich landeten wir in Heathrow. Was uns am meisten verblüffte, waren die grellen Blitzlichter der Pressephotografen. Dicht aneinandergedrängt standen sie wie eine Meute auf der Rollbahn und machten Dutzende von Bildern von dem Flugzeug, aus dessen Fenstern wir blickten. Wir reihten uns in die Schlange ein, um das Flugzeug zu verlassen, doch noch bevor wir den Boden betraten, tauchte Senator Jackson wie aus dem Nichts auf. Er riß Stuart hoch, ergriff meinen Arm und steuerte uns auf die Fotografen zu, die offenbar schon vorher von seinen Assistenten instruiert worden waren. Statt in aller Ruhe mein Heimatland betreten zu können, wurde ich förmlich hineingezerrt und streckte immer wieder die Hand nach Craig aus, weil ich fürchtete, er würde in dem

Gewühl verlorengehen. Von Anfang an ignorierten ihn die Medien vollständig, wie wir in den kommenden Monaten noch bei vielen anderen Gelegenheiten immer wieder feststellen konnten. Dort auf der Rollbahn veranstaltete Senator Jackson aus dem Stegreif eine Pressekonferenz, und während die Fotografen Bild um Bild von uns schossen, brüllte er Stuart immer wieder Anweisungen zu: »Lächle, Stuart! Stuart, sieh da hin!«

Wir waren vollständig gelähmt, und sein Verhalten setzte mich in große Verlegenheit. Mit der Geiselhaft in Kuwait hatte ein furchtbarer Alptraum begonnen, er war noch immer nicht zu Ende, und es gab nichts, was ich tun konnte, um endlich aufzuwachen.

Unsere Freunde waren inzwischen schon in den Flughafenbus gestiegen, der uns zum Ankunftsterminal bringen sollte. Ich hätte es nicht richtig gefunden, daß sie nach allem, was sie durchgemacht hatten, noch länger warten mußten. Der einzige Wunsch, den wir alle hatten, war, unsere Angehörigen wiederzusehen. Schließlich ließ uns Senator Jackson los und brachte uns zum Bus. Er bat noch um unsere Adresse, damit er uns eine Kopie des Videos schicken könnte, das im Flugzeug gemacht worden war. Ohne zu überlegen, gab ich sie ihm und war danach wütend über mich selbst, aber wir haben seitdem nie wieder etwas von ihm gehört.

Senator Jackson wurde von den Zeitungen, die er zu benutzen versuchte, heftig für seine Rücksichtslosigkeit kritisiert. Lange habe ich seither über meine Empfindungen ihm gegenüber nachgedacht. Er hat versucht, aus unserer Heimkehr Publicity für sich herauszuschlagen und uns auf eine schwere Geduldsprobe gestellt, die uns die letzten Nerven kostete. Vor allem aber hat er meinen kleinen Sohn genauso zu Propagandazwecken eingesetzt, wie es Saddam Hussein getan hatte.

Ich kann ihm jedoch verzeihen, weil ich glaube, daß er sich aus aufrichtigen Beweggründen um unsere Freilassung bemüht hat. Als mächtiger Politiker konnte er es nicht über sich bringen, die Gelegenheit, Publicity zu erringen, ungenutzt vorübergehen zu lassen. Er war aber der erste Politiker, der sich persönlich in die Geiselkrise einschaltete, und er hätte durchaus seine politische Karriere dabei aufs Spiel setzen können. Ohne zu zögern nahm er die Mühe auf sich, von Bagdad nach Kuwait zu fliegen, um kranke Geiseln zu retten. Wieviel einfacher wäre es gewesen, sie schlicht zu vergessen! Und er kämpfte für die Freilassung der amerikanischen Frau, die sich im International Hotel versteckt hatte. Gleichgültig, wieviel Kritik an ihm geübt wird – er nahm viele Schwierigkeiten auf sich, um Menschen aus dem Irak herauszuholen, und dafür werde ich ihn immer respektieren.

Wir erreichten den Terminal und stürmten mit banger Erwartung in die Flughafenhalle, um endlich, endlich unsere Verwandten wiederzusehen. Wohin man auch blickte, sah man Gruppen von Menschen, die einander heftig umarmten und in Tränen ausbrachen. Ein ITN-Kamerateam hatte mir in Bagdad gesagt, daß meine Schwester Judy und ihr Mann Phil auf uns warten würden. Wir flogen einander geradezu in die Arme, als wir uns in der Menge entdeckten.

»Ich hätte nicht gedacht, daß ich euch jemals wiedersehe«, sagte Judy immer wieder und schluchzte aufs neue. Und Phil, der normalerweise viel und gern redete, war ausnahmsweise stumm. Ich hatte ihn noch nie so erlebt, aber beide weinten aus tiefstem Herzen. Um die Anspannung zu mildern, holte einer der beiden – ich kann mich nicht erinnern, wer – plötzlich Imbisse und Getränke hervor, die sie für den Fall, daß wir hungrig waren, in der Flughafencafeteria gekauft hatten. Im Augenblick ihres schwindelerregenden Hochgefühls schienen sie nach nahezu allem Eßbaren gegriffen zu haben, was in dem Lokal zu finden war. Es sah bizarr und gleichzeitig komisch aus. Da befanden wir uns also in einem Überschwang von Gefühlen, wie ich sie noch nie zuvor erlebt hatte, umarmten einander weinend und waren dabei von ganzen Sandwichbergen umgeben.

Gefühlsausbrüche und Schlafmangel hatten mich erschöpft, aber ich mußte nun etwas tun, wovor ich mich während der ganzen Heimreise gefürchtet hatte – ich mußte fragen, wie es meiner Mutter ging. Sie war nicht mehr jung und litt seit zehn Jahren an Herzbeschwerden. Ich hatte mir Sorgen um ihre Gesundheit gemacht. Der Schock zu hören, daß wir im Irak festgehalten und in das Kriegsgeschehen gezogen wurden, hätte ihr irreparable Schäden zufügen können. Innerlich habe ich oft mit der Möglichkeit ihres Todes gerechnet. Glücklicherweise lebte sie noch, als wir zurückkehrten; allerdings war sie krank und lag seit einer Ewigkeit im Krankenhaus.

Während ich diese Neuigkeit verarbeitete, ging der Lärm, den wir alle mit unserem Lachen und Weinen verursachten, unvermindert weiter. Meine Freundin Pat stand ganz in der Nähe, ergriff meinen Arm und stellte mich ihrer Mutter vor.

»Das ist Glenda«, sagte sie zu ihr. »Ohne sie hätte ich das alles nicht durchgestanden.«

Die gute Pat. Sie ging so großzügig mit ihrem Lob und ihrer Freundschaft um, und dabei hatte es doch viele Augenblicke gegeben, in denen ich auf ihre Unterstützung angewiesen gewesen war. Außerdem hatte sie gegenwärtig viel mehr Grund zur Sorge als ich. Ihr Sohn Gary war im Flugzeug sehr krank geworden. Er hatte die Ruhr bekommen und befand sich bereits auf dem Weg ins Krankenhaus.

So problematisch unsere Ankunft auch war – das Flughafenpersonal in Heathrow wurde großartig damit fertig und scheute keine Mühe, um uns willkommen zu heißen. Essen und Trinken standen für den Bedarfsfall bereit, und die erforderlichen Einreiseformalitäten gingen so schnell wie möglich über die Bühne. Die Kinder bekamen kleine Geschenke, damit sie den Verlust ihrer Lieblingssachen, die sie gezwungenermaßen in Kuwait zurücklassen mußten, leichter vergaßen. Stuart hielt einen Harry-Heathrow-Teddybär und einen Beutel mit vielen Malbüchern und Buntstiften in Händen. Auch die Presse wurde während der Wiedervereinigung mit unseren Angehörigen auf Distanz gehalten. Erst allmählich bemerkten wir, wie unglaublich schäbig wir mit den wenigen Kleidungsstücken aussahen, die wir besaßen. Durch die Gegenwart unserer korrekt gekleideten Angehörigen und des Flug- und Bodenpersonals in seinen adretten Uniformen sahen wir noch abgerissener aus. Es war uns unangenehm und peinlich. Wir kamen uns vor wie eine Familie, die im Urlaub mit T-Shirt und Badeanzug vom Strand ins Hotel zurückkehrt und in eine Hochzeitsfeier gerät, bei der alle Gäste Zylinder und schwarze Anzüge tragen.

Schließlich wurde es Zeit für den letzten Teil unserer Heimreise, und das Flughafenpersonal bemühte sich, den Ansturm der wartenden Reporter und Fotografen so gut es ging, abzufangen. Ein zweiter Bus wurde bereitgestellt, und so gelangten wir auf den Parkplatz, auf dem die Wagen unserer Angehörigen standen. Als wir aus dem Bus stiegen, erkannten die Fotografen Stuart und riefen seinen Namen. Er drehte sich um, lächelte und winkte ihnen zu. Er posierte richtig für sie, und am nächsten Tag war sein Bild auf den Titelseiten sämtlicher Zeitungen im Lande. Jemand fragte mich, ob ich mir im klaren darüber sei, welche Popularität Stuart in Großbritannien genoß und wie viele Probleme ich in Zukunft noch mit der Presse haben würde. Ich wußte noch nicht, was in den nächsten Wochen auf uns zukam.

Endlich saßen wir alle sicher im Wagen, und die Jungs streckten sich zum Schlafen aus. So traten wir die letzten hundertfünfzig Kilometer unserer langen Reise zu unserem Heim nach Worcester an. Da wir nun endlich ungestört sprechen konnten, fragte ich nach den Auswirkungen des Interviews, Stuart und Saddam Hussein, das im britischen Fernsehen gezeigt worden war. Durch ihre Rede begann ich langsam die gewaltige Popularität meines Sohnes zu begreifen. In der Nacht, als der Film zum ersten Mal in Großbritannien ausgestrahlt wurde, kamen Judy und Phil gerade von ihrem Sommerurlaub auf den Kanarischen Inseln zurück. Sie schalteten den Fernseher an und sahen mit Verblüffung ihren Neffen, der dem iranischen Präsidenten die kalte Schulter zeigte. Niemand kannte den tapferen kleinen Kerl, aber er wurde von unserem Nachbarn in Worcester erkannt, und der wiederum setzte sich am nächsten Morgen mit dem lokalen BBC-Sender in Verbindung. Da die BBC über ein Netzsystem verfügt, das es allen ihren Stationen in der Welt ermöglicht, sich in die jeweiligen Nachrichtensendungen der anderen einzuschalten, wurde Stuarts Name in kaum mehr als einer Stunde zu einem weltweiten Begriff.

Judy und Phil fragten mich dann, wie es Derek ging, aber jedesmal, wenn ich über ihn reden wollte, brach ich in Tränen aus. Während der Wagen über die Auto- und Landstraßen in Richtung der Midlands fuhr, weinten wir, und es war ein Wunder, daß die Jungs durch den Lärm nicht aufwachten. Judy und Phil mochten Derek sehr und gaben mir während der ganzen Zeit, in der er nicht bei mir war, ihre völlige Unterstützung. Sie bereiteten mich auch darauf vor, daß die Presse in absehbarer Zukunft praktisch vor meiner Haustür kampieren würde, und wirklich wartete, als wir ihr Haus erreichten, bereits eine kleine Gruppe, um uns willkommen zu heißen. Sie war höflich, und ich war es auch. Nachdem ich ihnen versprochen hatte, etwas später mit ihnen zu reden, gelang es uns, ins Haus zu flüchten.

Hayley war da, meine Nichte, die uns einmal in Kuwait besucht hatte, und auch die beiden jüngeren Kinder Phils und Judys warteten auf uns. Vor allem aber war meine Mutter gekommen. Sie hatte für diesen einen Tag das Krankenhaus verlassen dürfen. Es war ihr dreiundsiebzigster Geburtstag, und so hatten wir einen weiteren Anlaß zur Wiedersehensfreude, aber sie wurde gedämpft durch die kritische Situation, der wir entflohen waren. Wegen ihrer angegriffenen Gesundheit hatte Judy die Ernsthaftigkeit der Lage in Kuwait heruntergespielt, und meine Mutter glaubte sogar, daß Derek aus freien Stücken noch dort geblieben war.

Erst nachdem ich etwas später geduscht und meine Haare gewaschen hatte, kam ich langsam zur Ruhe. Craig war völlig erschöpft, während sich bei Stuart plötzlich einige Lebensgeister regten, als er seinen gleichaltrigen Cousin Grant wiedersah. Ich rief Dereks Mutter in ihrem Haus in Huddersfield an. Auch sie hatte Probleme mit der Presse, obwohl der Himmel wissen mochte, wie die Reporter an ihre Adresse gekommen waren. Sie warteten dort seit zwei Tagen, aber sie überlistete sie schließlich, indem sie durch die Hintertür zu ihren Nachbarn schlüpfte, so daß sie vor dem falschen Haus warteten.

Das Telefon hörte nicht auf zu klingeln. Die Anrufe kamen von Verwandten und Freunden oder von irgendwelchen schrecklichen Zeitungen. Während eines Telefonats mit Dereks jüngerem Bruder Kevin brach ich völlig zusammen, und von da an nahm Phil alle Anrufe für mich entgegen. Er kümmerte sich auch um die Reporter vor seinem Haus und meisterte alles ganz großartig. Um die Wahrheit zu sagen – ich glaube, daß er sogar Gefallen an der dramatischen Situation fand, weil sie seine Gedanken von Dereks Notlage ablenkte. Die Gruppe vor der Tür wurde immer größer, weil Reporter von Zeitungen des Landes eintrafen. Wir mußten sehr lachen, als Phil sagte, er hätte den Lieferwagen seiner Bedachungsfirma draußen hinstellen sollen – die vielen Fotografen könnten wunderbare Gratiswerbung für ihn machen. Schließlich ließ ich mich davon überzeugen, daß die Reporter vielleicht gehen würden, wenn ich ihnen ein Interview gab. Trotz rasender Kopfschmerzen stellte ich mich also mit Craig und Stuart in den Hauseingang, während sie einen Halbkreis um uns bildeten, Fotos machten und Fragen auf uns abfeuerten. Mehr oder weniger wollten sie alles wissen – was ich davon hielt, daß Saddam Hussein Stuart in dem Fernsehfilm benutzt hatte, wie wir unsere Rückkehr feiern würden und was es zum Mittagessen gäbe. Ich paßte bei allem, was ich über das Geschehen im Irak sagte, sehr auf, denn ich befürchtete, daß jede Bemerkung in Bagdad registriert werden und Dereks Sicherheit von meinen Worten abhängen könnte.

Das Interview dauerte nur fünf Minuten, und die Reporter gaben sich zufrieden, als ich es beendete. Sie gingen alle, aber später am Nachmittag kehrten einige von ihnen zurück. Dies war ein Muster, das sich ständig wiederholte, und so wurden wir fast drei Tage lang belagert. Ich hatte den Hausarrest in einer Diktatur gegen den Hausarrest in einer Demokratie eingetauscht, und es gab alarmierende Ähnlichkeiten. Jedesmal, wenn ich ans Fenster trat, waren sie da, und einige der Fotografen schlichen sich sogar seitlich an Judys und Phils Grundstück heran und versuchten Bilder von Stuart und Grant zu schießen, die im Garten spielten. Ich weiß, daß sie nur ihrem Job nachgingen, und ich habe immer versucht, fair und kooperativ zu ihnen zu sein, aber Geduld hat auch ihre Grenzen.

Ich ging früh zu Bett und versuchte, etwas bitter benötigten Schlaf zu finden, aber ich weinte nur. Judy kam zu mir ins Zimmer und setzte sich an mein Bett. Wir führten ein inniges Gespräch über alles, was passiert war und noch passieren konnte. Trotz aller Ungewißheit wußte ich bereits, daß wir niemals in die Anonymität unseres Familienlebens zurückkehren könnten, die bisher eine Selbstverständlichkeit gewesen war.

Wegen einer dreiminütigen Videoaufnahme war Stuart jetzt eine internationale Berühmtheit und würde für immer damit leben müssen.

Dienstag, 4. September

Heute erlebte ich den ersten Tag wirklicher Freiheit, denn es gelang mir endlich, die Presse abzuschütteln. Am Morgen hielten sich noch immer einige Reporter vor Judys und Phils Haus auf, aber als der Redaktionsschluß der Abendzeitung vorüber war, ohne daß sich einer von uns gezeigt hatte, um ein weiteres Interview zu geben, brachen sie ihre Zelte ab und gingen. Meine Mutter war für einen weiteren Monat zur Behandlung ins Krankenhaus zurückgekehrt, und als die Luft rein war, zogen wir in ihr Haus, das ganz in der Nähe liegt. Unser eigenes Zuhause, das nur anderthalb Kilometer von dem Judys entfernt ist, hatten wir für die Zeit, die wir in Kuwait lebten, vermietet. Wir konnten dort noch nicht wohnen, weil der Mietvertrag erst in knapp zwei Monaten endete.

Am gestrigen Tag war wenig Bemerkenswertes passiert, abgesehen davon, daß wir eine Einladung in die Talkshow Terry Wogans abgelehnt hatten, in der wir als ganze Familie auftreten sollten. Später aber war Craig sehr enttäuscht, daß er nicht teilgenommen hatte. Als er den Fernseher einschaltete, sah er, daß der andere Gast, der in der Show auftrat, der englische Fußballspieler Paul Gascoigne war. Er hätte ihn liebend gerne kennengelernt, obwohl ihm an einem Interview über unsere Erlebnisse im Irak nichts lag. Craigs und Stuarts Reaktion auf das britische Fernsehen war aufschlußreich. Sie hatten sich an die Eintönigkeit der irakischen Programme gewöhnt, zweistündige Filme über Kinder, die auf der Straße tanzten und Loblieder auf Saddam Hussein und die irakische Sache sangen, waren für sie zur Norm geworden. Jetzt staunten sie über die Vielfältigkeit der Programme in Großbritannien. Auch ich mußte mich erst wieder darauf besinnen, daß der Inhalt der Nachrichtensendungen, die ich jetzt sah, der Wahrheit sehr nahe kam und ich ihnen Glauben schenken durfte.

Wir konnten uns an die Freiheit, die uns umgab, nicht gewöhnen. Wenn wir das Haus verließen oder die Straße hintergingen, hatten wir das Gefühl, daß wir dies nicht tun sollten. Immer wieder warfen wir Blicke über die Schulter und erwarteten insgeheim, daß uns jemand verschleppen und bestrafen könnte, weil wir es gewagt hatten, aus der Reihe zu tanzen. Allein nach draußen zu gehen und die frische Luft einzuatmen, war schon ein Luxus, und wir hatten das Gefühl, daß er uns nicht zustand. Es war eine eigenartige Empfindung. Wir standen neben uns selbst und blickten erstaunt auf diese drei verschüchterten Fremdlinge, die versuchten, sich wieder mit dem normalen Leben vertraut zu machen. Erst seither kann ich nachvollziehen, was es bedeutet, in einem totalitären Staat zu leben und warum die Menschen so mißtrauisch werden.

Nachdem wir uns im Haus meiner Mutter eingerichtet hatten, gingen wir in der Stadt zur Bank, um die Familienfinanzen zu klären. Außerdem mußten wir unseren Kleiderbestand aufstocken. Schon allein Geld in der Tasche zu haben, in irgendeinen Laden gehen und alles kaufen zu können, was wir haben wollten, war wundervoll. Nur ein Mensch, dem so die Freiheit beschnitten worden ist wie uns, wird verstehen, daß man sich darüber freuen kann, seine Kinder Süßigkeiten, Cracker und Limonade kaufen zu sehen. Stuart konnte kaum glauben, daß wir wieder Limonade trinken durften. Craig war gelassener. Sicherlich teilte er meine eigene kindhafte Freude bei der Wiederentdeckung dieser einfachen Vergnügen, aber seit Derek und die anderen Männer aus unserer Wohnanlage in Kuwait weggebracht worden waren, hatte er sich wie ein Erwachsener verhalten. Und jetzt, da ich einen Mann brauchte, der mir half, die Familieneinheit zu bewahren, übernahm er seine Rolle ohne zu klagen.

Unser erster Besuch galt der Bank, damit wir wieder Geld abheben und unser Konto in Ordnung bringen konnten. Ich war psychisch noch immer anfällig, aber das Bankpersonal war großartig und überschlug sich geradezu damit, alles so leicht wie möglich zu machen. Dann spazierten wir durch das Stadtzentrum, und als wir einen Zeitschriftenladen betraten, sahen wir zu unserer Verblüffung auf allen Zeitungen Stuarts Kopf abgebildet. Sie brachten noch immer dieses Foto von ihm, auf dem er in Heathrow lächelte und winkte, und wir kauften alle Zeitungen, die in den Regalen lagen.

Dann kauften wir neue Kleidung. Ich ertappte mich dabei, daß ich beim Geldausgeben äußerst vorsichtig war. Ohne weiteres hätten wir leichtsinnig werden und alles kaufen können, was wir brauchten oder auch nicht, aber wir taten nichts dergleichen. Dieser eine Monat der Entbehrungen hatte in uns das instinktive Gefühl hinterlassen, daß wir für die Zukunft sparen und uns nur die wesentlichsten Dinge anschaffen sollten, die uns unmittelbar fehlten. Schließlich kaufte ich für die beiden Jungs Socken, Unterwäsche und etwas Oberbekleidung. Alles weitere wollte ich ein andermal besorgen.

Inzwischen hatte sich ein neues Problem ergeben. Wir wurden von ganz normalen Passanten erkannt. Völlig Fremde streichelten Stuart den Kopf und segneten ihn oder sie hielten uns an, wünschten uns viel Glück und drückten die Hoffnung aus, daß Derek und die anderen Geiseln bald nach Hause kämen. Dies sprach für ihre Anteilnahme, und es war schön zu wissen, wie sehr alle von unserer Misere betroffen waren. Aber fortwährend an Dereks Gefangenschaft erinnert zu werden, verletzte mich auch, und so beschloß ich, unseren Bummel abzukürzen und nach Hause zurückzukehren. Ich war den Medien entkommen, um nun vom Wohlwollen der britischen Öffentlichkeit in Beschlag genommen zu werden. Eins taten wir noch, bevor wir Zuflucht in dem Haus meiner Mutter suchten. Wir machten auf der Rückkehr halt und kauften die guten alten Fish und Chips, nach denen sich die Jungs so gesehnt hatten. Nur einmal in seinem Leben war Stuart in ihren Genuß gekommen, während eines Urlaubs, den wir in Zypern und England verbracht hatten.

Nachdem Stuart ins Bett gegangen war, war Craig sehr schweigsam. Der Verlust seines Vaters hat ihn schwer getroffen und so setzte ich mich zu ihm, um mit ihm zu reden. Er blickte immer wieder auf seine Uhr, rechnete den Zeitunterschied zwischen Großbritannien und dem Irak aus und stellte sich vor, was die Geiseln zu dieser Tageszeit tun würden. Es brachte ihm Derek irgendwie näher. Ich bemühte mich, Craig zu versichern, daß alles gut werde. Es war der erste von vielen Abenden, an denen ich nicht nur ihn, sondern auch mich selbst belog. Ich konnte nur weitermachen, wenn ich mich selbst davon überzeugte, daß Derek überleben und letzten Endes nach Hause kommen würde, aber wenn ich jetzt, da meine ganze Familie wieder zusammen ist, ganz ehrlich darüber nachdenke, muß ich zugeben, daß seine Freilassung und Heimkehr an ein Wunder grenzt. Bis heute bin ich nicht dahintergekommen, warum Saddam Hussein schließlich die Entscheidung getroffen hat, allen männlichen Geiseln die Freiheit zurückzugeben.

Mittwoch, 5. September

Ich schulte Stuart in seiner ersten britischen Schule ein, es war ein bedeutender Tag in seinem Leben. Der tapfere Held, der einem Diktator Widerstand geleistet hatte, war plötzlich nur ein kleiner Junge unter vielen anderen und fragte sich bange, was ihm die Zukunft in einer fremdartigen neuen Umgebung bringen würde. Er war schweigsam und schüchtern, als er über die größte und einsamste Herausforderung nachdachte, der sich jedes Kind gegenübersieht: den ersten Schultag, umgeben vom selbstbewußten Ungestüm älterer Kinder, die schon festen Fuß gefaßt haben und sich ganz wie zu Hause fühlen. Die Schulleiterin Miss Probert hatte schon viele andere Kinder in der gleichen Situation erlebt und war sich der außerordentlichen Erlebnisse bewußt, die Stuart gerade hinter sich hatte. Sie wußte, wie sie ihm die Ängstlichkeit nehmen konnte, nannte uns die Details der Schuluniform, die er brauchen würde, und sagte, daß er anfangen könne, wann er wollte. Dann brachte sie ihn zu Mrs. Gough, seiner Klassenlehrerin, die ebenfalls sehr nett zu ihm war.

Als nächstes gingen wir zu der höheren Schule, die Craig besuchen sollte, stießen hier jedoch auf Schwierigkeiten. Das Haus meiner Mutter, in dem wir wohnten, liegt nicht im Einzugsbereich der Schule, und der Direktor hatte deshalb Zweifel, ob sie ihn aufnehmen könnten. Er änderte jedoch seine Meinung als ich erklärte, daß wir bald näher an die Schule heranziehen würden, wenn der Mieter unser eigenes Haus frei machte. Trotzdem mußte er das Schulamt benachrichtigen, um die amtliche Genehmigung für Craigs Aufnahme zu erhalten.

Craig war trotzdem alles andere als glücklich, denn er war aus Kuwait ein anderes Schulsystem gewohnt und wußte nicht so recht, ob er sich dem englischen Schulleben anpassen könnte. Er hatte einige Befürchtungen, weil er sich nicht im klaren darüber war, was ihn erwartete, und abgesehen von seiner Cousine Hayley, die in die Klasse über ihm ging, kannte er in seiner neuen Schule niemanden. Als er hörte, daß Rugby ein Unterrichtsfach war, verlor er seinen letzten Mut. Er hatte noch nie Rugby gespielt und entsprechend Angst, sich zu blamieren. Langsam wurde ich selbst nervös, denn es war offensichtlich, wie unglücklich er sich fühlte. Ich hatte diese Probleme nicht vorausgesehen, weil ich diese Schule als Teenager selbst besucht und sehr geliebt hatte. Deshalb war ich der Ansicht gewesen, daß sie auch Craig gefallen würde. Ich wußte nicht mehr, wie ich ihn mit seiner künftigen Schule versöhnen sollte. Ein altes Gesicht aus meiner eigenen Schulzeit kam uns schließlich zur Hilfe. Wir entdeckten nämlich, daß Craigs Klassenlehrer mein alter Schwimmlehrer war, der die Schwimmstaffel unserer Schule geleitet hatte. Plötzlich war das Eis gebrochen, und Craig verließ die Schule an diesem Morgen erheblich glücklicher, als er sie betreten hatte. Seitdem haben wir keine ernsthaften Probleme mehr gehabt. Er spielt jetzt ohne irgendwelche Befürchtungen Rugby und hat seine eigenen Freunde.

Wir gingen gleich in die Stadt, um die nötigen Uniformen zu kaufen, aber im Schulladen wartete eine neue, bestürzende Überraschung auf uns. Als wir das Geschäft betraten, zuckten wir förmlich zusammen, denn die Verkäuferin brach bei unserem Anblick in Tränen aus. Wir kannten sie nicht, hatten sie nie zuvor in unserem Leben gesehen, aber sie erkannte uns von den Fernsehbildern in den Nachrichten wieder. Sie erzählte, daß der Ehemann ihrer Nichte unter den Geiseln war, die in Bagdad festgehalten wurden. Unser leibhaftiger Anblick war einfach zuviel für sie gewesen. Während wir uns unterhielten, vertraute sie mir an, wie besorgt sie und ihre Nichte waren. Sie stellte mir bange Fragen über die Lebensbedingungen der Gefangenschaft und wollte meine ›Expertenmeinung‹ über den Ausgang des Geiseldramas hören. Natürlich hatte sie die Hoffnung, daß ich an die baldige Heimkehr aller Männer glaubte. Sie war eine weitere Leidensgenossin, der ich nur wenig Trost spenden konnte. Ich war selbst so dringend auf ermutigenden Zuspruch angewiesen, daß ich nicht in der Lage war, ihr die Unterstützung zu geben, die sie brauchte. Als wir das Geschäft verließen, fühlte ich mich ziemlich deprimiert.

Um uns ein bißchen aufzuheitern, beschlossen wir, in der Stadt zu Mittag zu essen, und machten daraus ein erinnerungswürdiges Ereignis! Stuarts erster Hamburger bei MacDonald's. Selbst das ging nicht ohne eine gewisse Verwirrung ab, denn Stuart verwechselte MacDonald's mit einer anderen amerikanischen Fast-Food-Kette, die eine Niederlassung in Kuwait hatte. Deshalb redete er ständig von Hardee's, und keiner wußte, was er überhaupt meinte. Bevor wir nach Hause zurückkehrten, statteten wir noch meiner Mutter einen Besuch im Krankenhaus ab. Sie war in guter Verfassung und machte zufriedenstellende Fortschritte. Als wir wieder zu Hause waren, machten wir es uns für den Abend vor dem Fernseher gemütlich. Die Jungs, die sich langsam von der größten Müdigkeit erholten, staunten noch immer über das große Programmangebot und klebten förmlich am Bildschirm.

Unterdessen hatte Judy weiterhin harte Auseinandersetzungen mit den Reportern durchzustehen. Inzwischen hatten sie gemerkt, daß wir nicht mehr da waren. Ich glaube nicht, daß ich ohne Judy zurechtgekommen wäre. Sie verriet weder unsere neue Adresse noch unsere Telefonnummer, obgleich die Versuchung dazu groß gewesen sein muß, denn ständig wurde ihr eigenes Telefon durch die Anrufe der Journalisten blockiert, die sich nach allen möglichen kleinen Albernheiten erkundigten. Es ist schon ziemlich nervend, den halben Tag Fragen des Niveaus beantworten zu müssen, ob Stuart immer Cornflakes zum Frühstück ißt.

Montag, 10. September

Zum ersten Mal waren meine beiden Söhne heute in der Schule. Ich fühlte mich völlig verloren – allein und voller Sehnsucht nach Derek. Stuarts Unterricht hatte am vergangenen Donnerstag begonnen, und obwohl ihm die Lehrer freigestellt hatten, erst zu kommen, wenn er sich bereit dazu fühlte, war er ganz begierig darauf, seinen Platz in der Klasse einzunehmen. Darüber war ich sehr glücklich. Letzten Endes war der Schulbesuch einer der Hauptgründe für seine Rückkehr nach England gewesen. Je schneller er wieder ein normales Leben aufnahm, desto geringer würde der Schaden sein, den er davontrug. Ein Reporter der lokalen Abendzeitung, den wir bei unserer Ankunft in Heathrow kennengelernt hatten, fragte, ob er ein Bild von Stuart vor der Schule machen könnte, und weil er sehr nett zu uns gewesen war, gab ich widerstrebend meine Einwilligung. Am selben Abend erschien auf der Titelseite ein Foto, das mich vor der Schule mit Stuart zeigte, der krampfhaft sein kleines Eßpaket umklammerte. Ich hatte Mühe, das gehetzte Gesicht der blassen, nervösen Frau zu erkennen, das mich aus der Zeitung anstarrte.

Bis dahin waren meine Tage ausgefüllt mit Gängen durch Worcester. Nach fast vierjähriger Abwesenheit mußte alles wieder in geordnete Bahnen gebracht werden. Vor mehr als zwei Jahren hatte mir Derek während eines Aufenthaltes in England einen alten, rostigen Ford Escord gekauft. Er stand noch immer in der Garage unseres Hauses und mußte nun entmottet und fahrtüchtig gemacht werden. Weiterhin war ich mit dem Ordnen unserer finanziellen Situation beschäftigt. Außerdem galt es den Umzug in unser eigenes Haus vorzubereiten, da der Vertrag unserer Mieter im Oktober ablief. Craig brauchte noch einige Teile seiner Schuluniform, die wir nicht hatten beschaffen können; die Ausrüstungen für Rugby und andere Sportarten, an denen er teilnehmen sollte, waren auch noch nicht komplett, und jede Mutter, die mit ihrer Anschaffung schon einmal zu tun gehabt hat, weiß, daß allein das beinahe ein Ganztagsjob ist.

Da nun Craig und Stuart zur Schule gingen, hatte ich, abgesehen von den morgendlichen Krankenhausbesuchen bei meiner Mutter, viel Zeit. Ich empfand nicht so sehr Langeweile als ein eigenartig leeres Gefühl der Hilflosigkeit und Frustration. Später habe ich festgestellt, daß Derek an den verschiedenen Orten im Irak, wo er gefangengehalten wurde, dieselben Gefühle hatte. Es war eine Existenz, in der jeder Tag in einem alptraumhaften Zustand von Halbtrance verging, ausgefüllt mit der Hoffnung auf ein glorreiches Morgen, das niemals kam. Noch schlimmer war dabei der Verdacht, daß es niemals kommen konnte, weil es gar nicht existierte. Zum ersten Mal ließ ich den Gedanken zu, daß Derek vielleicht niemals wieder nach Hause kam, aber es war eine Überlegung, vor der ich letztlich zurückschreckte, um mich selbst vor dem völligen Zusammenbruch zu schützen. Was wir empfanden, waren die ersten Anzeichen eines Schmerzes, den wir mit wachsender Verzweiflung während der ganzen nächsten drei Monate verspüren sollten. Es sah so aus, als ob die Männer, die während der Gefangenschaft nach wie vor in tödlicher Gefahr schwebten, nach der Heimkehr der Frauen und Kinder völlig in Vergessenheit geraten seien. Denjenigen, die wieder zu Hause waren, wurde jede Menge Unterstützung und Anteilnahme zuteil, aber es folgten keine Taten. Wir verlangten schmerzlich nach irgendeiner politischen Initiative, die unsere Männer zurückbringen würde.

Erst heute begreife ich, daß die Regierung gar nicht in der Lage gewesen wäre, etwas anderes zu tun als das, was sie tat. Der für die westliche Welt befriedigende Ausgang der Krise mit der Rettung aller Geiseln und dem so schnell gewonnenen Golfkrieg, der unter den Alliierten nur wenige Opfer forderte, bestätigt die Regierungspolitik. Aber damals begannen wir Frauen überall im Land Geiselunterstützungsgruppen aufzubauen und hatten kein Verständnis für die scheinbare Indifferenz, mit der die Sicherheit der noch in Gefangenschaft verbliebenen Geiseln behandelt wurde. Es schien fast so, als ob die Regierung bereit war, Derek und die anderen Männer einfach aufzugeben, statt mit Saddam Hussein in Verhandlungen über ihr Schicksal einzutreten.

Als sich die Krise im Mittleren Osten verschärfte und die alliierten Eingreiftruppen in Saudi-Arabien aufmarschierten, wurde es mir zum Zwang, die Nachrichten im Fernsehen zu verfolgen. Selbst Stuart zeigte lebhaftes Interesse, wenn auf dem Bildschirm irgend etwas über den Irak gebracht wurde, obwohl er noch viel zu jung war, um die Bedeutung zu erfassen. Genau wie der World Service der BBC in der Gefangenschaft wurde jetzt der internationale Nachrichtenüberblick zu einer Droge, die ich nicht aufgeben konnte, gleichgültig wie übel sie auch war.

Ich schaltete jeden Abend den Fernseher in der vergeblichen Hoffnung ein, daß Margret Thatcher, die damals noch Premierministerin war, irgendeine versöhnliche Geste im Hinblick auf die Geiseln machen würde. Aber ich wurde an jedem Abend enttäuscht, weil sie ständig mit dem Säbel rasselte und sich der britische Standpunkt immer mehr verhärtete. Die Konsequenzen dieser Politik waren für die Geiseln verheerend. Jedesmal, wenn Mrs. Thatcher eine derartige Rede hielt, wurden die ohnehin kargen Mahlzeiten noch mehr reduziert, und die Geiseln verloren nach und nach die wenigen Privilegien, die sie noch besaßen. Schließlich bestanden Dereks Nahrungsmittelrationen nur noch aus Reis und einem kleinen Stück Ziegenfleisch. Das Fell hing noch in Fetzen daran und es war so voller Maden, daß es sich im wahrsten Sinne des Wortes auf dem Teller bewegte. Selbst die Wächter weigerten sich, solches Fleisch zu essen, aber den Geiseln blieb nichts anderes übrig, weil die einzige andere Alternative das Verhungern war.

Es gibt keinen Zweifel daran, daß die Iraker Mrs. Thatcher mehr als jeden anderen politischen Führer haßten und fürchteten. Man kann durchaus annehmen, daß sie genau wußte, was sie tat, und daß ihre harte Linie letzten Endes zur Freilassung der Geiseln führte. Nur damals war es mir unmöglich, dieses Argument zu verstehen. Das einzige, was ich sah, war, daß Dereks Leben als wertvoller Aktivposten beim Schachern um den Frieden diente. Heute allerdings bin ich stolz darauf, daß meine einzige öffentliche Stellungnahme in dieser Sache zurückhaltende Unterstützung der offiziellen Regierungslinie bekundete.

Da von der Premierministerin keine Hilfe kam, wandte ich mich an eine höhere Autorität. Ich war nie eine regelmäßige Kirchgängerin oder überzeugte Christin gewesen, aber ich betete jede Nacht für ein gutes Ende dieser Hölle auf Erden, die mir das Herz zerriß. Craig betete ebenfalls regelmäßig, und beim Religionsunterricht in der Schule baten Stuart und seine kleinen Freunde Gott, daß er alle Väter bald befreite. Das Gebet an den christlichen Gott war eine neue Erfahrung für ihn, denn er war vorher nur in einen arabischen Kindergarten gegangen. Auch Derek betete im Irak.

Donnerstag, 20 September

Die Jungs schrieben ihre ersten Briefe an Derek. Craig teilte ihm mit, daß ich ihn durch rund zwanzig Millionen Bekleidungsgeschäfte geschleppt hatte, was nicht stimmte, und übermittelte ihm die wichtigsten Fußballergebnisse, an denen Manchester United und Liverpool beteiligt waren. Ich hatte beiden Jungs Meerschweinchen gekauft, weil ich mich mit dem Hund, den sie eigentlich haben wollten, nicht abfinden konnte, und Stuart malte Derek ein Bild mit den beiden Tieren in ihrem Ställchen und schrieb darunter: ›Dad, ich möchte, daß du nach Hause kommst, damit du meine Meerschweinchen sehen kannst, in Liebe, Stuart.‹

Die Briefe wurden Derek einen Monat später zugestellt, und er brachte das Bild über seinem Bett an. Der irakische Zensor konnte an einer Zeichnung von zwei Meerschweinchen nichts Aufwiegelndes finden. Aber ich traue ihm zu, daß er die Briefe nur als emotionales Werkzeug mit der Absicht durchließ, Dereks Willen zu brechen.

Craig tat mir leid, denn wir mußten seinen ersten Briefentwurf zerreißen. Er war bereits fertig gewesen, als ich ihn fragte, ob er die Krankheit meiner Mutter erwähnt hätte. Das wäre nicht gut für Dereks Moral gewesen. Viele Dinge konnten sogar gefährlich für ihn werden, wenn sie der irakische Zensor zu Gesicht bekam. Craig machte ein trauriges Gesicht – es war offenkundig, daß der Brief voll solcher Tabuthemen war, und er riß den bereits zugeklebten Briefumschlag in der Mitte durch.

Derek und ich schrieben uns jeden Tag. Die Mehrheit seiner Briefe erreichte mich – es waren mehr als neunzig, die ich während unserer Trennung von ihm erhielt. Dereks Postsack war nicht so voll, weil nur zwanzig von meinen Briefen bei ihm eingingen. Er konnte sich aber noch glücklich schätzen, denn einige Geiseln bekamen während der ganzen Zeit ihrer Abwesenheit nicht einen einzigen Brief. Es wurde normal, daß erwachsene Männer wie kleine Kinder weinten – einige taten es, weil sie einen Brief aus der Heimat erhalten hatten, andere, weil niemals einer kam.

Am vergangenen Wochenende erhielten wir beide voneinander Post. Derek bekam die Hemden und Hosen, die ich ihm zwei Wochen zuvor vom Mansour Melia

Hotel aus geschickt hatte, während bei mir gleich vier seiner Briefe an einem einzigen Morgen eintrafen. In einem von ihnen enthüllte er mir, daß man ihn in eine neue Anlage verlegt hatte, aber erst nach seiner Rückkehr erfuhr ich etwas von der grausamen Art und Weise, auf die diese Verlegungen vorstatten gingen. Immer wenn er umquartiert werden sollte – und dies war mehrmals der Fall –, tauchten die Wächter ohne Vorwarnung in den frühen Morgenstunden vor seinem Zimmer auf, traten die Tür auf und sagten ihm, daß er sofort mitkommen müßte. Dann wurde er in die Nacht hinausgebracht, ohne zu wissen, ob er in eine andere Anlage transportiert oder vor ein Erschießungskommando gestellt wurde.

In seinen vier Briefen sagte er außerdem, daß wir, obwohl er uns vermisse, seiner Ansicht nach die richtige Entscheidung getroffen hatten und ich daran nicht einen einzigen Augenblick lang zweifeln dürfte.

›Es gibt hier‹, fügte er noch hinzu, ›eine Art Band zwischen uns allen – völlig unabhängig von unseren unterschiedlichen Nationalitäten –, weil wir alle als Geiseln hier sind. Es schmerzt wirklich, von der Welt abgeschnitten zu sein. Man hat soviel Zeit zum Nachdenken, und ich lerne langsam meine Stärken und Schwächen kennen, womit ich mich vorher nie beschäftigt habe.‹

Einer seiner Briefe brachte mich ausnahmsweise sogar zum Lachen. Er erwähnte einen Mann, der gerade erst, aus Kuwait kommend, in seiner Anlage eingetroffen war und unsere Landung in Heathrow im Fernsehen gesehen hatte. Er erzählte Derek, daß Senator Jackson einen kleinen Jungen namens Stuart aus dem Flugzeug getragen hatte. Derek beendete seinen Brief mit der Frage: ›Ist das der, von dem ich denke, daß er es ist?‹

Der World Service der BBC half uns während der ganzen Zeit von Dereks Geiselhaft sehr. Man hatte die Sendung *Gulf Link* eingerichtet, durch die wir unseren gefangenen Männern persönliche Botschaften übermitteln konnten. An jedem Abend um neunzehn Uhr stellten sie auf ihren Kurzwellenempfängern die richtige Frequenz ein und hörten die neuesten Nachrichten aus der Heimat. Dies war weitaus verläßlicher als die Post, weil der Zensor nicht eingreifen konnte. Außerdem wurde die Sendung für sie zu einem Rettungsanker, die ihnen half, ihre geistige Gesundheit aufrechtzuerhalten. Da sie den ganzen Tag mit den Lügen der irakischen Propaganda bombardiert wurden, war unsere Sendung die einzige Stimme der Freiheit und Wahrheit, auf die sie sich verlassen konnten.

Ich versuchte mehrmals, eine Botschaft für Derek auf Band zu sprechen, brach jedoch jedesmal völlig zusammen. Schließlich schrieb ich meine Nachricht auf, und eins der Mädchen vom World Service las sie an meiner Stelle vor. Derek bekam aber doch eine Stimme zu hören, die er kannte, denn Judy nahm etwas für ihn auf.

Sonntag, 30. September

Der erste Monat, den wir zu Hause verbrachten, ging zu Ende, und meine Moral war wieder einmal auf dem Tiefpunkt. Ich hatte fest erwartet, daß Derek inzwischen wieder bei uns wäre oder wir zumindest einen Hinweis auf den Zeitpunkt seiner Rückkehr erhalten würden. Statt dessen hatten wir nichts gehört, und die Welt trieb immer schneller einem unvermeidbar erscheinenden Krieg entgegen, der alles, wofür wir gemeinsam gearbeitet hatten, in den Abgrund reißen würde.

Ich war so niedergeschlagen, daß Judy vorbeikam und uns alle mit in den Park schleppte. Das war sehr aufmerksam von ihr, denn schon in der Anfangszeit unserer Bekanntschaft hatten Derek und ich immer große Freude daran gehabt, im örtlichen Park spazierenzugehen und die Enten zu füttern. Jetzt warfen wir ihnen beinahe eine halbe Bäckerei zu, bis wir von oben bis unten voller Krümel waren. Stuart und sein Cousin langweilten sich bald und liefen weg, um die Gegend zu erkunden.

Judy schickte Derek sogar einen Brief, um ihm von unserem kleinen Ausflug zu berichten, und erzählte ihm, daß die Krümel überall waren. Daß wir das Erlebnis mit ihm teilen konnten, brachte ihn irgendwie näher. Während sie schrieb, stellte ich fest, daß alle Briefe, die sie an ihn gerichtet hatte, Details über die Krankheit seiner Schwiegermutter enthielten. Meine selbst auferlegte Zensur war offensichtlich vergebens gewesen! Judy erzählte ihm auch, daß sich Craig weiterhin wie ein Erwachsener verhielt. Heute noch bewahrt Derek die Briefe auf, die er während seiner Gefangenschaft im Irak erhalten hat.

»Glen hat ihre guten und schlechten Tage«, teilte Judy Derek mit. »Aber Craig ist ihr wirklich eine Stütze und nimmt, bis Du zurückgekehrt bist, Deine Stelle ein.«

Ein paar Tage vorher hatten die Jungs wieder an Derek geschrieben. Stuart malte ihm ein Bild von einem Jumbo, mit dem er nach Großbritannien zurückfliegen konnte, und schrieb darunter: ›Dad, ich liebe dich.‹

Flugzeuge schienen in Stuarts Gedanken eine große Rolle zu spielen, vermutlich weil ihm klar war, daß Derek in einem Flugzeug zurückkommen würde. Ich ging an einem Tag mit ihm eine Straße in Worcester hinunter, als er plötzlich den Hörer in einer Telefonzelle abnahm und draufloszureden begann.

»Mit wem sprichst du?« fragte ich ihn.

»Ich spreche mit Daddy«, erwiderte er. »Oh, sieh mal, jetzt hat er aufgelegt. Er ist oben im Flugzeug.«

Diese Phantasien wurden allmählich zu einem Teil von Stuarts Leben, weil sie ihm halfen, mit der rauhen Wirklichkeit zurechtzukommen. Einmal erzählte er seinem Lehrer, daß ihn sein Großvater von der Schule abgeholt hatte, aber seine beiden Großväter waren schon seit mehreren Jahren tot. Er hatte sich immer einen Opa gewünscht, und gerade in dieser Zeit brauchte er einen Mann in seinem Leben.

Stuart wurde damals ein regelmäßiger Briefschreiber und wandte sich sogar an Saddam Hussein, indem er ihn bat, alle Daddys freizulassen, die er gefangenhielt. Wir dachten, daß der Brief vielleicht dazu beitragen könnte, das steinerne Herz des Tyrannen zu erweichen, und ganz sicher fühlte er sich danach besser. Ehrlich gesagt bereitete ein längerer Brief Stuart ziemlich große Probleme, und so schrieb Craig diesen historischen Brief für ihn. Er hielt den Stift in der linken Hand, so daß die Schrift noch kindlicher aussah.

Mit jedem Tag, der verging, wurde mir die Zeit länger, und so kam ich zu der Überzeugung, daß ich mir einen Job suchen mußte. Das würde mir nicht nur helfen, mich abzulenken – wegen Dereks Abwesenheit brauchte ich auch das Geld. Ich bewarb mich um eine Stellung als Telefonistin bei einem lokalen Versandhaus, legte einen Eignungstest ab und wurde dann zu einem Vorstellungsgespräch gebeten. Ein paar Wochen später bekam ich die Nachricht, daß ich die Stelle antreten könne. Sie erschien mir wie ein wahres Gottesgeschenk. Meine Kollegen waren sehr nette Menschen. In einer Zeit, in der ich wirklich jede Unterstützung brauchte, die ich bekommen konnte, waren sie außerordentlich gut und freundlich zu mir.

Gegen Ende des Monats schrieb ich an Mrs. Thatcher und bat höflich um eine Änderung der Regierungspolitik. Ich regte an, gegenüber den Irakern eine weichere Linie einzuschlagen, weil dadurch vielleicht die Geiseln gerettet werden könnten. Die Antwort, die von ihrem Privatsekretär zurückkam, war sehr freundlich, aber an der Botschaft gab es keinen Zweifel – meine Vorstellungen hatten nicht das Wohlgefallen der eisernen Lady gefunden. Mein erster aktiver Versuch, Dereks Freilassung zu erreichen, war gescheitert.

Dienstag, 2. Oktober

Ein neuer Monat war angebrochen, aber an meiner von Schmerzen der Einsamkeit und Furcht geprägten Gemütsverfassung änderte das nichts. Das Hauptereignis in der ersten Woche war, daß es meiner Mutter gesundheitlich besserging und sie aus dem Krankenhaus entlassen werden konnte. Wir holten sie in ihr Haus zurück, in dem wir Unterkunft bezogen hatten. Obwohl wir dadurch zusätzliche Arbeit und Sorge bekamen, war ich froh, weil ich etwas Nützliches tun durfte.

Erst viel später erfuhr ich, wie schlecht es Derek und den anderen Geiseln während dieses Zeitraums ging. Heute bin ich froh, daß ich während meiner Einsamkeit nichts davon wußte. Immer wenn die internationalen Nachrichten ungünstig für Saddam Hussein ausfielen, ließen die irakischen Schergen ihre Frustrationen an den Häftlingen aus. Der Oktober war ein böser Monat für sie, weil die Handelssanktionen anfingen, die irakische Wirtschaft lahmzulegen. Außerdem schritten alliierte Truppen unaufhaltsam in Saudi-Arabien auf, und die internationale Diffamierungskampagne, die Mrs. Thatcher und Präsident Bush initiiert hatten, ging unablässig weiter.

Für ein Regime, das normalerweise nicht einmal bescheidenste Ansätze zur Kritik tolerierte, war das kaum erträglich, und die Verbitterung der Iraker steigerte sich noch mehr, als einige Tage später zweiundzwanzig Palästinenser von der israelischen Polizei in Jerusalem erschossen wurden. Das führte dazu, daß den Geiseln für eine Woche die medizinische Betreuung entzogen wurde. Das Essen verschlechterte sich dermaßen, daß ein Amerikaner namens Alan aus Protest gegen die barsche Behandlung in den Hungerstreik trat. Er aß fünf Tage lang nichts und konnte den Triumph verbuchen, daß die Iraker schließlich wieder Obst auf die Speisekarte setzten.

Inzwischen waren Steve und Derek getrennt worden, und verständlicherweise hatte Steve seinen Kurzwellenempfänger mitgenommen. Die Geiseln besaßen nun nichts mehr, womit sie die *Gulf-Link*-Sendung des World Service hören konnten. Sie hatten tatsächlich den Mut, sich bei ihren Schergen zu beschweren, und zu ihrer Verblüffung versorgten die Wächter sie mit einem Ersatzgerät.

Eine neue Geisel traf ein. George wäre beinahe die Flucht aus der Anlage gelungen, in der er zuletzt festgehalten wurde. Mit einem Schweizer Taschenmesser hatte er das Fenster und die Gitterstäbe seines Zimmers gelöst, das arabische Gewand angelegt, das er in die Gefangenschaft geschmuggelt hatte, und war davongerannt. Unglücklicherweise wurde er jedoch schnell wieder eingefangen und von den Wärtern so rauh behandelt, daß er für ein paar Tage ins Mansour Melia geschickt werden mußte, um wieder auf die Beine zu kommen. Während er sich dort erholte, traf er den Sänger Cat Stevens, der vergeblich nach Bagdad gereist war, um einige Geiseln freizubekommen.

George traf schließlich in Dereks Anlage ein und brachte einen Zeitungsausschnitt aus dem *Daily Telegraph* von Debbie Hayes' Hochzeit, die wir noch während unserer Gefangenschaft im Fernsehen gesehen hatten, sowie einen Vorrat an antiirakischen Witzen mit, die sich sehr positiv auf die allgemeine Moral auswirkten:

Frage: Wie kriegt man fünfzig Iraker in eine Telefonzelle? Antwort: Man braucht ihnen nur zu sagen, daß sie jemand anders gehört.

Frage: Was ist gelb und steht Saddam Hussein gut? Antwort: Eine Narrenkappe.

Ein anderer Neuankömmling war ein Schotte namens Alec, der sich weigerte, den Wächtern die Hand zu geben. Bei Lügnern kam das für ihn nicht in Frage, teilte er ihnen mit.

Um nicht ins Hintertreffen zu geraten, beschloß Derek, die Iraker, die einfach in sein Zimmer zu stürmen pflegten, zu bremsen. Er hängte ein Schild an seine Tür, auf dem in englischer Sprache stand: ›In zivilisierten Ländern klopfen die Menschen an, bevor sie ein Zimmer betreten.‹ Kurz darauf klopfte es an die Tür, und ein Dolmetscher, der zu den schlimmsten Übeltätern gehörte, steckte seinen Kopf hinein und sagte Derek, daß er die Notiz gelesen und für seine Kollegen ins Arabische übersetzt hätte.

Sonntag, 7. Oktober

Heute unternahm ich meinen zweiten aktiven Versuch, um Dereks Freilassung zu erwirken. Der frühere Premierminister Ted Heath sprach davon, daß er sich persönlich in das Geiseldrama einschalten und in den Irak fliegen wollte, um zu versuchen, einige der kranken Geiseln nach Hause zu holen. Ich schrieb ihm und schilderte Dereks Zustand.

Die meisten Leute wissen nicht, daß Dereks Gesundheit uns allen damals große Sorgen machte. Ich habe es während der Krise nie öffentlich erwähnt, weil ich nicht den Eindruck erwecken wollte, daß ich auf die Tränendrüsen drückte, aber er litt seit einiger Zeit an einer Hautallergie und an Sehbeschwerden, und beides hat sich während seiner Haft verschlimmert. Außerdem verlor er in alarmierendem Maße an Gewicht und befand sich jetzt in einem ziemlich ernsten Zustand. Deshalb hatte ich die vage Hoffnung, daß er vielleicht in die Gruppe aufgenommen würde, die Mr. Heath mit zurückbringen wollte. Mr. Heath war offenbar derselben Meinung, denn er beantwortete meinen Brief und versprach, in Dereks Fall sein Bestes zu tun. Er übernahm außerdem die Rolle eines inoffiziellen Postboten, indem er sich einverstanden erklärte, Derek einen Brief von mir zu übergeben.

Mr. Heath wurde für die Haltung, die er in dieser Sache einnahm, von der öffentlichen Meinung heftig kritisiert. Diejenigen von uns aber, die einen Ehemann oder Vater in der Gefangenschaft hatten, standen fest hinter ihm. In einer Zeit, da wir uns von der Regierung aufgegeben und ignoriert fühlten, war er bereit, sich in Gefahr zu begeben. Weil er eine Möglichkeit sah, Geiseln auf ehrenvolle Weise zu retten und die Kommunikationskanäle zu Saddam Hussein offen zu halten, scheute er weder das persönliche Risiko noch die Gefahr der Lächerlichkeit. Er war mehr oder weniger unsere einzige Hoffnung, und so wandten wir uns an ihn, weil es sonst niemanden gab, der uns half. Wir klammerten uns an jeden Strohhalm im Wind, und es waren nur sehr wenige Strohhalme vorhanden.

Mr. Heath' Abreise sollte in fünf Tagen erfolgen, und ich konnte meine Aufregung kaum zügeln, als sein Abflugtermin in den Irak näher rückte. Aber wieder einmal wurden meine Hoffnungen zertrümmert, denn seine Reise wurde in letzter Minute verschoben, und ich zog mich elend in das schützende Schneckenhaus einer Existenz zurück, in der ich nur von heute auf morgen lebte.

Wie auch die Angehörigen der anderen Geiseln war ich ständig auf der Suche nach dem kleinsten Hoffnungsschimmer. Immer wenn ich die Nachrichten einschaltete, wurde ich schon durch ein bißchen Optimismus aufgeheitert und sah darin das erste Anzeichen für Licht am Ende des Tunnels. Aber jedesmal blieb ich mit einer schmerzlichen und bitteren Enttäuschung zurück.

Noch am Vortag meines Briefs an Mr. Heath setzten wir große Hoffnungen auf das Ergebnis eines Irakbesuchs des sowjetischen Sonderbotschafters Jewgenij Primakow. Dies war so ziemlich das einzige, das wir mit den Irakern gemein hatten, denn ebenso wie wir hofften sie offenbar, daß er ein Zaubermittel bei sich hatte, mit dem die Krise beendet werden konnte. Doch auch dieser Besuch endete in einer Sackgasse.

Eine gute Sache war, daß sich mein Job bei dem Versandhaus gut anließ. Es war harte Arbeit, aber sie brachte ein bißchen dringend benötigtes Geld ins Haus und sorgte dafür, daß ich an jedem Tag für vier selige Stunden zu beschäftigt war, um mich nutzlosen Grübeleien hinzugeben.

Im Irak wurde Derek von einem Augenspezialisten untersucht, der, wie es der Zufall wollte, acht Jahre lang in Dereks Heimatstadt Huddersfield gearbeitet hatte. Um die Chancen für Dereks Heimkehr zu erhöhen, setzte dieser gute und tapfere Mann seine eigene Sicherheit aufs Spiel.

In seinen Bericht schrieb er, daß er die Behandlung nicht selbst vornehmen könne, obwohl selbst das nicht unbedingt bedeutete, daß der Patient zwangsläufig auf die Krankenliste gesetzt wurde. Denn bei einer ärztlichen Untersuchung war sowohl der normale Wächter als auch ein Angehöriger der Geheimpolizei anwesend. Beide mußten separate Berichte über das, was der Doktor gesagt hatte, abgeben. Im Polizeipräsidium wurden sie dann miteinander verglichen, wobei die Prüfer peinlich genau auf Widersprüchlichkeiten achteten und eine Erklärung dafür verlangten.

Während der Untersuchung unterhielten sich Derek und der Doktor darüber, daß das Handelsembargo selbst den Postverkehr aus England beeinträchtigte, was vielleicht ein Grund für den Postrückgang bei den Geiseln war. Der Doktor beklagte, daß er die Zeitschrift *Lancet* abonniert, in jüngster Zeit aber nur ein einziges Mal Post vom Verlag bekommen hatte – die Rechnung für die Nummern des Magazins, die nie bei ihm eingetroffen waren.

Zumindest eine Person hatte Anlaß zum Lächeln, denn an dem Tag, an dem ich an Mr. Heath schrieb, erhielt Kim als einzige Geisel in Dereks Anlage einen Brief aus Großbritannien. Nachdem er ihn gelesen hatte, steckte er ihn sich an seinen Hut und ging damit spazieren, um zu demonstrieren, daß die Häftlinge nicht von allen vergessen worden waren.

Donnerstag, 18. Oktober

Endlich zogen wir in unser eigenes Haus und schlossen die Tür, um die Unsicherheiten und Gefahren der Außenwelt von uns fernzuhalten. Der Vertrag der Mieterin war gestern ausgelaufen, und obwohl sie uns gesagt hatte, daß sie das Haus schon früher frei machen könne, paßte es uns ganz gut, daß sie noch geblieben war, weil wir uns so um das Haus meiner Mutter kümmern konnten, während sie noch im Krankenhaus lag.

Derek und ich hatten unser Haus kurz vor unserem Umzug nach Kuwait gekauft. Es sollte uns während unseres Globetrotterdaseins als Kapitalanlage dienen, und es war gut, daß wir jetzt ein Dach über dem Kopf hatten, denn sonst wären wir ständig auf Freunde und Verwandte angewiesen gewesen. Außerdem hatten wir nie darin gewohnt, so daß für mich keine Erinnerungen an Derek damit verbunden waren. Ich konnte friedlich darin leben, ohne mir unentwegt vorzustellen, daß er die Treppe herunterkam, in der Küche stand, um eine Tasse Kaffee zu kochen, oder im Garten spazierenging.

Besonders Craig fühlte sich nach unserem Einzug viel glücklicher. Inzwischen hatte er sich in seiner neuen Schule eingelebt und eine Reihe von Freunden gefunden, die in der näheren oder weiteren Nachbarschaft wohnten. Dies bedeutete, daß er einfach nach draußen gehen und zu einem Freund hinüberschlendern konnte, ohne daß ich den Wagen holen und ihn hinbringen mußte, wie das bisher der Fall gewesen war. Dadurch wurden auch sein Selbstbewußtsein und sein Unabhängigkeitsgefühl gestärkt. Und außerdem lag unser Haus nur eine Straße weit von dem Judys und Phils entfernt, was es uns allen leichter machte, uns einzuleben.

Ich hatte von dem Umzug noch einen weiteren Nutzen, weil die zusätzliche Arbeit, die damit verbunden war, mir ein Ventil für meine rastlose Energie gab und mir anderweitige Beschäftigung verschaffte. Es erschien mir leichter, die Gefahr, in der Derek sich befand, zu ignorieren, davon auszugehen, daß er bald zurückkommen würde, und damit anzufangen, unser Haus für seine Heimkehr so schön und gemütlich wie nur eben möglich einzurichten.

Wenn man umzieht, ist es angenehm, einen Mann im

Haus zu haben, und wieder einmal tat Craig sein Bestes, um seinen abwesenden Vater zu ersetzen. Er wechselte Glühbirnen und Stecker und verrichtete andere kleinere Handwerksarbeiten, mit denen er sich zuvor nie beschäftigt hatte. Ich beschloß, uns allen eine Freude zu machen und dem Haus unseren eigenen Stempel aufzudrücken, indem ich eine neue Deckenbeleuchtung für die Eßecke kaufte, aber erst auf der Heimfahrt fiel mir ein, daß wir niemanden hatten, der sie einbauen konnte.

Am nächsten Tag kam ich nach Hause und sah, daß Craig die Rosette an der Decke auseinandergenommen hatte und versuchte, unsere Neuerwerbung einzusetzen. Am Ende mußte er sich geschlagen geben, denn es ist komplizierter als ein Stecker – selbst erwachsene Männer trauen sich nur selten daran. Die Arbeit wurde schließlich von dem Mann einer Freundin abgeschlossen. Craig half ihm dabei und lernte, wie man es richtig machte.

Wir kauften neue Möbel, die man selbst abholen und zusammenbauen mußte. Meine Cousine Baryl und ihr Mann Alan waren uns dabei eine unschätzbare Hilfe. Alan baute die Möbel zusammen, aber es gab einige Stücke, bei denen ihm Craig zuvorkam. Wieder kam ich nach Hause, da stand Craig stolz hinter seinem neuen Schreibtisch und hatte ihn eigenhändig in seinem Zimmer zusammengebaut. Mein Herz war voll Bewunderung und Liebe für meinen ältesten Sohn, der sich so früh als echter Mann erwies.

Nachdem wir uns eingerichtet hatten, hörten wir davon, daß die Ehefrau einer Geisel auf eigene Faust in den Irak gereist war, um die Freiheit ihres Mannes zu erwirken. Gillys Reise war ein Fehlschlag. Es gelang ihr nicht, mit irgendeinem ranghohen Iraker zu sprechen, der ihr hätte helfen können, aber ihre Aktion brachte uns zum erstenmal auf den Gedanken, daß wir vielleicht selbst etwas tun konnten, um unsere Männer nach Hause zu holen. Wir hatten während unserer Zeit in der Gefangenschaft zusammengearbeitet, und es hatte funktioniert. Warum sollte es nicht auch jetzt klappen?

Was Derek anging, setzte ich meine Hoffnungen noch immer auf den Besuch von Ted Heath, der nun am nächsten Dienstag in den Irak flog. Aber ich war keineswegs überzeugt davon, daß es richtig war zu warten. Immer wieder spielte ich mit dem Gedanken, mich um ein Visum zu bemühen, so daß ich nach Bagdad zurückkehren konnte. An einem Tag war ich entschlossen, die Reise anzutreten, aber am nächsten Tag ließ ich mir die Idee von meinen besorgten Angehörigen wieder ausreden.

Auch die Zeitungen halfen mir in meiner Unschlüssigkeit nicht weiter. Jedesmal wenn Gilly oder eine der anderen Frauen irgendeine private Aktion unternahm, riefen Reporter an, fragten mich, was ich tun wollte, und erkundigten sich nach den Gründen für meine Entschlüsse. Ich habe keine Ahnung, wie einige von ihnen an die Telefonnummer gekommen waren, weil sie eigentlich geheim war. Wenn ich jetzt logisch über alles nachdenke, gab es wohl nur einen Grund, der mich an der Reise hinderte. Wenn ich Derek wiedergesehen, es dann aber nicht geschafft hätte, ihn mit nach Hause zu nehmen, wäre ich mit einer abermaligen Trennung nicht fertig geworden.

Dienstag, 23. Oktober

Ted Heath traf in Bagdad ein, und binnen kürzester Zeit kam die Nachricht, daß er die Freilassung von dreiunddreißig kranken britischen Geiseln erwirkt hatte. Mit ganzem Herzen hoffte ich, daß Derek unter ihnen sein würde, und es war ein furchtbarer Schlag, als ich erfuhr, daß er nicht hatte mitkommen dürfen. Offenbar war die ›Krankenliste‹ jeden Tag länger geworden, da aufgrund der Lebensbedingungen die Geiseln einer nach dem anderen krank und schwach wurde. Als Mr. Heath im Irak ankam, enthielt sie über zweihundert Namen. Die Iraker waren lediglich bereit, die ernstesten Fälle nach Großbritannien gehen zu lassen. Ich tröstete mich mit dem Gedanken, daß Derek zumindest nicht in diese Kategorie fiel.

Wie oft hatte ich schon die Last einer bitteren Enttäuschung abschütteln müssen! Ich bemühte mich, ohne Derek weiterzuleben, aber nach jedem zerstörten Hoffnungsschimmer wurde es schwieriger und härter für mich. Niemand aber verletzte mich so tief wie eine gefühllose Reporterin, die mir einen geradezu schändlichen Vorschlag machte. Die Fluggesellschaft Virgin hatte sich erboten, die Angehörigen der von Ted Heath befreiten Geiseln in den Irak zu fliegen, so daß sich die Familien auf dem Flughafen Bagdad wieder vereinen konnten.

Ich saß am Abend zu Hause und wartete auf Neuigkeiten über Mr. Heath' Besuch, als das Telefon klingelte. Meine Nerven waren aufs äußerste angespannt. Ich stürzte mich auf den Hörer, aber es war nur eine Reporterin am Apparat, die behauptete, für eine sehr populäre Tageszeitung zu arbeiten. Sie erzählte mir, daß Derek auf einer Krankenliste stand, die das Außenministerium zusammengestellt haben sollte, und fragte mich, ob ich die Absicht hatte, das Angebot von Virgin Airways anzunehmen. Als ich sagte, daß ich mir nicht sicher wäre, fragte sie, ob die Zeitung an unserer Stelle die Sitze haben könnte.

Ich wollte einfach nicht glauben, daß jemand so gefühllos sein konnte, nur um eine Exklusivstory zu bekommen. Eine furchtbare Wut stieg in mir hoch, und brüllend machte ich ihr klar, daß sie meine Plätze ganz bestimmt nicht haben könnte. Schließlich warf ich den Hörer auf die Gabel und brach in Tränen aus. Ich war am Boden zerstört, riß mich dann aber zusammen und rief das Außenministerium an, um mich zu beschweren. Das Ministerium war sehr mitfühlend, erklärte jedoch, daß es leider nicht in der Lage wäre, die Zeitung für dieses Verhalten zur Rechenschaft zu ziehen.

Obgleich Derek nach außenhin Tapferkeit zeigte und sich bemühte, niemals etwas zu sagen, was mich bekümmern würde, sank auch seine Moral. Er war todunglücklich, weil keine Post zu ihm durchkam, und ich war außer mir vor ohnmächtigem Zorn, wenn ich daran dachte, daß alle meine ermutigenden Briefe an ihn in der Ecke irgendeines irakischen Postbüros Staub ansammelten.

Dereks andauernde Abwesenheit war dadurch, daß andere Geiseln nach Hause kommen durften, für mich noch schwerer zu ertragen. Nach einer vierstündigen Diskussion sprach sich das irakische Parlament dafür aus, daß alle Franzosen freigelassen werden sollten. Die Debatte schien während der ganzen Zeit schlecht für die Franzosen zu laufen, die schon ganz entmutigt waren. Kurz vor dem Ende wurde den Abgeordneten jedoch mitgeteilt, daß Saddam Hussein die Repatriierung der Franzosen befürwortete, und so verliehen sie seinem Edikt pflichtgemäß ein amtliches Siegel. Die Franzosen kehrten eine Woche später nach Paris zurück. Unterdessen wurden auch vierzehn ernsthaft erkrankte Amerikaner nach Hause geschickt.

Freitag nach Mr. Heaths Erfolg sah ich zu meiner Verblüffung in den Fernsehnachrichten Pat und Steve, die gemeinsam in der Behaglichkeit ihres Hauses in South Fields interviewt wurden. Steve hatte zu den dreiunddreißig befreiten Häftlingen gehört. Ich war erstaunt, denn als wir ihn zum letzten Mal gesehen hatten, war er bei bester Gesundheit gewesen, aber er hatte, ohne daß wir es wußten, während der Gefangenschaft drei Herzanfälle gehabt. Meine Gedanken und Gefühle waren in wildem Aufruhr, als ich auf den Bildschirm blickte. Natürlich freute ich mich sehr für die beiden, gleichzeitig aber erstickte ich an meinem Neid und fühlte mich elender als je zuvor. Voller Bitterkeit fragte ich mich, warum nicht auch ich so eine glückliche Wiedervereinigung erleben konnte.

Pat und ich waren seit unserer Heimkehr in ständiger Verbindung geblieben, und so rief ich gleich an, um ihnen beiden zu gratulieren. Mein Hauptmotiv war jedoch, daß ich unbedingt mit jemandem sprechen wollte, der Derek noch nach meiner Abreise gesehen hatte, und Steve verbrachte freundlicherweise eine Ewigkeit damit, sich mit mir zu unterhalten.

Er gab mir viele Informationen und versicherte mir, daß die Wächter in Dereks Anlage trotz der täglichen Verschlechterung der Situation ziemlich umgänglich waren und auch die Lebensbedingungen dort nicht so schlimm aussahen. Während des ganzen Monats hatten die Iraker versucht, dic Männer davon zu überzeugen, daß es hübsch wäre, wenn sie ihren Angehörigen zu Hause weitere Videobotschaften senden würden, aber unsere Ehemänner sahen dies als billigen Propagandatrick an, der dem Zweck dienen sollte, weiteren Druck auf die britische Regierung auszuüben, und lehnten es ab, sich darauf einzulassen. Ich erzählte Steve, daß ich mit dem Gedanken spielte, nach Bagdad zu fliegen, aber er ließ nicht den geringsten Zweifel daran, daß dies das letzte wäre, was Derek wollte.

Fast im selben Moment, in dem ich mit Steve sprach, hörte Derek Nachrichten, die ihn völlig mutlos machten. Zur Abwechslung hatte er einmal Radio Dubai eingeschaltet und hörte eine Verlautbarung, in der es hieß, daß die Geiseln für den Fall eines Angriffs auf den Irak unzweifelhaft ›mißbraucht‹ würden. Da in jüngster Zeit Berichte über Folterungen eingegangen waren, bei denen man kuwaitischen Bürgern die Finger durchbohrt und die Augen mit Löffeln aus den Höhlen gekratzt hatte, überschlug sich seine Phantasie, wenn er daran dachte, was diese letzte Information wohl bedeuten mochte.

Er schaltete schnell auf den World Service und dann auf die Sendung Voice of America um, die von den Vereinigten Staaten ausgestrahlt wurde. Beide Sender berichteten nichts über diese Drohung. Aber er hatte weiterhin das Gefühl, daß an der Sache etwas dran sein könnte. Er erzählte Alec davon, und nach einer Diskussion wurden sie sich einig, das schreckliche Wissen für sich zu behalten, damit die Moral nicht noch weiter sank.

Verblüffenderweise hatte sich Derek einen Teil seines Humors bewahrt, und es verging kaum ein Tag, an dem er die Wächter nicht um ein Flugticket nach London, einen Reisekoffer und einen Teller Kartoffelchips für unterwegs bat. Die Wächter gingen sogar auf den Scherz ein. Drei Tage nach meiner Unterhaltung mit Steve erfüllten sie zu Dereks Überraschung einen der Wünsche und brachten ihm zum Abendessen Steaks und Kartoffelchips. Gierig machten sich die Männer darüber her.

Derek hätte lieber das Flugticket gehabt, sagte das aber nicht. In jedem Fall hatte er seinen eigenen Geheimplan zur Wiedergewinnung seiner Freiheit. Er schrieb einen Brief an die BBC-Fernsehsendung *Jim'll fix it* – Jim macht das schon – und fragte Jimmy Savile, ob er ihn nicht wieder mit seiner Familie vereinen könnte.

Mittwoch, 31. Oktober

Während auf der internationalen Bühne ein großes Drama ablief, kam es auch in Stuarts Welt in Worchester zu einem wichtigen Ereignis. Ich mußte zum ersten Elternsprechtag, um mir einen Bericht über seine Fortschritte anzuhören. Es war eine traurige Sache für mich, weil die Abwesenheit Dereks einmal mehr spürbar wurde. Ich sah mich unter all den anderen Eltern um, und als ich erkannte, daß viele von ihnen als Paare gekommen waren, mußte ich mich sehr anstrengen, um nicht zusammenzuklappen. Dies war ein wichtiger Tag in Stuarts Leben, und sein Vater hatte ihn versäumt.

Stuarts Lehrerin sagte mir, daß er sich eingewöhnte und unter den gegebenen Umständen bemerkenswert gut zurechtkam. Sie war ein bißchen besorgt wegen seiner Neigung zum Romantisieren, und es hatte ein paar Probleme mit seinen Kameraden auf dem Spielplatz gegeben. Aber nach den Erlebnissen, die er hinter sich hatte, erwartete sie nicht, daß er völlig problemlos war, und ich konnte mich außerdem damit trösten, daß er eine tiefe Freundschaft mit seinem Cousin Grant entwickelte. Alles in allem war ich sehr zufrieden mit seinem Vorwärtskommen.

Wenn die Dinge nur auch so vielversprechend in Dereks Leben ausgesehen hätten. Die Iraker verfolgten weiter ihre Politik der Verunsicherung und verlegten die Menschen ständig von einer Anlage zur anderen. Ein beliebtes Verfahren war es, zwei Landsmänner in einer Anlage unterzubringen und einen davon dann an eine andere Stätte zu bringen, so daß ein Mann allein zurückblieb, der womöglich nicht einmal die Sprache seiner Mitgefangenen sprach. Derek hat seitdem immer davon geredet, wie sich alle Geiseln zu einer wahrhaft internationalen Gemeinschaft zusammenfanden und wie er Zweckfreundschaften mit Männern schloß, die nicht verstehen konnten, was er sagte, und die sich ihm nicht verständlich machen konnten.

Derek selbst wurde an einem Tag gegen Ende Oktober in den frühen Morgenstunden verlegt, wie immer auf möglichst gemeine und beängstigende Art und Weise. Die Tür seines Zimmers wurde plötzlich aufgerissen, und man holte ihn heraus, um ihn in eine andere Anlage zu fahren. Sie lag unmittelbar neben einer Gießerei, so daß es wegen des Lärms der Maschinen ringsum praktisch unmöglich war, Schlaf zu finden.

Ein weiterer Monat näherte sich seinem Ende, und die Aussicht auf Dereks Befreiung schien weiter entfernt zu sein als zu seinem Beginn. Als ein wunderschöner, angenehmer Herbst allmählich in die Dunkelheit und Nässe des Winters überging, verdunkelte sich auch meine Gemütsverfassung. Die ermutigenden Worte des irakischen Wächters in Bagdad, der uns versicherte, daß unsere Ehemänner bald wieder bei uns sein würden, hallten in meinen Gedanken nach, um mich zu verfolgen und zu verspotten.

Noch einmal gelang es den Irakern, uns zu verletzen. Wir hofften mit aller Kraft, daß unsere Männer Weihnachten wieder zu Hause wären, aber in einer ihrer abscheulichen Guest-News-Sendungen schlug die irakische Regierung vor, daß die Ehefrauen nach Bagdad fliegen sollten, um ein saisongemäßes Wiedersehen zu feiern. Mit diesem Zynismus rührten sie alle die mühsam ertragenen Gefühle der Trauer und Unschlüssigkeit wieder auf, die uns die Trennung auferlegt hatte. Es war das Grausamste, was uns Saddam Hussein überhaupt antat, und er muß das in seinem schwarzen, bösen, abartigen Herzen auch gewußt haben.

Samstag, 3. November

Heute geschah ein kleines Wunder, aber wir hatten keinen Nutzen davon. Die Iraker erlaubten den Geiseln plötzlich, ihre Familien anzurufen, wenn auch nur unter strikten Bedingungen. Die Männer sollten versuchen, ihre Frauen dazu zu überreden, Weihnachten zu ihnen nach Bagdad zu kommen, und während der ganzen Zeit saßen ihnen Wächter und Dolmetscher im Nacken, um sicherzustellen, daß sie den Befehlen auch folgten.

Derek versuchte, mich bei meiner Mutter anzurufen, weil er annahm, daß wir dort noch wohnten. Unsere eigene Telefonnummer kannte er nicht einmal, weil er nie in unserem Haus gewohnt hatte. Meine Mutter war zu dieser Zeit jedoch nicht zu Hause, und er kehrte fast weinend in sein Zimmer zurück. Seine Enttäuschung war um so bitterer, da es fast allen anderen gelungen war, durchzukommen. Und so saßen sie die halbe Nacht zusammen und redeten über ihre Telefonate, die genau fünf Minuten gedauert hatten, bis sie mitten im Satz unterbrochen worden waren.

Nicht alle Neuigkeiten, die die Geiseln erhielten, waren gut – in einem Fall waren sie sogar tragisch. Ein Amerikaner namens Keith erfuhr, daß seine Frau vor sechs Wochen in der Nähe der Farm, die sie in Thailand besaßen, ermordet worden war. Fast drei Wochen später hörte er durch das Rote Kreuz, daß die amerikanischen Behörden gleich nach ihrem Tod ein Telex nach Bagdad geschickt hatten, aber er war von den Irakern bewußt in Unkenntnis gelassen worden. Ihre Entschuldigung war, daß er ohnehin schon genug Sorgen hatte.

Zu der Zeit, als Derek versuchte, uns anzurufen, waren wir bei einer Feuerwerksparty der Firma, in der Judy arbeitete. Es war das erste Mal, daß Stuart an einer solchen Veranstaltung teilnahm und ein Feuerwerk sah, und ich war ein bißchen besorgt, daß ihn das Knallen und Blitzen an die Schrecken des Kriegs in Kuwait erinnern würde. Er war von dem Feuerwerk in der Tat wie hypnotisiert, aber das war alles. Grant hatte keine Angst vor dem Feuerwerk, und das half Stuart, alles ganz leicht zu nehmen.

Selbst ohne die bittere Tatsache, daß er uns telefonisch nicht erreicht hatte, wäre der Monat für Derek schlecht genug gewesen. Er bekam Nachricht von dem schmerzlichen Verlust, den Freunde von uns aus Kuwait erlitten hatten. Die beiden jungen Söhne der Familie sollten nach Hause zurückkehren und wurden zum Flughafen gefahren, um dort in ihre Maschine zu steigen, hatten unterwegs aber einen Autounfall. Einer von ihnen fand den Tod, und der andere wurde schwer verletzt. Eine Zeitlang vergaßen wir fast unsere eigenen Sorgen und litten von ganzem Herzen mit diesen Menschen, denn wir konnten ihren Verlust weiß Gott nachempfinden.

Die Iraker verstärkten ihren Druck auf die Geiseln. Sie sollten ihre Frauen überreden, Weihnachten zu ihnen zu kommen, und die Männer sprachen fortwährend darüber. Am zweiten Novembertag hatten sie sich sehr über eine schreckliche Sendung des World-Service der BBC aufgeregt. Es wurde offensichtlich, daß die Inerviews eine sehr schwere Prüfung für die Frauen waren, denn sie fingen, während sie sprachen, an zu weinen. Derek und die anderen Männer brachen bei dem Gedanken, daß sich ihre eigenen Frauen vielleicht in der gleichen Verfassung befanden, fast zusammen.

Der Zeitpunkt der Sendung hätte für die Iraker nicht besser sein können, aber selbst dadurch ließen sich die Männer nicht von ihrer Entschlossenheit abbringen, alles zu tun, um uns an einem Rückflug zu ihnen zu hindern. Es war pure Ironie, daß der World Service, der uns so sehr geholfen und eine Verbindung zu den Geiseln hergestellt hatte, als wir diese am meisten brauchten, dem Feind nun in die Hände spielte und bei der emotionalen Erpressung der Geiseln mitwirkte.

Am Tag nach seinem ersten vergeblichen Telefonanruf gelang es Derek, zu seiner Mutter in Huddersfield durchzukommen, und sie gab ihm unsere Nummer. Er rief uns unverzüglich an. Ich nahm in unserem Wohnzimmer den Hörer ab und hörte den wundervollen Klang seiner Stimme am anderen Ende der Leitung. Ich hatte befürchtet, ihn nie wieder zu hören und brach in Tränen aus, so daß er kaum vernünftig mit mir reden konnte. Schließlich brachte ich es fertig, ihm zu sagen, daß alle Briefe, die er bis zum 4. Oktober geschrieben hatte, bei mir eingegangen waren, und das beruhigte ihn ein wenig.

Die Männer waren sich einig geworden, daß sie bei Gesprächen mit uns über den vorgeschlagenen Weihnachtsbesuch, den sich die Iraker sehr wünschten, eine Art Sprachcode anwenden würden, um uns davon abzubringen. Derek ging diese Aufgabe an, indem er sagte, er hätte seinen ›Gastgebern‹ bereits mitgeteilt, daß ich wohl nicht kommen könne, weil die Mütter von uns beiden gesundheitliche Probleme hätten.

»Welche Probleme?« fragte ich.

»Du weißt schon«, antwortete er. »Daß sie so krank sind – es ist wirklich schwierig für dich.«

Schließlich verstand ich die Botschaft.

Derek sollte heute noch eine Überraschung erleben, denn die Iraker wählten diesen Tag, um alle Männer mit neuen Anzügen auszustatten. Derek und seine Freunde hatten schon die vage Hoffnung, daß die neue Kluft im Zusammenhang mit den Vorbereitungen zu ihrer Heimkehr stand, aber der wahre Grund war, daß sie sich kürzlich nach einem Wetterumschwung über die Kälte beschwert hatten und ihre Wärter über keine wärmere Kleidung verfügten, die sie ihnen geben konnten.

Die Anzüge hatten eine graue Farbe, und obwohl sie doppelreihig waren, sahen sie sehr elegant aus. Sie sorgten sogar für etwas Heiterkeit.

»Wenn wir damit aus dem Flugzeug steigen, sehen wir aus wie die Blues Brothers«, stellte Alec fest.

Am nächsten Tag verbesserten sich die Lebensbedingungen in Dereks Anlage weiter, denn die Männer bekamen zum ersten Mal die Erlaubnis, sich im Freien körperlich zu ertüchtigen. Zu diesem Zweck brachte man sie in ein kleines umzäuntes Gehege, in dem sie mit einer zweiten Geiselgruppe zusammentrafen, die getrennt von ihnen in einem anderen Teil des Komplexes untergebracht war.

Später am Tag hatte Derek abermals Gelegenheit, mit uns zu telefonieren, und ich brach erneut in Tränen aus. Er bekam verständlichere Informationen über das, was bei uns zu Hause passierte. Craig berichtete ihm, daß ich ganz gut zurechtkam. Unser ältester Sohn führte ein echtes Gespräch unter Männern mit seinem Vater und erzählte ihm, daß er hoffte, in die Fußballmannschaft seiner Schule aufgenommen zu werden. Und er versprach, sich bis zu Dereks Rückkehr um mich zu kümmern.

Dann ging Stuart an den Apparat, aber ihm waren vorher acht Zähne gezogen worden, so daß Derek nicht verstehen konnte, was er sagte. Stuart war auf seinen ersten Besuch bei einem britischen Zahnarzt nicht gut zu sprechen.

Mittwoch, 7. November

Ich fand schließlich heraus, was mir Derek ohne die Behinderung durch die jederzeit wachsamen Iraker wirklich sagen wollte. Als die Post an diesem Morgen auf die Türmatte fiel, stellte ich fest, daß sich darunter ein Brief von ihm befand, der dem Zensor entgangen war. Er hatte ihn mit Hilfe der Franzosen, die nach Hause zurückkehrten, aus der Gefangenschaft geschmuggelt, und jemand hatte ihn zur Post gegeben. Was Derek schrieb, war bereits zwei Wochen alt, half mir jedoch, mir ein genaues Bild über seine Situation zu machen.

Aber als ich den Brief las, wurde mir klar, daß Teile davon beinahe wie ein endgültiger Abschied klangen, denn Derek hatte sich damit abgefunden, daß ihm das Schlimmste zustoßen könnte. Er hatte keine Angst vor dem Sterben, es bekümmerte ihn nur, uns zu verlieren. Er schrieb, daß er sich glücklich schätzte, mich kennengelernt zu haben, dankte mir für die schöne Zeit, die wir zusammen hatten, und nannte mich eine tolle Mutter, die ihm zwei reizende Jungen geschenkt hatte.

›Durch Dich habe ich wenigstens ein erfülltes Leben gehabt‹, schrieb er zum Schluß. ›Ohne Dich wäre mein Leben leer gewesen, weil Du ganz einfach die Beste bist.‹

Die Buchstaben verschwammen vor meinen Tränen, als ich diesen Brief in meinem Haus am Ende einer stillen und friedlichen Vorortstraße las. Es waren nicht nur die zärtlichen Worte, die mich so tief berührten. Derek hatte etwas angesprochen, was ich mir selbst nicht einzugestehen wagte. Es war so, als würde ein zum Tode Verurteilter den Richterspruch selbst verkünden.

Während dieser ganzen Zeit sprang ich zunehmend gereizter mit allen um, die es wagten, anzudeuten, daß die Geiseln vielleicht nicht gerettet würden, und eine ganze Reihe von Menschen hatten meine wütenden Seitenhiebe aufgrund irgendeiner harmlosen Bemerkungen zu spüren bekommen. Einer dieser Menschen war ein Mann, der uns kürzlich besucht hatte, um einige alte Möbel aus der Garage abzuholen. Er erkannte mich von meinen verschiedenen Medienauftritten wieder, fragte mich nach Derek und begann eine höfliche Unterhaltung. Ich fing an zu erzählen, was ich alles vor hatte, wenn Derek nach Hause kam.

»Sie glauben also, daß sie zurückkommen?« fragte er.

Der arme Kerl wußte gar nicht, wie ihm geschah.

Dereks realistische Betrachtungen trieben mich jetzt zur Aktivität. So wie ich Ted Heath geschrieben hatte, um ihn zu bitten, Dereks Sachen während seines Besuchs in Bagdad zu vertreten, schrieb ich jetzt an alle möglichen Leute, die meiner Meinung nach helfen konnten. Ich schrieb an Mrs. Thatcher und bat sie erneut, ihre Haltung in der Geiselfrage zu ändern, und schickte in diesen dunklen Wochen buchstäblich Hunderte von Briefen ab. Ich engagierte mich auch bei den Geiselunterstützungsgruppen, und in dem verzweifelten Bemühen, das Geiselthema im Bewußtsein der Öffentlichkeit zu verankern, erklärte ich mich auch mit dem einen oder anderen Pressefoto Stuarts einverstanden.

Während der ganzen Zeit bekam ich weiterhin Unterstützung von Verwandten und Freunden, insbesondere von Judy. Ich kam meiner Schwester näher als wohl jemals zuvor, und auch sie engagierte sich bei den Unterstützungsgruppen. Wie ich selbst schloß sie Freundschaften mit den Angehörigen anderer Geiseln, und beinahe zwangsläufig entstand ganz von sclbst ein Informationsnetz im ganzen Land. Alle Familien tauschten untereinander Informationen aus, die sie durch Briefe oder Telefonate aus dem Irak bekamen, und ich konnte einige zusätzliche Dinge über Derek erfahren, indem ich meinen eigenen Wissenstand mit dem der anderen Frauen verglich.

Was mir vor allem half innerlich zu überleben, war die Freundschaft mit Sue, die ganz in der Nähe wohnte und deren Mann Nigel ebenfalls zu den Häftlingen gehörte. Indem wir uns gegenseitig Kraft gaben, fanden wir ungeahnte Reserven. In zunehmendem Maße sprachen wir über die stets aktuelle Frage, ob wir nach Bagdad gehen und versuchen sollten, unsere Ehemänner nach Hause zu holen.

Nigel war wie Derek der Ansicht, daß wir im sicheren England bleiben sollten, und auch das Außenministerium ließ uns wissen, daß eine Reise in den Irak töricht wäre. Mehr und mehr fragten wir uns jedoch, ob das wirklich stimmte, und alle Telephongespräche drehten sich um dieses Thema. Sue rief mich an dem einen Tag an und sagte, daß sie ganz bestimmt gehen würde, nur um dann am nächsten Tag wieder anzurufen und zu erklären, daß sie ihre Meinung geändert hatte. Später in der Woche ging es mir genauso, und so steckten wir uns mit unserer Unschlüssigkeit gegenseitig an. Wir waren wie zwei Menschen, die gerade Schwimmen gelernt hatten, unentschlossen am Rand des tiefen Beckens herumstanden, und sich dann doch nicht hineintrauten. Meine Verwirrung besserte sich auch nicht, als mir ein Verwandter sagte, daß meine Abreise nach Bagdad sogar egoistisch wäre, weil Stuart und Craig dadurch vielleicht nicht nur den Vater, sondern beide Eltern verlieren würden. Ich hatte auch das Gefühl, daß Sue über mehr Insider-Informationen verfügte als ich, weil sie jeden Tag von Nigel angerufen wurde – die Wächter in seiner Anlage waren weitaus toleranter als die in Dereks. Es schien so, daß die Bedingungen für die Geiseln besser waren, je weiter entfernt von Bagdad sie ausharrten.

Die Fernseh- und Radionachrichten waren weiterhin wie eine Droge für mich, nach der ich süchtig war, und ich verbrachte den ganzen Abend damit, von einem Kanal auf den anderen umzuschalten, um nur ja keine Meldung zu verpassen. Ich klammerte mich an das kleinste optimistische Zeichen aus dem Mittleren Osten und phantasierte von Hoffnungen, zu denen es meistens gar keinen Anlaß gab. Im Haus meiner Mutter waren wir auf die normalen Fernsehprogramme angewiesen gewesen, aber jetzt bei uns gab es ein Gerät mit Teletextempfang, so daß ich ständig auf die Fernbedienung drückte, um die neuesten Nachrichten einzuschalten. Ich glaube nicht, daß die armen Jungs eine ihrer Sendungen ganz zu sehen bekamen, ohne daß ich sie zwischendurch unterbrach.

Inzwischen steckte Derek im Irak bis zum Hals in Post. Er bekam siebzehn meiner Briefe auf einmal und verbrachte den ganzen Tag und die halbe Nacht damit, sie zu lesen. Er weinte viel. Wieder einmal ergab sich die Gelegenheit, einen Brief an mich nach draußen zu schmuggeln, weil eine deutsche Geisel namens Peter entlassen wurde und das kostbare Schreiben mitnahm.

Zwei Tage später erhielt Derek sieben weitere Briefe, darunter drei, die ihm Judy geschrieben hatte. Es waren die letzten, die ihm zugestellt wurden, und damit brach auch der Telefonkontakt zu uns ab. Der World-Service berichtete, daß die Amerikaner weitere Truppen nach Saudi-Arabien schickten, und die Iraker rächten sich, indem sie die Telefonate aller Geiseln ad infinitum aussetzten.

Donnerstag, 15. November

An diesem Abend hatte ich wieder das Elend und die totale Einsamkeit eines Elternabends zu erdulden, den ich allein besuchen mußte – diesmal an Craigs Schule. Wie gewohnt waren alle äußerst freundlich zu mir und gaben sich die größte Mühe, es mir leicht zu machen, aber absurderweise fühlte ich mich deswegen nur noch schlechter. Ich konnte die Wellen des Mitleids spüren, die mich umgaben. Die Berichte über Craigs Fortschritte waren gemischt, und wenn die Lehrer auch versuchten, sie zu kaschieren, so gab es doch Probleme, die überwunden werden mußten. Niemand brauchte mir zu erzählen, zu welch großartigem jungen Mann sich Craig entwikkelte – ich hatte während der letzten dreieinhalb Monate selbst genug Beweise dafür gesehen. Die Schwierigkeiten lagen bei seinen Schularbeiten, die offenkundig litten, weil er sich um seinen Vater sorgte. Wir konnten alle nur hoffen, daß Derek bald wieder bei uns war, so daß sich Craigs Probleme von selbst lösen würden. Eine schöne Hoffnung, dachte ich bitter.

Nachdem er schon schlecht angefangen hatte, wurde der November ständig schlimmer und wenn ich jetzt aus meinem glücklichen, wiederhergestellten Leben zurückblicke, dann erkenne ich, daß es der übelste Monat der ganzen unseligen Krise war. Der Winter mit seinen kurzen, dunklen Tagen und seinem scheußlichen Wetter kehrte ein und schien den Niedergang meines Geschicks und meiner Moral widerzuspiegeln. Die Situation am Golf wurde täglich instabiler und gefährlicher, und Dereks Abwesenheit, von der ich naiverweise einmal geglaubt hatte, daß sie nach Wochen abzuzählen sei, entwickelte sich zu immer dauerhafteren Ausmaßen. Genau wie die Elternabende und die Feuerwerksnacht schien alles, an dem ich mich beteiligte, die Tatsache zu unterstreichen, daß er nicht da war, um es mit mir zu teilen.

Am vergangenen Wochenende war ich zum ersten Mal seit unserer Heimkehr mit den Jungs zu ihrer Großmutter nach Huddersfield gefahren. Wir hatten Dereks Mutter und seine alten Jagdgründe im Norden so viele Male als Paar besucht, daß uns die Landschaft ohne ihn fremd und feindlich erschien. Und die Fahrt wurde auch nicht dadurch fröhlicher, daß sie am Wochenende des Kriegsopfergedenktags stattfand, der niemals ein heiterer Festtag ist.

Ich wußte es nicht, aber Derek nahm zur gleichen Zeit an einer der eigenartigsten Gedenktagsparaden teil, die es je gegeben hatte. Die Geiseln organisierten sie selbst, und um elf Uhr morgens standen sie alle steif in

Habachtstellung da und gedachten der Toten aus zwei Weltkriegen. Was dieses Ereignis so ungewöhnlich machte, war die Tatsache, daß alle Nationalitäten daran teilnahmen und Deutsche und Briten Seite an Seite standen, um die Männer zu ehren, die gefallen waren, als ihre beiden Länder gegeneinander kämpften. Die irakischen Wächter müssen sich gefragt haben, was bei Allah da eigentlich vor sich ging.

Erste ›Trostpakete‹ trafen von unserer Botschaft in Bagdad ein und machten den britischen Geiseln das Leben ein bißchen angenehmer. Geiseln der anderen Nationalitäten hatten schon ziemlich früh von ihren Regierungen kleine Genußmittelrationen bekommen, und wenn wir auch keine unmittelbaren Beweise dafür besaßen, so fragten wir uns doch, ob die Iraker die britischen Lieferungen absichtlich zurückgehalten hatten, um sich an den Geiseln für Mrs. Thatchers harte Linie in der Golfkrise zu rächen. Bestimmt hatte die Botschaft schon seit einer Ewigkeit versucht, sie zur Auslieferung der Pakete zu bewegen.

Sechs britische ›Trostsendungen‹ trafen jetzt in Dereks Anlage ein, und zu seiner großen Freude enthielt eine von ihnen meinen Brief, den Ted Heath vor mehr als drei Wochen mit in den Irak genommen hatte. Die Männer stellten fest, daß zu der Lieferung auch mehrere Flaschen Whisky zu ›medizinischen‹ Zwecken und einige Büchsen Bier gehörten. Außerdem waren ein paar Tüten Trockensuppe dabei, aus denen unter Hinzufügung von Kartoffeln, die die Iraker zur Verfügung stellten, ein gewaltiger und relativ nahrhafter Eintopf hergestellt wurde. Die Whiskyflaschen gingen unter den

Geiseln reihum, und alle Männer feierten eine Party. Von diesem Tag an wurde das Essen, das die Wächter brachten, allmählich etwas besser.

Derek beklagte sich inzwischen fortwährend bei den Wächtern über seinen sich verschlechternden Gesundheitszustand, und sie sagten, daß er an Saddam Hussein persönlich schreiben müßte. Derek weigerte sich, dies zu tun, aber statt dessen schrieben seine beiden Söhne. Stuart, unterstützt und geführt von Craigs linker Hand, schickte dem Tyrannen einen weiteren Brief und bat ihn, alle Väter freizulassen.

Drei Tage nach Craigs Elternabend wurde im irakischen Fernsehen bekanntgegeben, daß die ausländischen ›Gäste‹ zwischen dem ersten Weihnachtstag und dem 14. März schubweise freigelassen werden könnten. Natürlich gab es einen Vorbehalt – im Falle eines Angriffs der alliierten Streitkräfte würde das Repatriierungsprogramm auf der Stelle gestoppt.

Obwohl dies in gewisser Weise eine wunderbare Entwicklung war, erlitten unsere Hofnungen auf eine sichere Rückkehr der Männer aber auch einen Rückschlag. Die Haftentlassung verschob sich nicht nur bis weit ins nächste Jahr, was wir vorher nicht in Betracht gezogen hatten, sondern sie hing auch von Bedingungen ab, die es den Irakern ermöglichten, Kuwait weiterhin zu annektieren. Die ganze Verlautbarung war nur ein weiteres grausames Spiel der Iraker, das einem einzigen Zweck diente. Saddam Hussein wußte, daß die Westmächte den Vorschlag ablehnen mußten, und hoffte, daß die Angehörigen der Geiseln empört reagieren und Druck auf ihre Regierung ausüben würden.

Donnerstag, 22. November

Dies war der Tag, an dem eine historische Epoche in der britischen und internationalen Politik auf traurige Weise zu Ende ging. Mrs. Thatcher gab bekannt, daß sie als Premierministerin abtrat, und ging am folgenden Mittwoch zum Buckingham Palace, um der Königin ihre Rücktrittserklärung zu überreichen. Da ich mit ihrer Geiselpolitik nicht einverstanden gewesen war und sie ohne Erfolg schriftlich gebeten hatte, ihre Haltung zu ändern, sollte man meinen, daß ich froh war, sie gehen zu sehen. Nichts hätte jedoch weiter von der Wahrheit entfernt sein können, denn ich bewunderte das, was sie erreicht hatte, und würdigte auch die harte positive Linie, die sie in der Geiselfrage vertreten hatte, selbst wenn ich nicht notwendigerweise damit übereinstimmte.

In jedem Fall begann sich meine Meinung über Mrs. Thatcher und die Auswirkungen ihrer Politik auf uns zu verändern. Der Grund dafür lag in Dereks unzensierten Briefen. Immer wieder schrieb er, daß viele der Geiseln ihre Haltung voll und ganz unterstützten, weil sie wußten, welche Ehrfurcht die Iraker vor ihr hatten. Die Wächter fragten oft, ob sie auch den Oberbefehl über die britischen Streitkräfte führe und mehr Macht als die Königin habe. Sie waren äußerst verblüfft, daß die Antwort darauf positiv ausfiel. Sie waren so an die Mechanismen einer patriarchalischen Gesellschaft gewöhnt, daß sie nicht verstehen konnten, wieso eine Frau eine derartige Machtfülle auf sich vereinigte.

Wie ich schon früher sagte, fühlten wir uns von der britischen Obrigkeit ignoriert und geflissentlich vergessen, weil uns nur daran lag, die Geiseln zu schützen, indem die Lage am Golf so stabil wie möglich gehalten wurde. Ich gebe jetzt freimütig zu, daß meine Einstellung falsch war und Mrs. Thatchers Weigerung, über die Geiseln auch nur zu diskutieren – geschweige denn, wegen ihnen eine nachgiebigere Linie einzuschlagen –, durchaus zu ihrer Rettung geführt hat. In einer Zeit, in der ich Kampfgeist und Rückgrat benötigte, war sie mir ein Beispiel, und dafür werde ich ihr immer dankbar sein.

Es kann nicht allzu viele Menschen geben, die sowohl Mrs. Thatcher als auch Saddam Hussein kennengelernt haben, und da ich dies für mich beanspruchen kann, möchte ich die Gelegenheit nutzen, sie miteinander zu vergleichen. Der irakische Präsident strahlte sicherlich eine Aura von Bedeutung und Macht aus, aber er erreichte dies nur durch ein Terrorregime und war lediglich ein blasser Schatten von Großbritanniens Premierministerin.

Derek und ich lernten Mrs. Thatcher gemeinsam im folgenden März kennen, als sie Stuart einen *Daily-Star*-Preis überreichte. Obwohl seit ihrem Rücktritt vier Monate vergangen waren, dominierte sie die zahlreichen Anwesenden durch die schiere Kraft ihrer Gegenwart und strahlte eine positive Macht aus. Hätten wir sie zu einer Zeit kennengelernt, als sie sich noch auf dem Gipfelpunkt ihrer politischen Karriere befand, so wäre das Erlebnis zweifellos noch beeindruckender gewesen.

Ein weiterer Grund, warum die Geiseln sie unterstützten, lag in ihrer Überzeugung, daß ein alliierter Luftangriff ihnen die Chance zur Flucht verschaffte. Derek und seine Freunde hatten einen Plan für den Fall gemacht, daß es ihnen gelang, aus der Anlage herauszukommen.

Da sie keinen Kompaß besaßen, um sich zu orientieren, planten sie, sich bis zum nächsten Eisenbahnstrang oder Fluß durchzuschlagen und diesem nachts zu folgen. Gleichgültig, in welcher Richtung er verlief, letzten Endes mußte er sie zu einer der irakischen Grenzen nach Jordanien, Iran, Syrien oder zur Türkei führen. Immer wenn Derek aus der Anlage in ein unweit gelegenes Krankenhaus zur ärztlichen Untersuchung gebracht wurde, nutzte er stets die Gelegenheit, das Gelände in der unmittelbaren Umgebung auszukundschaften.

Während der Woche, als Mrs. Thatcher zurücktrat, passierte in Dereks Welt sehr viel. Zwei Tage vorher waren die Holländer und die noch verbliebenen Deutschen befreit worden, und einen Tag vorher bekam Kim, der an Herzbeschwerden litt, die Nachricht, daß er in dreißig Minuten aus humanitären Gründen freigelassen würde. Er und Derek waren ganz enge Freunde geworden, und Kim war nur zu glücklich, einen weiteren unzensierten Brief an mich nach draußen schmuggeln zu können.

Der 22. November war der amerikanische Danksagungstag. Seit mehreren Tagen versuchten die Iraker, Druck auf die Angehörigen der Geiseln aus den Vereinigten Staaten auszuüben, damit wir sie zu diesem großen Anlaß besuchten. Keith, dessen Frau in Thailand ermordet worden war, weigerte sich jedoch strikt. Er sagte ihnen, daß sie für seine Verwandten keine Arrangements zu treffen brauchten, weil sein Sohn sowieso bald über den Irak fliegen würde – als Pilot eines B52-Bombers!

Kim traf nur wenige Tage später zu Hause ein und gab

Dereks Brief an mich offensichtlich sofort zur Post. Wieder einmal saß ich weinend in meinem Wohnzimmer, als ich las, wie sehr Derek mich und die Jungen liebte. Auch er fürchtete, daß der Trennungsschmerz unerträglich sein würde, wenn ich nach Bagdad käme, um ihn nach Hause zu holen, dann aber keinen Erfolg hätte.

›Ich liebe Dich und die Jungs viel zu sehr‹, fügte er hinzu, ›um dieses Risiko einzugehen, denn unsere Trennung hat mir vor Augen geführt, wieviel Liebe ich wirklich für Euch empfinde. Wenn Liebe so schmerzen kann wie bei den Trennungen, die wir überstanden haben, zeigt das nur, welche Macht die Liebe hat. Euer gequälter Anblick bei unserer letzten Trennung ist etwas, das ich nie wieder mitansehen möchte.‹

Sobald ich mich gesammelt hatte, rief ich Kim an, der einige Zeit aufwandte, meine bangen Fragen nach Dereks schlechter werdendem Gesundheitszustand zu beantworten. Kim sagte, daß er sich große Sorgen um ihn machte, und versicherte mir, daß er jetzt dafür kämpfen würde, Dereks Freilassung zu einer Angelegenheit höchster Dringlichkeit zu machen. Dereks Gewicht war inzwischen unter siebzig Kilo gefallen, und er war mit über eins achtzig ein großer Mann, der wahrhaftig kein überflüssiges Fleisch mit sich herumtrug. Selbst die Iraker wurden langsam besorgt und ließen Derek mit der britischen Botschaft in Bagdad Kontakt aufnehmen, damit er nach seinen ärztlichen Befunden fragen konnte.

Verzweifelt begann ich, regelmäßig das Außenministerium anzurufen, und beharrlich zu verlangen, daß sie sich Dereks Fall annahmen. Obwohl die jeweiligen Beamten, die sich mit meinen Eingaben beschäftigten, ihr Bestes taten, den Bürokratismus zu überwinden, gab mir das Außenministerium als Institution nie eine eindeutige Antwort oder feste Zusage. Am Ende saß ich schäumend vor Frustration und Wut und mit einer entsetzlichen Angst alleine da.

Mein Gefühlschaos erreichte seinen Höhepunkt am 24. November, als bekanntgegeben wurde, daß etwa ein Dutzend britischer Frauen in den Irak gereist und mit der Freilassung ihrer Männer belohnt worden war. Natürlich freute ich mich für sie, aber Sue und ich kamen immer mehr zu der Überzeugung, daß es falsch von uns war, nicht nach Bagdad zu gehen. Der Umstand, daß unsere beiden Männer sich gegen diesen Gedanken ausgesprochen hatten, war ein wesentlicher Faktor für unseren Verbleib in England gewesen, aber wir erreichten jetzt schnell ein Stadium, in dem selbst dieser nicht mehr ausreichte, uns aufzuhalten. Wenn das Schlimmste passierte und die Männer letzten Endes starben, würden wir wenigstens das Gefühl haben, alles Mögliche versucht zu haben, um sie nach Hause zu holen.

Weil alle europäischen und amerikanischen Fluggesellschaften ihre Flüge in den Irak inzwischen eingestellt hatten, war es nicht leicht, nach Bagdad zu kommen. Der einzige Weg war, nach Jordanien zu fliegen und dann das letzte Teilstück mit dem Flugzeug oder über die Straße zurückzulegen. Dies bedeutete, daß sowohl für den Irak als auch für Jordanien Visa beschafft werden mußten, aber selbst dies reichte nicht länger aus, uns von unserer Absicht abzuhalten, und so bemühte ich mich um die erforderlichen Antragsformulare, um Visa für uns beide zu bekommen.

Sonntag, 25. November
Craig fuhr mit einer Gruppe aus seiner Schule zu einer Abenteuerwoche nach Wales, und seine Abfahrt warf einen neuerlichen Schatten der Schwermut und Verzagtheit auf unser Heim. Wir gingen, um ihn zu verabschieden, und als der Bus aus der Schuleinfahrt fuhr, brach Stuart in Tränen aus. Während der ganzen Rückfahrt zu unserem Haus weinte er zum Herzerweichen und war auch für den Rest des Tages traurig und niedergeschlagen.

Schließlich fiel es mir wie Schuppen von den Augen, und ich begriff, warum er so bekümmert war. Stuart hatte in seinem kurzen Leben nicht viele Busreisen gemacht, und die letzte hatte zu der herzzerreißenden Trennung von seinem Vater geführt. Mein jüngster Sohn hatte schreckliche Angst, daß er seinen Bruder nie wiedersehen würde, und als ich Stuart beruhigt hatte, bestätigte er meinen Verdacht. Ich mußte ihm immer wieder versichern, daß Craig zurückkommen und nicht wegbleiben würde wie sein Daddy.

Ich hatte große Mühe, nicht selbst in Tränen des Zorns und des Kummers auszubrechen. Man mußte es sich vorstellen – ein fünfjähriger Junge konnte nicht mit ansehen, wie sein älterer Bruder eine Schulfahrt antrat, ohne dabei ein derartig lähmendes Gefühl der Unsicherheit zu verspüren! In diesem Augenblick haßte ich den Tyrannen aus Bagdad dafür, daß er unser aller Leben ganz bewußt so heimtückisch und abscheulich vergiftet hatte. Die nächsten Tage sollten auch für mich sehr schwierig werden, weil ich mich inzwischen daran gewöhnt hatte, mich auf Craig als den Mann im Haus zu verlassen.

Gleichzeitig hatte ich aber auch die größte Bewunderung für ihn, weil er als erstes Familienmitglied mutig genug gewesen war, eine lange Reise anzutreten und die Sicherheit unseres Hauses zu verlassen.

Später am Tag tapezierte ich die Zimmer der Jungs, als das Telefon klingelte und ich die geliebte Stimme Dereks am anderen Ende der Leitung hörte. Keiner von uns beiden konnte sagen, was er wirklich sagen wollte, weil die Iraker zuhörten, aber es war besser als nichts. Ich hatte in jüngster Zeit nichts von Derek gehört, weil den Geiseln nach der Ankündigung, daß Großbritannien weitere Truppen an den Golf schicken würde, unverzüglich alle Telefonate (und Zigaretten) gestrichen worden waren. Ich erzählte, daß ich tapezierte, und mit jener Art von Humor, die ihm in diesen düsteren Tagen half, geistig gesund zu bleiben, sagte, daß er jetzt gerne zu Hause wäre, um mich dabei zu beobachten.

Während des Monats hatte ich mich mit Sheila angefreundet, der Freundin Mikes, der mit uns in der irakischen Gefangenschaft gewesen war. Nach meiner Rückkehr hatte ich Sheila eine persönliche Botschaft von ihm überbracht, denn ihr Haus lag ganz in der Nähe von meinem. Die beiden waren nicht verheiratet, lebten aber schon seit Jahren zusammen und hatten ein kleines Kind.

Wie Sue und ich spielte auch Sheila mit dem Gedanken, nach Bagdad zu reisen, um den Versuch zu unternehmen, Mikes Freiheit zu gewinnen, aber als sie den endgültigen Entschluß faßte, es zu tun, stieß sie auf ein unerwartetes und herzzerreißendes Hindernis. Als sie ein Visum beantragte, wurde schnell offenkundig, daß sie die einzige Partnerin einer Geisel war, die im Irak als unerwünscht galt. Die scheinheilige Begründung war, daß sie nicht nur kein Recht auf Mike hatte, sondern nach dem islamischen Gesetz auch noch eine Todsünde beging, weil sie mit ihm zusammenlebte.

Mittwoch, 28. November

In diesem Abschnitt des Monats schmückten sich die Hauptstraßen Großbritanniens für das Weihnachtsfest. Städtische Arbeiter hatten die üblichen bunten Lichter angebracht, um Worcester während der kommenden Wochen festlich aussehen zu lassen, Weihnachtsmärkte öffneten ihre Tore im Stadtzentrum und die Schaufenster platzten vor allem möglichen aus den Nähten, angefangen beim Lametta bis hin zu Computerspielen. Je fröhlicher die Stadt aussah, desto mehr verstärkte sich mein Elend, wenn ich daran dachte, daß jetzt Dereks dritter Monat in der Gefangenschaft ohne uns zu Ende ging. Es gab eine letzte Initiative, auf die ich alle meine Hoffnungen, daß er noch rechtzeitig zu Weihnachten nach Hause kam, setzte.

Wie eine Anzahl anderer Politiker vor ihm, war der Labour-Abgeordnete Tony Benn heute in Bagdad gelandet, um die Freilassung weiterer Geiseln zu erbitten. Ich hatte ihm schon vor einiger Zeit geschrieben und ihn gebeten, sich Dereks Fall anzunehmen, und nun wartete ich ab, ob er ihn befreien könnte.

Mr. Benn hatte eine Besprechung mit Saddam Hussein, der zur Zeit Geiseln in kleinen Zweier- oder Dreiergruppen freiließ, und sprach dann zu einer Versammlung von dreihundert Geiseln, die alle aus Kuwait gekommen waren. Die Häftlinge glaubten wirklich, daß sie nach Hause gehen könnten, aber kaum daß der Abgeordnete seine Rede beendet hatte, wurden sie in ihre Anlagen zurückgebracht und fühlten sich betrogen und verbittert, während Mr. Benn nur mit einer kleinen Gruppe von Menschen, die alle im Irak gearbeitet hatten und denen die Heimkehr bereits versprochen worden war, nach Großbritannien zurückkehren konnte.

Eine gute Sache widerfuhr uns an diesem Tag. Eine Amerikanerin, die nach unserer Verlegung nach Bagdad in unserer Wohnanlage in Kuwait gewesen war, hatte eine ganze Anzahl von Familienfotos aus mehreren Häusern aufgesammelt, die von den plündernden Invasoren überall auf der Straße verstreut worden waren. Eine Handvoll unserer Fotos, die Craig und Stuart in jungem Alter zeigten und deshalb unersetzlich waren, gelangten über brüchige Kommunikationsverbindungen irgendwie in Dereks Hände. In einer Zeit, in der er sie so nötig brauchte, versorgten ihn die Bilder mit kostbaren, glücklichen Erinnerungen, und heute verkörpern sie einen wertvollen Teil unseres Familienalbums. Wir können der Frau, die sich die Mühe gemacht hat, sie zu bergen und weiterzugeben, gar nicht dankbar genug sein.

Ich fand mich jetzt damit ab, daß Derek zum Fest nicht zu Hause sein würde, und eine ganze Anzahl von gütigen Freunden und Verwandten luden uns ein, Weihnachten bei ihnen zu verbringen. Nachdem wir über die Einladungen gesprochen hatten, beschlossen Craig und ich, sie alle auszuschlagen, weil wir erst wieder feiern würden, wenn Derek zu uns zurückgekehrt war. Wir hatten vor, nur ein paar einfache Geschenke auszutauschen, und die Feiertage alleine zu Hause zu verbringen.

In dem Bemühen, die Misere der Geiseln im Bewußtsein der Öffentlichkeit zu halten, erklärten sich vier Frauen, die Angehörige am Golf hatten, und ich bereit, an einem Radiointerview über unsere Weihnachtspläne teilzunehmen. Die ganze Sache wurde zuviel für uns. Wir fingen alle an zu weinen, und das Mädchen, das das Interview führte, schloß sich uns dabei an.

Stuart steckte inzwischen tief in den Proben für seine Rolle in seinem ersten Krippenspiel in der Schule, und der lokale Radiosender stattete seiner Schule einen Besuch ab, um mit ihm zu reden. Ich wünschte, ich hätte gewußt, wie sich die Aufnahme anhörte, als die Redakteure damit fertig waren, denn als ich sie zu hören bekam, brach ich völlig zusammen. Vor dem Hintergrund von Kinderstimmen, die Weihnachtslieder sangen, konnte ich Stuart hören, der Saddam Hussein bat, ihm seinen Daddy zu Weihnachten wiederzugeben. Es gelang mir, eine Kassette der Aufnahme zu bekommen, und ich hatte vor, sie in ein Weihnachtspaket für Derek zu packen, entschloß mich aber im letzten Augenblick, es nicht zu tun. Wenn sie schon bei mir eine solche Wirkung hinterlassen hatte, mochte sie ausreichen, Derek völlig zu zerbrechen.

Während dieser ganzen Zeit waren die Männer unter gewaltigen Druck geraten – sie sollten uns überreden, zu Weihnachten zu ihnen zu fliegen. Genau wie sie es mit den Amerikanern am Danksagungstag getan hatten, versuchten die Iraker nun den Briten zu verkaufen, daß sie ein richtiges Fest wie zu Hause wollten, einen Weihnachtsbaum eingeschlossen. Sie hatten spezielle Pläne für die Familie Lockwood und wollten unbedingt, daß ich und Stuart kamen. Das wäre ein großartiger Propagandacoup für sie gewesen. Die ganze Sache diente wieder einmal dem Zweck, Heimweh bei den Geiseln hervorzurufen und ihre Angehörigen anzustacheln, der britischen Regierung politischen Ärger zu bereiten.

Für diejenigen von uns, die noch unschlüssig waren, ob sie versuchen sollten, ihre Männer durch eine persönliche Intervention herauszuholen, war dies eine zusätzliche grausame Zwickmühle. Das schmerzende Isolationsgefühl, das die Geiseln und ihre Angehörigen verspürten, war nie akuter als in jenen letzten schrecklichen Wochen vor Weihnachten.

Ich habe viele Male versucht, die richtigen Worte zu finden, um es zu beschreiben, aber nichts, was ich sagen könnte, reicht an die Gedanken Brian Deenans heran, des irischen Journalisten, der vier Jahre und vier Monate in Beirut gefangengehalten wurde. Nach seiner Freilassung am 30. August 1990 – zwei Tage vor meiner eigenen Repatriierung aus Bagdad – wird er so zitiert: »Geiselhaft ist marterndes Alleinsein. Sie ist ein lautlos schreiendes Hinabgleiten in die Eingeweide der äußersten Verzweiflung. Geiselhaft ist ein Mensch, der an seinen Fingernägeln über dem Abgrund des Chaos hängt und spürt, wie sich seine Finger langsam strecken.«

Dies ist eine perfekte Beschreibung der Gefühle, die Derek und ich hatten, als der unselige Monat November seinem Ende entgegenging.

Sonntag, 2. Dezember

Heute wurde ein ›Yellow-Ribbon‹-Tag in London geplant, um dafür zu sorgen, daß der Rest Großbritanniens das Elend der Geiseln nicht vergaß. Aufgrund eines Zusammenbruchs der Kommunikation zwischen den verschiedenen Golfgruppen hatten wir erst drei oder vier Tage zuvor davon gehört, und es war Derek, der uns aus seinem Gefängnis im Irak darüber berichtete. Er hatte es in der *Gulf-Link*-Sendung des World Service der BBC gehört und erwähnte es mir gegenüber während einer unserer Telefonunterhaltungen. Außerdem sollten in ganz Großbritannien Mahnwachen mit Gebeten abgehalten werden.

Am Tag vor dem großen Ereignis beschlossen wir, eine eigene kleine Zeremonie in Worcester abzuhalten. Judy, ich selbst, die Kinder und einige weitere Einheimische, darunter Sue und Sheila, gingen um acht Uhr dreißig morgens zur Kathedrale. Mit der Erlaubnis des Bischofs von Worcester legten wir ein gelbes Band – ›yellow ribbon‹ – um das Kriegerdenkmal und sprachen ein kurzes Gebet, während die lokale Presse Fotoaufnahmen von uns machte. Die Zeremonie dauerte nur etwa dreißig Minuten, aber das Band blieb drei Monate lang dort. Dies erschien uns angemessen, denn wir wünschten uns nicht nur die sichere Heimkehr unserer Geiseln, sondern auch die all der jungen Soldaten, die bald am Golf kämpfen würden.

Am Sonntag fuhren Sheila, Sue, Stuart und ich in Sheilas Ford Sierra nach London, wobei ich am Steuer saß. Craig entschied sich, nicht mitzukommen, weil er gerade erst von seiner Fahrt nach Wales zurückgekommen war und sich erschöpft fühlte. Wir fragten uns, was uns eigentlich erwarten würde, aber wir waren gewillt, alles zu versuchen, was den Tyrannen veranlassen könnte, unsere Männer freizulassen, bevor ein weiterer Monat verging. Wir trafen eine ganze Weile vor dem Beginn der Zeremonie am Piccadilly Circus ein.

Um elf Uhr begannen die Menschen, gelbe Bänder um Pfähle zu legen, die speziell zu diesem Anlaß errichtet worden waren, und dann gab Glenys Kinnock, die Frau des Oppositonsführers, eine Erklärung ab, in der sie Saddam Hussein aufrief, die Geiseln so rechtzeitig freizulassen, daß sie das Weihnachtsfest bei ihren Familien verbringen konnten. Mehrere der Medienvertreter erkannten Stuart, und plötzlich war er bei den Fotografen sehr gefragt. Er wurde mit Mrs. Kinnock dabei fotografiert, wie er ein gelbes Band für seinen Daddy knüpfte, und die Fotografie wurde am selben Abend im Fernsehen und am nächsten Tag in vielen Sonntagszeiten gebracht. Ausnahmsweise hatte ich nichts gegen die Aufmerksamkeit, die man ihm entgegenbrachte, einzuwenden, weil ich glaubte, daß sie dazu beitragen könnte, das zu erreichen, was wir uns am meisten wünschten.

Als nächstes kam das große Ereignis, auf das alle, insbesondere die Fernsehkameras, gewartet hatten. Eine riesige Zeltplane wurde weggezogen und eintausendvierhundert gasgefüllte Luftballons – jeweils einer für jede britische Geisel, die sich noch im Irak befand – flogen als riesige Wolke, die für einige Sekunden den Himmel verdunkelte, in die Luft. Stuart blickte ungläubig nach oben, als sich die Ballons in die Lüfte erhoben und langsam davontrieben. Ich hatte ihm gesagt, daß sie in den

Irak flogen, um Saddam Hussein daran zu erinnern, daß wir alle Daddys wiederhaben wollten, aber ich glaube, daß er etwas verwirrt war und sich vorstellte, einer der Ballons würde auf Dereks Schoß landen.

Als sich die Ballons verflüchtigten, fühlten wir uns aufgrund unserer großen symbolischen Geste alle viel besser. Es spielte keine Rolle, daß die meisten von ihnen wahrscheinlich wieder auf die Erde sinken und an Bäumen und Sträuchern zerplatzen würden, bevor sie auch nur die Küste erreichten. Als sie jedoch am Himmel verschwanden, schienen sie unsere Gebete mitzunehmen und uns von einer großen Last zu befreien. Endlich hatten wir etwas Positiveres getan, als nur weinend alleine zu Hause zu sitzen. Wir hatten unseren Kummer verringert, indem wir ihn geteilt hatten, und waren wirklich befriedigt, an einem solchen ungewöhnlichen Schauspiel teilgenommen zu haben.

Auch fünfunddreißig Kuwaitis im Exil und ihre Unterstützer, die diesen Tag gewählt hatten, um mit ›Befreit-Kuwait‹-Schildern durch London zu marschieren, waren am Piccadilly Circus erschienen. Viele der Demonstranten sahen Stuart, erkannten ihn von seinen Fernsehauftritten wieder und wollten alle zusammen mit ihm fotografiert werden.

Wir begannen jetzt durch das Stadtzentrum zu spazieren und die Sehenswürdigkeiten zu betrachten, bis wir Trafalgar Square erreichten, wo der Marsch der Kuwaitis enden sollte. Wieder einmal hatte Stuart ungewöhnliche Umstände mit Leichtigkeit bewältigt, und dafür erwartete ihn jetzt eine spezielle kleine Belohnung. Ich sah stolz zu, als die Tauben die Nelsonsäule verließen und um ihn herumflatterten, um gefüttert zu werden.

Im Irak wurden die britischen Geiseln noch immer von ihren Gastgebern unter Druck gesetzt, weil sie auf irgendeine Art und Weise Weihnachten feiern sollten, und die Wächter fragten sie ständig, ob sie in ihrer Anlage oder in einem Hotel der Stadt ihren Festtagstruthahn verzehren wollten. Sie wurden ziemlich wütend, als ihnen die Gefangenen sagten, daß sie weder das eine noch das andere wollten und es vorzögen, das Fest überhaupt nicht zu begehen, wenn sie nicht zu ihren Angehörigen nach England zurückkehren könnten.

Derek setzte seinen eigenen Plan in die Tat um, um uns zu helfen, das Fest zu feiern, und setzte dabei unseren älteren Sohn zur Untersützung ein. Er schrieb an Craig und fügte eine Vollmacht bei, mit der die Bank angewiesen wurde, hundert Pfund von seinem Konto auszuzahlen, so daß Craig in seinem Namen Geschenke für Stuart und mich holen konnte und die beiden Jungs auch selbst genug Geld hatten, um mir ein Geschenk zu machen.

Donnerstag, 6. Dezember

Endlich kam die Nachricht, auf die wir und die ganze westliche Welt gewartet hatten. Am 126. Tag von Dereks Gefangenschaft im Irak hörten wir, daß alle Geiseln freigelassen werden sollten. In Großbritannien hörten wir es kurz vor Mittag, in Bagdad wurde der Beschluß während des Nachmittags bekannt gegeben – und die Briten, die in Dereks Anlage festgehalten wurden, hätten beinahe gar nichts erfahren!

Derek lag auf seinem Bett, als er einen seiner Freunde jubeln, hurra schreien und herumlaufen hörte. J. J. hatte sich als einziger die Mühe gemacht, das Radio einzuschalten, als Saddam Hussein aus heiterem Himmel in Radio Bagdad die Erklärung abgab, daß seine ›Gäste‹ rechtzeitig zu Weihnachten nach Hause gehen dürften. J. J. steckte seinen Kopf durch Dereks Tür, um ihm die frohe Botschaft zu überbringen, aber Derek glaubte ihm nicht und sagte ihm das auch voller Sarkasmus. J. J. verbreitete die Nachricht jedoch in der ganzen Anlage, und als immer mehr Männer anfingen, laut zu schreien und vor Freude in die Luft zu springen, merkte Derek langsam, daß er etwas versäumte, und stimmte in den Jubel mit ein. Innerhalb einer halben Stunde hatten die verschiedenen aufmerksam lauschenden Nachrichtenagenturen die Neuigkeit aufgegriffen, und der World Service strahlte sie rund um den Erdball aus.

Judy hörte als erstes Mitglied unserer Familie von Dereks bevorstehender Freilassung und rief mich bei der Arbeit an. Die Mädchen in meinem Büro wurden totenstill, als sie zu mir durchkam. Ich glaube, sie konnten mir am Gesicht ablesen, daß ich eine bedeutende Nachricht bekommen hatte, und als ich den Hörer auflegte und ihnen sagte, was passiert war, waren sie ganz aufgeregt.

Ich war in Hochstimmung und wagte dennoch nicht, wirklich daran zu glauben. Ich erwartete einen weiteren Tiefschlag, weil ich mir nicht vorstellen konnte, daß die Iraker die Männer so einfach gehen lassen würden. Es mußte einen Haken bei der Sache geben. Während meiner Mittagspause rief ich Judy zurück, um ausführlicher mit ihr zu reden. Die Maßnahme mußte erst noch offiziell vom irakischen Revolutionsrat am nächsten Tag gebilligt werden. Ich fürchtete sehr, daß sie dann Bedingungen an die Sache knüpfen, aber Judy versicherte mir, daß alles in Ordnung gehen würde.

Inzwischen herrschte in meiner ganzen Firma große Aufregung, und immer wieder kamen Leute vorbei, um mir zu gratulieren. Im stillen bereitete ich mich auf eine weitere Enttäuschung vor, aber es war schwierig, mit beiden Füßen auf dem Boden zu bleiben. Ich rief Sue an. Ihr war schlecht geworden, weil die Nachricht sie derartig überwältigt hatte. Sie kam gerade aus dem Badezimmer, als ich anrief, und bei unserem Telefonat weinten wir alle beide. Sie fragte mich, ob ich glaubte, daß unsere Wünsche wirklich in Erfüllung gehen. Ich antwortete, daß ich mir nicht sicher wäre, es sich aber um das hoffnungsvollste Zeichen handeln würde, das wir bisher bekommen hätten.

Die Telefonleitungen liefen an diesem Nachmittag in Worcester heiß – Britsh Telecom muß ein Vermögen verdient haben. Die Abendzeitung rief ständig bei mir im Büro an, und als ich die Anrufe des Reporters schließlich beantwortete, überredete er mich, Sue und Sheila am Abend in mein Haus einzuladen, so daß er uns alle zusammen interviewen konnte.

Ich hinterließ in Craigs Schule die Nachricht, daß er Judy anrufen sollte, denn ich war im Büro nicht so leicht zu erreichen. Als er sie erreichte, erzählte ihm Judy die wunderbare Neuigkeit. Er war im siebten Himmel, und alle Lehrer und Schulfreunde freuten sich mit ihm. Mrs. Probert, die Direktorin von Stuarts Schule, hatte inzwischen im Radio von Dereks bevorstehender Heimkehr gehört und fragte telefonisch bei Judy an, ob sie meinem jüngsten Sohn Bescheid sagen könnte. Stuart war auch ganz aufgeregt, als er hörte, daß sein Daddy bald wieder da wäre, aber im Gegensatz zu Craig und mir hatte er sich nie vorgestellt, daß Derek überhaupt nicht mehr nach Hause kommen könnte. Während des gesamten Heimwegs von der Schule redete er über nichts anderes.

Unsere Straße sah ruhig und normal aus, als ich in sie einbog und den Wagen vor unserer Einfahrt parkte. Doch ich hatte die Haustür noch nicht geöffnet, da sprach mich bereits eine Reporterin von hinten an. Als ich mich umdrehte, um Antwort zu geben, stand eine ganze Horde von Journalisten der verschiedensten Zeitungen und Sendeanstalten vor mir. Sie waren buchstäblich aus dem Nichts aufgetaucht. Innerhalb von Sekunden waren sie überall in meinem Wohnzimmer, und während des halben Abends kamen und gingen ständig neue. Ich hatte nicht einmal Zeit, eine Tasse Tee für uns zu kochen. Schließlich bat ich Sue, auf dem Weg zu uns in einem Fish-and-Chips-Laden ein paar Einkäufe für uns zu tätigen.

Stuart hatte sich erkältet, und inzwischen sah es ganz danach aus, daß er eine Grippe bekam. Er wurde sehr müde, und das Fernsehteam der BBC, das ihn schon einmal bei seinem Krippenspiel in der Schule gefilmt hatte, mußte das Interview mit ihm hintenansetzen. Als eine ITN-Mannschaft eintraf, war er bereits eingeschlafen, und so machten sie einige Aufnahmen, die zeigten, wie er auf meinem Schoß schlief. Ich schaffte es, ihn gegen halb neun ins Bett zu bringen, und kurz darauf gingen die meisten Presseleute und ließen uns in Frieden.

Mittlerweile waren Sue, Sheila, ein Photograph und ein Reporter von der lokalen Abendzeitung eingetroffen. Wir setzten uns alle zusammen und plauderten lange über unsere Gefühle und die Ereignisse eines hektischen

Tages. Ich betrachtete die Heimkehr der Geiseln noch immer mit Skepsis, aber Sue und Sheila waren überzeugt, daß es diesmal wirklich dazu kommen würde. Ich glaube nicht, daß beide jemals meine Zweifel gekannt haben, aber sie hatten die Iraker ja auch nie kennengelernt oder in Aktion gesehen. Im Gegensatz zu mir waren sie im sicheren England gewesen, als Nigel und Mike während ihrer Arbeit im Mittleren Osten in Gefangenschaft gerieten.

Als bei ITV die 22.00-Uhr-Nachrichten kamen, sahen wir uns den Film an, den das ITN-Team früher am Abend gedreht hatte. Um der Geschichte einen anderen Blickwinkel zu geben, knipste uns der Fotograf der Lokalzeitung dabei, wie wir die Nachrichtensendung betrachteten. Um halb zwölf gingen alle, und ich taumelte erschöpft ins Bett.

Die Visaanträge für die Reise nach Bagdad, von der Sue und ich uns Hilfe für unsere Männer versprochen hatten, würden wohl nicht mehr nötig sein. Es war eine ungewollte Ironie, daß sie uns an dem Tag erreichten, als auch Derek endlich zu uns zurückkehrte.

Stuart und seine Klassenkameraden hatten eine Weihnachtskarte für Derek gebastelt und mit ihrer Unterschrift versehen. Mrs. Probert hatte die Absicht gehabt, sie an diesem Nachmittag zur Post zu geben. Als sie von Dereks möglicher Freilassung hörte, fragte sie, ob sie die Karte trotzdem abschicken sollte, und ich sagte ihr, daß sie es ruhig tun sollte, denn noch war er nicht wieder bei uns. Die Karte traf in Bagdad ein, als Derek längst nach Hause heimgekehrt war, und wurde von unseren früheren ›Gastgebern‹ wieder nach Großbritannien zurückgeschickt. Sie kam schließlich in unserem Haus an, keine fünf Kilometer von der Stelle entfernt, an der sie aufgegeben worden war.

Freitag, 7. Dezember

Endlich konnte ich mich entspannen und der Feierstimmung anschließen, die während der vergangenen vierundzwanzig Stunden ganz Großbritannien erfaßt hatte. Endlich konnte ich von meinem bitteren, reservierten Realitätssinn abgehen und gleichfalls das Hochgefühl genießen, in dem alle anderen bereits badeten. Der irakische Revolutionsrat stimmte der Freilassung der Geiseln zu. Es würde keine vage Hoffnungen mehr geben, keine Selbstlüge im Hinblick auf Dereks langfristige Sicherheit – diesmal kam er wirklich nach Hause.

Ich erfuhr den Ratsbeschluß aus den Fernsehnachrichten. Mein Herzschlag setzten einen Augenblick lang aus, und ich fing an zu weinen. Zuerst überlegte ich, nicht zur Arbeit zu gehen, sagte mir dann aber, daß ich im Büro besser aufgehoben wäre. Ich würde zu beschäftigt sein, um über Hemmnisse in letzter Minute nachzugrübeln, und konnte mich auch vor der Presse verstecken. In jedem Fall würde jetzt der eine oder andere ungläubige Thomas in den Medien davor warnen, daß es noch Tage oder sogar Wochen dauern könnte, bis die Männer nach Hause kamen, und das war so ungefähr das letzte, was ich hören wollte. Da es keine weiteren Informationen gab, entstand eine ganze Menge Konfusion, und auch dem wollte ich entgehen.

Die Geiseln in Dereks Anlage feierten ihre bevorstehende Heimkehr mit Stil. Jamal, der Leiter der Reparaturabteilung in der Fabrik, hatte früher versprochen, allen am Tag vor ihrer Freilassung einen Drink zu spendieren, und er hielt sein Wort. Er tauchte mit zwei Kästen Bier auf, das schnell unter den jubelnden Häftlingen verteilt wurde. Die Nachricht vom Beschluß des Revolutionsrats ging gegen Mittag ein und war einfach die Krönung von aller Freude.

Die Wächter, die während der letzten paar Tage allmählich entspannter geworden waren, fingen jetzt richtig an, sich mit den Geiseln zu unterhalten und sich ganz offen zu geben. Sie offenbarten, welche Angst sie vor den Gefahren hatten, die der heranrückende Krieg mit sich bringen würde, und sprachen von ihrem Kummer, weil auch sie von ihren Familien getrennt waren. Und plötzlich, als die Männer erkannten, wieviel sie gemein hatten, herrschte zwischen den beiden Gruppen Einvernehmen. Derek sprach mit einem Wächter namens Mohammed, der seit dreieinhalb Monaten Geiseln bewachte und seinen fünf Monate alten Sohn kaum gesehen hatte.

»Dann können Sie sich ja vorstellen, wie ich mich fühle«, sagte Derek zu ihm.

Derek hatte sich schon vor der bevorstehenden Freilassung langsam wieder etwas besser gefühlt, weil das Essen während der letzten beiden Wochen ständig besser geworden war. Die Geiseln bekamen jetzt Sachen wie Honig, Cornflakes, frische Milch, Dosengemüse, Schafskäse, Orangen, Datteln und sogar anständigen Pulverkaffee. Sie hatten auch Zucker, Kakao und Butter und versuchten, eigene Pralinen und Toffees herzustellen, aber meistens kam bei diesen Bemühungen nur so etwas wie Kleister heraus.

Die normalen irakischen Menschen blieben bitterarm, und die Geiseln gaben ihnen dann und wann etwas von ihren eigenen Vorräten ab. Es gab eine alte Putzfrau, die regelmäßig versuchte, etwas bei Derek zu ergattern, und weil sie behauptete, daß sie rauchte und immer zu wenig Tabak hatte, gab er ihr des öfteren eine Packung Zigaretten. Jetzt, ganz am Ende seiner Haft, fand er heraus, daß alle anderen Geiseln dasselbe getan hatten – mit größter Wahrscheinlichkeit hatte sie ihre Erwerbungen auf dem schwarzen Markt verkauft.

Weitere ›Trostpakete‹ trafen in jüngster Zeit von der britischen Botschaft ein, aus denen die Iraker offensichtlich einige Sachen stibitzt hatten. Die Geiseln wußten, was die Pakete enthielten, denn den früheren Paketen hatten Inhaltsverzeichnisse beigelegen. Diese fehlten jedoch in den neuesten Paketen – ebenso wie einige der Artikel, die unsere Männer erwarteten. Es waren aber immer noch viele Dinge dabei, die ihnen das Leben erträglicher machten – Spielkarten, Schreibpapier und Umschläge, Trainings- und Jogginganzüge, Wollsocken, warme Jacken, Romane, weiterer Whisky, einfache Arzneimittel, Orangensaft, Zahnpasta und Toilettenartikel, darunter Rasierklingen und Aftershave.

An diesem Abend konnte keine der Geiseln schlafen, weil sie wegen der Aussicht auf ihre Heimkehr zu aufgeregt waren. Immer wieder behelligten sie den Captain der Wachmannschaft mit der Frage, wann man sie vor dem Abflug ins Mansour Melia Hotel bringen würde. Der Captain hatte viel dazu beigetragen, daß die Wächter freundlich und umgänglich waren, und seine Männer sogar angewiesen, während ihres Dienstes in der Anlage ihre Waffen abzulegen. Aber selbst die Geduld dieses Mannes erschöpfte sich langsam, und er konnte es kaum abwarten, seine Schutzbefohlenen loszuwerden, um etwas Ruhe und Frieden zu finden.

»Glauben Sie mir«, versicherte er ihnen schließlich. »Sie werden die ersten sein, die im Hotel eintreffen.«

Hier in Worcester endete der schönste Tag, den ich seit mehr als vier Monaten erlebt hatte, mit einem Mißgeschick, das auch böse hätte ausgehen können. Während der Rückfahrt von Stuarts Schule hatte ich einen Autounfall. Ein anderer Wagen bog unmittelbar vor mir links ab, und ich fuhr ihm geradewegs in die linke Hintertür hinein und verbeulte meinen Kotflügel. Glücklicherweise wurden weder Stuart noch ich verletzt. Ich rief sofort Phil an und bat ihn, zu kommen und alles für mich zu regeln. Der Fahrer des anderen Fahrzeugs wußte nicht, wer wir waren, obwohl der Polizist, der am Schauplatz erschien, mich kannte. Ausnahmsweise war dies jedoch nicht auf unsere Medienauftritte zurückzuführen, denn derselbe Polizist hatte mich vor ein paar Wochen angehalten und wegen Geschwindigkeitsüberschreitung verwarnt.

Samstag, 8. Dezember

Dies war ein miserables und banges Wochenende für uns, denn das Hemmnis in letzter Minute, das ich so befürchtet hatte, fiel im wahrsten Sinne des Wortes vom Himmel. Es hatte in der Nacht geschneit, und jetzt zog ein furchtbarer Schneesturm über ganz Hereford und Worcester und verschiedene andere Teile Großbritanniens dahin. Stromleitungen stürzten auf den Boden,

Dörfer wurden abgeschnitten, Tausende von Häusern waren tagelang ohne Strom und nahezu jede größere Straße und Autobahn wurde unpassierbar.

Unser Haus befand sich am Rand von Worcester. Da wir besser geschützt waren und unsere Gaszentralheizung intakt blieb, wurden wir weniger beeinträchtigt als die meisten anderen. Dennoch hatten auch wir von halb neun bis fünf keinen Strom. Stuart verbrachte einen ziemlich langweiligen Tag, weil der tosende Wind und das Schneetreiben es ihm unmöglich machten, draußen zu spielen. Er hatte noch nicht einmal einen Fernseher, um sich die Zeit zu vertreiben.

Am bedeutungsvollsten war jedoch die Tatsache, daß nahezu jeder Flughafen im ganzen Land eingeschneit war und gesperrt werden mußte. Wie konnte Derek aus dem Irak nach Hause fliegen, wenn er nirgendwo landen durfte? Ich konnte kaum glauben, daß sich das Schicksal uns erneut in den Weg zu stellen drohte.

Derek war an diesem Morgen ebenfalls etwas niedergeschlagen. Die Amerikaner waren die ersten, die die Anlage verließen, während die Briten als letzte Gruppe befreit werden sollten. Nur noch zwei Amerikaner – Al und Keith – waren in dem Komplex verblieben, in dem Derek zuletzt festgehalten wurde, und alle standen früh auf, um sich um sechs Uhr von ihnen zu verabschieden. Alle Männer hatte das gemeinsame Leiden zu Freunden gemacht. Sie sagten sich warmherzig auf Wiedersehen und versprachen, in Verbindung zu bleiben.

Inzwischen herrschte in der Anlage beinahe die Atmosphäre eines letzten Schultags. Die Wächter erlaubten neugierigen Einheimischen sogar, an den Zaun heranzutreten und mit Geiseln zu reden, die so glücklich waren, das Land verlassen zu können. Unsere Männer beschlossen, ihre Datteln und Orangen den Kindern zu schenken, und viele der Erwachsenen fingen an, um andere Artikel zu bitten, die sie in ihrem ganzen Leben noch nie gesehen hatten und vermutlich auch nie wieder sehen würden. Derek gab einer Frau, die zwei kleine Kinder bei sich hatte, einige Aspirin, und bald verschenkten alle Geiseln die Dinge, die sie nicht mehr benötigten.

Medikamente, Seife, Handtücher, Trainingsanzüge und sogar Bettücher – alles, was sie von den irakischen Beamten bekommen hatten, gaben die Briten an die aufgeregte Menge irakischer Normalbürger ab. Sie lebten in bitterer Armut, während sich ihr illustrer Führer einen luxuriösen Palast erbaute und die viertgrößte Armee der Welt unterhielt, um ihn zu verteidigen. Viele der Geiseln waren mit kleinen Radios ausgestattet worden, um die verschiedenen Bekanntgaben der irakischen Regierung hören zu können, und auch diese fanden jetzt ihren Weg in die Hände, die sich ihnen begierig entgegenstreckten, um danach zu greifen.

Einige der Wächter und andere Befehlshaber aus der Fabrik fragten verlegen, ob sie auch etwas haben könnten, und ihre Wünsche wurden erfüllt, denn trotz ihrer Uniformen und der etwas besseren Bezahlung waren sie ebenfalls sehr arm. Die Wirtschaft war durch Saddam Husseins Kriege ruiniert worden – beispielsweise kostete Trockenmilch für Kinder das Zehnfache. Es gab eine reiche Elite, die sich die neuen Preise leisten konnten, aber die Wächter gehörten nicht dazu. Derek gab einem der Dolmetscher etwas Hustensaft, und als

Gegengabe schenkte ihm der Mann seinen einzigen Schreibstift.

»Ich möchte nicht, daß sie mich vergessen«, sagte er schüchtern zu ihm.

Die Geiseln verbrachten den Rest des Tages damit, sich selbst zum Ärgernis zu machen, indem sie den Captain fragten, wann sie gehen könnten, und er wiederholte sein Versprechen, daß sie die ersten im Hotel sein würden. Sie packten ihre bescheidene Habe zusammen, stiegen um achtzehn Uhr in den Minibus und in die anderen Wagen, die zu ihrer Evakuierung bereitgestellt worden waren. Die Wächter warteten auf den Telefonanruf der höheren Dienststelle, der ihre Abfahrt sanktionieren würde. Als er kurz danach kam, fuhr der kleine Konvoi nach Bagdad und setzte die Männer vor der Türschwelle des Hotels ab. Sie gingen hinein und stellten fest, daß das Haus praktisch leer war. Der Captain besaß offenbar einen Freund auf einer etwas höheren Stufe der Befehlsleiter und hatte sein Wort gehalten.

Die Geiseln meldeten sich beim Personal der britischen Botschaft, und einer der Diensthabenden begrüßte Derek.

»Ich habe Ihren Namen oft gesehen, weil sie so viel Post bekommen haben«, sagte er. »So kann sich wenigstens unser Postdienst verbessern und wieder normalisieren, wenn Sie erst einmal weg sind.«

Die Männer gingen dann den Flur hinunter, der ins Innere des Hotels führte, liefen jedoch genau der Presse in die Arme, die aus England herübergeflogen war, um sie ›willkommen‹ zu heißen. Derek wollte nichts mit den Journalisten und ihren Kameras zu tun haben. Um ihnen zu entkommen, versteckte er sich in dem Zimmer, das ihm zugeteilt worden war. Wie wir fühlte auch er sich von dem Medieninteresse völlig überwältigt.

Als er schließlich hinunter in den Speisesaal ging, erwarteten ihn eine Überraschungsparty und einige alte Freunde, die ihn begrüßten. Mehrere der Frauen aus unserer Wohnanlage in Kuwait – Gilly, Sue, Maggie, Laura, Ann und Augusta – waren aus England gekommen, um mit ihren Männern zusammenzutreffen. Im Gegensatz zu Derek und seinen Kameraden hatten sie Geld bei sich. Das Hotel hatte jetzt auch wieder die Atmosphäre eines Hotels, obwohl noch immer einige Wächter anwesend waren. Und die Preise der Bar hatten sich versiebenfacht! Dennoch kauften die Frauen kästenweise Bier, und bald tranken alle miteinander und plauderten über die alten Zeiten. Derek erfuhr von ihnen auch die letzten Neuigkeiten über mich und die Jungs und bekam einen haargenauen Bericht über den Yellow-Ribbon-Tag aus der vergangenen Woche. Während des Abends trafen immer mehr Geiseln im Hotel ein, und Derek stieß ständig auf Menschen, die er seit den Tagen in Kuwait nicht mehr gesehen hatte.

Ausnahmsweise einmal erfreute er sich besserer Lebensumstände als ich. Ich verbrachte das ganze Wochenende eingeschneit zu Hause, wartete auf die Nachricht, wann er zurückkommen würde, und machte mir Sorgen darüber, daß der Schnee die Landung seines Flugzeugs verhindern könnte. Immer wieder klingelte das Telefon, aber wenn ich den Hörer abnahm, war jedesmal nur ein weiterer Journalist am Apparat, der wissen wollte, ob ich etwas gehört hatte.

Besonders dankbar war ich Phil und Judy, die treu in ständigem Telefonkontakt mit mir blieben. Sie verzichteten auf ihren Wochenendurlaub, um auf Abruf bereitzustehen, falls wir zum Flughafen fahren und Derek endlich abholen konnten.

Sonntag, 9. Dezember

Sobald wir an diesem Morgen die Augen öffneten, begann das Telefon zu klingeln, und eine Zeitung nach der anderen erkundigte sich, ob wir inzwischen gehört hatten, wann Derek nach Hause kam. Jedesmal wenn es klingelte, hielten wir den Atem an. Immer hofften wir zu erfahren, daß Derek endlich auf dem Weg war, aber stets wurden wir enttäuscht. So hatten wir uns den Beginn des Tages gewiß nicht vorgestellt, aber es passierte wenigstens etwas Gutes. Mit Erleichterung stellten wir fest, daß das Wetter besser geworden war und der Schnee taute, so daß die Flughäfen wahrscheinlich offen sein würden und das Geiselflugzeug landen konnte.

Nachdem wir richtig wach geworden waren, schalteten wir das Fernsehen ein, um auch nicht den kleinsten Informationssplitter über die heimkehrenden Männer zu verpassen. Wir bekamen den einen oder anderen Filmausschnitt mit, in dem die Geiseln tatsächlich im Mansour Melia interviewt wurden. Alle waren außer sich vor Freude darüber, daß das Ende des Alptraums in Sicht war und sie nach Hause zurückkehren konnten. Sie sahen zwar ein bißchen mitgenommen aus und hatten einiges an Gewicht verloren, aber offenbar waren sie in guter Verfassung.

Craig und ich befanden uns in einem andauernden Stadium der Nervosität und verbrachte jede Minute damit, entweder zum klingelnden Telefon zu springen oder ein Auge auf die Nachrichten zu halten. Unsere Aufregung wuchs, als wir vertraute Gesichter erkannten. Gleichzeitig wurde uns aber auch bange zumute, weil wir kein Zeichen von Derek sahen, so aufmerksam wir den Bildschirm auch beobachteten.

Derek aber versteckte sich und ging der Presse aus dem Weg. Schließlich gelang es einem Vertreter der Zeitung *Today*, ihn in seinem Zimmer aufzuspüren. Der Reporter sagte, daß seine Redaktion eine Telefonverbindung zwischen ihm und mir herstellen wollte und einer seiner Kollegen in England bereits mit mir gesprochen hätte. Dies war eigenartig, denn fast im gleichen Augenblick rief mich ein Reporter von *Today* an und sagte, daß einer seiner Kollegen in Bagdad bereits mit demselben Vorschlag an Derek herangetreten sei.

Wie sich herausstellte, waren wir gar nicht auf die Hilfe irgendeiner Zeitungsredaktion angewiesen, denn genau eine Dreiviertelstunde später schaffte es Derek, selbst zu mir durchzukommen. Die Verbindung war kristallklar, und zum ersten Mal glaubte ich, daß keine irakischen Behörden mithörten und wir offen miteinander sprechen konnten. Derek erzählte mir von der Party in der vergangenen Nacht und daß er Gilly und die anderen Ehefrauen getroffen hatte, die gerade mit ihren Männern aufbrachen, um mit einer früheren Maschine nach Hause zu fliegen. Er sprach auch davon, wie er von den Medien gejagt wurde und fragte mich scherzhaft, was ich ihm da eingebrockt hätte. Ich fragte ihn, wann er zurückkommen würde, und meine Augen füllten sich bei seiner Antwort mit Tränen.

»Boukra, inschallah«, sagte er – morgen, wenn es Gott will.

Gleich nachdem ich aufgelegt hatte, erzählte ich Craig alles, was er gesagt hatte, und telefonierte dann mit unseren Verwandten, um ihnen den neuesten Stand der Dinge mitzuteilen. Der gute alte Phil saß noch immer geduldig an seinem Telefon und wartete auf das Abfahrtskommando. Er sagte, ich sollte ihm die Details von Dereks Flug einfach nur durchgeben, wenn ich sie erfuhr, ihm die richtige Richtung nennen, und dann würde er mich bringen, wohin ich auch wollte. Es war ungemein beruhigend zu wissen, daß ich mir über das Fahren und den Weg zu dem Flughafen, auf dem die Maschine der Geiseln landen würde, keine Gedanken zu machen brauchte.

Judy war in ziemlich bedrückter Stimmung, weil sie nicht mit uns fahren konnte. Unsere Mutter war wieder krank, und jemand mußte auf die Kinder aufpassen. So hatte sie keine andere Wahl, als hierzubleiben. Sie hatte mich während all der bangen Monate so großartig unterstützt, und nun würde sie den angenehmen Teil, auf den wir alle gewartet hatten, nicht mitbekommen.

Der Rest des Tages verstrich mit geisttötender Langsamkeit. Wir saßen da und warteten vergeblich auf den offiziellen Anruf, daß Derek unterwegs sei. Am Abend konnte ich die Anspannung nicht länger ertragen und rief den Krisenstab im Außenministerium an. Die Diensthabenden tappten genauso im dunkeln wie wir, versprachen uns jedoch, zurückzurufen, wenn Dereks Name auf einer der Listen erschien, die sie zusammenzustellen versuchten. Ungeduldig rief ich im Verlauf des

Abends noch mehrmals im Ministerium an, aber das Ergebnis war immer das gleiche.

»Er steht noch auf keiner der Listen, die wir haben«, lautete die Antwort.

Nach einer Zeit, die schier endlos erschien, klingelte das Telefon schließlich, aber als ich mich auf den Hörer stürzte, war nur Sue am Apparat, die sich erkundigen wollte, ob wir etwas gehört hatten. Immerhin konnte sie uns einen Bescheid des Außenministeriums weiterreichen, den Sheila erhalten hatte. Mike, so hatte sie erfahren, würde bestimmt in der Maschine sein, die am nächsten Tag eintraf. Dieses Flugzeug würde wahrscheinlich in Gatwick landen.

Kurz bevor ich ins Bett ging, rief ich Phil noch einmal an, und er war mit mir einer Meinung, daß wir auf jeden Fall zum Flughafen fahren sollten – für den Fall, daß Derek mitgekommen war. Ich rief gleich wieder Sue an, um ihr zu sagen, was wir beschlossen hatten. Sie fand unsere Idee ausgezeichnet und fragte, ob sie uns folgen könnte. Mark, der Freund, der sie fahren wollte, kannte den Weg zum Flughafen nicht so genau.

Der lange Tag der Erwartung hatte meine beiden Söhne ganz unterschiedlich berührt. Stuart hatte nur wenig davon mitbekommen, weil er noch immer unter dem Wetter litt, aber auch er hatte etwas von der Aufregung gespürt, die jeden Winkel unseres Hauses ausfüllte. Craig hatte die Aussicht, seinen Dad wiederzusehen, völlig aus dem Häuschen gebracht, aber er war immer noch nüchtern genug, zu erkennen, daß ich mehr denn je seinen Beistand benötigte.

»Mach dir keine Sorgen, Mama«, sagte er immer wieder. »Wenn Dad nicht in dieser Maschine ist, dann ist er in der nächsten.«

Die frohe Erwartung der bevorstehenden Wiedervereinigung meiner Familie und die Furcht, daß ich eine letzte schreckliche Enttäuschung erleben würde, verwandelten mein Bewußtsein in ein Chaos. In dieser Nacht ging ich ins Bett und hoffte und betete, daß morgen die mehr als vier Monate lange Zeit der Ungewißheit vorüber sein und Derek zu uns zurückkehren würde.

Montag, 10. Dezember

Vom Tagesanbruch an wurden wir wieder mit Telefonaten bombardiert, aber keins davon war das, worauf wir sehnsüchtig warteten. Fast alle kamen von den Zeitungen und Fernsehanstalten, und wir gerieten in Versuchung, das Telefon abzustellen. Natürlich war das unmöglich, weil wir riskiert hätten, die Nachricht des Außenministeriums, daß sich Derek auf dem Heimflug befand, zu verpassen. Wir mußten jeden Anruf entgegennehmen und weiterhin zur Haustür gehen, um mit den Journalisten zu sprechen, die seit halb zehn auf der Straße standen.

Meine erste Aufgabe war es, im Außenministerium anzurufen, aber obwohl die Liste der zurückkehrenden Geiseln im Verlauf der Nacht länger geworden war, befand sich Dereks Name noch immer nicht darunter. Ich geriet völlig in Aufruhr und rief Sue an, um mich zu erkundigen, ob sie etwas gehört hatte. Sie versprach mir, zurückzurufen, nachdem sie sich mit dem Krisenstab in Verbindung gesetzt hatte. Als sie meinen Anruf wenige Minuten später erwiderte, war sie ziemlich aufgeregt, denn auch Nigels Name fehlte auf der Liste. Wir waren uns aber noch immer einig, den Flug für den Fall, daß unsere Männer doch mitgekommen waren, abzupassen, und vereinbarten, daß sie und Mark um halb zwölf zu unserem Haus kommen würden.

Als Phil wenig später kurz vorbeikam, unterrichtete ich ihn über unsere Pläne, und er versprach, pünktlich zur Stelle zu sein. Er mußte sich durch die vor der Tür wartenden Fotografen durchkämpfen und brachte uns alle zum Lachen, als er seinen alten Scherz wiederholte.

»Wenn ihr mir gesagt hättet, daß sie hier sind, wäre ich mit meinem Firmenlieferwagen gekommen, um ein bißchen kostenlose Reklame zu machen.«

Sue und Mark fuhren fast auf die Sekunde genau um elf Uhr dreißig vor, und Phil kam nur eine oder zwei Minuten später. Das Telefon spielte weiterhin verrückt, und Phil nahm alle Anrufe entgegen, während Stuart, Craig und ich uns reisefertig machten. Stuart hatte noch immer seine Erkältung, und ich zögerte ein bißchen, ihn mitzunehmen, weil er so still und unpäßlich war. Es schien eine Art Gottesgeschenk zu sein, als ITN anrief, um sich zu erkundigen, ob wir fuhren. Die Redakteurin bot uns an, während der Wartezeit ein Zimmer im Gatwick Hilton zu nehmen. Ich war mir nicht sicher, ob ich den Vorschlag akzeptieren sollte, aber sie versicherte mir, daß ich ihnen deswegen nicht verpflichtet wäre. Sie buchte das Zimmer für alle Fälle, so daß wir es bei Bedarf benutzen konnten. Als ich später mit Craig und Phil darüber sprach, waren wir uns einig, daß das Zimmer durchaus nützlich war, falls sich Stuarts Zustand verschlechterte.

Wir riefen den Krisenstab abermals an, aber es gab noch immer keine Neuigkeiten, und so beschlossen wir, loszufahren, weil wir sonst den ganzen Tag unschlüssig zu Hause gewartet hätten. Sobald wir die Haustür öffneten, begannen die Kameras zu klicken, und wir waren ziemlich gereizt, als wir in unseren Wagen stiegen. Ein Team von Sky Television und zwei andere Reporter fragten, ob sie uns nach Gatwick folgen dürften, und ich antwortete ihnen kurz angebunden, daß das ganz an ihnen läge, und so brachen wir auf, während uns ein kleiner Konvoi von vier Wagen folgte.

Wir hatten erst wenige Kilometer zurückgelegt, als wir zum ersten Mal anhalten mußten. Stuart hatte sich übergeben, und ich mußte ihn säubern und ihm neue Sachen anziehen, die ich umsichtigerweise mitgenommen hatte. Der arme Kerl sah wirklich sehr mitgenommen aus und schlief sofort ein, als ich ihn hinlegte.

Als wir die große Tankstelle in Oxford erreichten, machten wir halt, um telefonisch beim Krisenstab die neuesten Nachrichten zu erfragen, und die vier Medienwagen, die uns folgten, hielten treu und brav hinter uns an. Das Außenministerium konnte uns jedoch noch immer nichts sagen, und wir beschlossen, eine Pause zu machen und eine Tasse Kaffee zu trinken, bevor wir die Fahrt fortsetzten. Als wir wieder losfahren wollten, boten uns die Sky-Leute an, ihr mobiles Telefon zu benutzen, und der Reporter sagte, daß seine Redaktion sich während der Fahrt mit uns in Verbindung setzen könnte.

Craig war von der Idee ganz begeistert, und wir hatten den Parkplatz kaum verlassen, als er auch schon mit Judy telefonierte, um sich zu erkundigen, ob sie irgend etwas Neues gehört hatte. Leider war das nicht der Fall, aber sie war ganz angetan von der Vorstellung, daß er mit ihr sprechen konnte, während er auf der Autostraße in Richtung Gatwick fuhr. Unglücklicherweise schaltete Craig nach Beendigung des Gesprächs mit ihr das Telefon ganz aus, so daß die Sky-Redaktion nicht zu uns durchkommen konnte. Das muß für sie sehr frustrierend gewesen sein, aber wir machten uns deswegen keine größeren Sorgen, weil wir wichtigere Dinge im Kopf hatten. Wir fühlten uns zunehmend unbehaglicher, weil wir noch immer nichts gehört hatten und Dereks Name noch immer nicht auf der Liste der Personen stand, die nach Hause kommen sollten.

Dereks Name fehlte aus einem sehr einfachen Grund. Ohne daß wir etwas davon wußten, war er aufgrund eines bürokratischen Durcheinanders zwischen den Irakern und der britischen Botschaft von dem Flug ausgeschlossen worden.

Alles begann nach dem Frühstück, als die Geiseln in die Halle des Mansour Melia Hotels gerufen wurden, um ihre Pässe entgegenzunehmen. Etwa dreißig der Männer, die zu den ersten gehört hatten, die beim Ausbruch der Krise nach Bagdad gebracht worden waren, hatten überhaupt keine Papiere, und Derek war einer von ihnen. Das Botschaftspersonal erkannte zu spät, daß sie sofort Ersatzpässe brauchten, wenn sie ausreisen wollten, und die Männer waren außer sich, weil während der zwei Tage, die sie nur im Hotel herumgesessen hatten, in dieser Beziehung nichts passiert war.

Es war so große Eile geboten, daß die Männer zu dritt mit einer Polaroidkamera fotografiert wurden. Dann wurden ihre Gesichter buchstäblich aus den Schnappschüssen herausgeschnitten und auf die amtlichen Papiere geheftet. Dadurch bekamen sie ihre Pässe jedoch noch immer nicht, denn die Antragsformulare für Ausreisevisa mußten einige Textstellen sowohl in arabischer als auch in englischer Sprache aufweisen, und die Iraker bestanden darauf, daß sie außerdem mit dem offiziellen Botschaftsstempel versehen waren. Als dies geschehen war, hatte der irakische Beamte, der die Visa ausstellen konnte, Feierabend gemacht, und das Botschaftspersonal mußte sich hastig auf die Suche nach einem anderen Mann machen, der genug Autorität besaß, um die Dokumente bearbeiten zu können.

Derek und seine Freunde mußten ohne Pässe zum Flughafen von Bagdad fahren und wußten nicht, ob man sie an Bord der Maschine gehen lassen würde, wenn sie dort ankamen. Als sie im Terminal eintrafen, waren die Schlangen jubilierender Männer, die singend darauf warteten, die Abfertigungsprozedur zu durchlaufen, von Fernsehteams umlagert. Bei den Männern ohne Pässe herrschte jedoch keine derartige Euphorie, denn sie wurden abgesondert und durften die Sperre nicht durchschreiten. Sie konnten nur mit ohnmächtigem Zorn die schnell kleiner werdenden Warteschlangen beobachten und hoffen, daß ihre Visa und Pässe noch rechtzeitig eintrafen.

Schließlich erschien der Botschafter höchstpersönlich und erklärte, was schiefgelaufen war. Die Geduld der Männer war längst erschöpft. Sie umringten ihn und beschwerten sich lautstark über die Art und Weise, wie man sie behandelt hatte. Der Freiheit nach vier Monaten so nahe zu sein und dann sehen zu müssen, wie sie ihnen wieder weggerissen wurde, nur weil irgendein anonymer Iraker ein paar Papiere nicht unterzeichnet hatte, war mehr, als sie ertragen konnten.

Während ein Angehöriger der Botschaft durch die Stadt jagte, um jemanden zu finden, der ihre Abreise autorisieren konnte, gingen die Männer ruhelos auf und ab und starrten unablässig aus dem Terminalfenster, um zu sehen, ob er endlich kam. Die Botschaft schickte ihnen etwas zu essen, aber das war nur ein schwacher Trost, denn die anderen Geiseln waren inzwischen vollzählig in der Abflughalle verschwunden, und man konnte sie aus der Ferne immer noch singen hören.

In einem gewissen Stadium räumte einer der britischen Beamten ein, daß sie wahrscheinlich nicht mit der Maschine fliegen könnten und für die Nacht eine Unterkunft brauchen würden. Die Männer gerieten wirklich außer sich. Durch puren Zufall gewannen sie noch etwas Zeit. Der Abflug der Maschine verzögerte sich, weil eins der Länder, die auf dem Heimweg überflogen werden mußten, den Luftraum nicht freigegeben hatte. Es sah jedoch danach aus, daß auch das nicht ausreichen würde, die Maschine noch zu bekommen, und man sagte ihnen, daß sie ihren Heimkehrtraum für diesen Tag aufgeben müßten, wenn die Visa nicht bis zwanzig Uhr Ortszeit eintreffen würden.

Die ganze Gruppe war den Tränen nahe. Gnadenlos tickten die Minuten dahin. Gerade hatten sie sich damit abgefunden, eine weitere Nacht in Gefangenschaft verbringen zu müssen, als der Botschaftsangehörige mit den Papieren erschien. Binnen einer Sekunde stieg die Stimmung der letzten dreißig Geiseln aus den Tiefen der Verzweiflung in den siebten Himmel, und vor Freude jubelnd stürmten sie durch die Sperre. Aber das Schicksal war noch immer nicht mit ihnen fertig. Inzwischen hatten die Männer von der Gepäckabfertigung Feierabend gemacht, und wieder vergingen quälende Minuten, bis das Handgepäck überprüft werden konnte. Bei einem der Männer fand man eine Landkarte von Kuwait, und er wurde abgeführt, um von der Geheimpolizei in die Mangel genommen zu werden. Zum Glück merkte der Botschafter, was passiert war, stürmte in das Zimmer, in das man ihn gebracht hatte, und schaffte es, ihn zu befreien.

Weil alle so sehnlich wünschten, abfliegen zu können, schien die Flughafenuhr stillzustehen. Die Minuten dehnten sich endlos, bis die Maschine startklar war und die Männer sich auf ihren Sitzen anschnallten. Der ganze Rumpf war mit ohrenbetäubendem Jubel erfüllt, als das Flugzeug von der Startbahn abhob, aber selbst jetzt waren alle noch angespannt, denn es war kein Botschaftsangehöriger mehr bei ihnen, und sie flogen in einem irakischen Jet mit einer ausschließlich aus Irakern bestehenden Crew. Das vage Gerücht, daß die ganze Sache nur ein Trick war und man sie lediglich in eine andere Anlage brachte, machte die Runde, löste sich aber unter abermaligem, gewaltigem Jubel in Wohlgefallen auf, als der Kapitän über das Bordmikrophon bekanntgab, daß sie jetzt in den europäischen Luftraum eintraten. Ein Mann namens Ted sagte zu Derek: »Jetzt können wir ruhig abstürzen. Es macht mir nichts aus, hier zu sterben.«

Viele der Geiseln, die nicht geglaubt hatten, daß sie wirklich nach Hause zurückkehren würden, hatten einen Teil ihrer Rationen mit ins Flugzeug gebracht. Diese wurden jetzt die Reihen entlanggereicht, und eine Party kam in Gang. Sardinendosen, Käseecken, Bierbüchsen und Whiskyflaschen gingen von Hand zu Hand, während die Männer ihre Heimkehr feierten. Und mittendrin setzte sich einer der Häftlinge einen irakischen Stahlhelm auf, den er als Souvenir mitgenommen hatte. Ein erneuter Jubelschrei brach sich Bahn, als die Maschine in Gatwick landete, und die Männer blickten aus dem Fenster und sahen das beruhigende Bild des British-Airways-Symbols am Flughafengebäude. Es wurden Scherze darüber gemacht, um was für eine hübsche Anlage es sich handelte, und als sie in die Busse stiegen, die auf der Rollbahn für sie bereitstanden, wandte sich ein Mann an Derek.

»Als ich das letzte Mal in einen solchen Bus stieg«, sagte er, »bin ich in einem Kraftwerk wieder rausgekommen.«

Daß Derek sich in der Maschine befand, erfuhren wir kurz nachdem wir um viertel vor sechs abends die Tore des Flughafens durchfahren hatten. Craig rief Judy über das mobile Telefon an, und sie sprudelte die Nachricht des Außenministerums hervor, die gerade bei ihr eingegangen war. Unsere Erleichterung war gewaltig. Ich hatte das Gefühl, daß mir eine riesige Last von den Schultern genommen war, aber Sue und Mark taten uns sehr leid, denn über Nigel gab es keine neuen Informationen.

Weil sich Stuart noch immer schlecht fühlte, hielten wir es für eine gute Idee, auf das Hotelzimmer zurückzugreifen, und so parkten wir die Wagen und betraten das Hotel. Der ITN-Repräsentant hieß uns willkommen, und ich legte Stuart schnell zum Schlafen hin, während die anderen etwas zu trinken für uns alle bestellten. Sue rief dann das Außenministerium an und erfuhr zu unserer großen Freude, daß sich auch Nigel in der Maschine befand. Bevor sie auflegte, bat ich sie, sich noch einmal bestätigen zu lassen, daß Derek bei ihm war – ich konnte nicht anders, denn alles lief auf einmal zu gut, um wahr zu sein.

Um zweiundzwanzig Uhr wurde uns geraten, zum Terminal hinüberzugehen und uns auf die Begrüßung der Männer vorzubereiten, aber als wir dort ankamen, fanden wir eine riesige Menschenschlange vor, die darauf warteten, eingelassen zu werden. Angehörige und Freunde der Geiseln wollten hinein, und da das Flughafenpersonal bereits vorher zu viele Menschen durchgelassen hatte, versuchte man jetzt, jeden zurückzuhalten, der kein enger Verwandter war – selbst Mark, der Sue nach Gatwick gebracht hatte. Im Gegensatz zu dem wundervollen Empfang, den man uns in Heathrow bereitet hatte, war die ganze Sache chaotisch, und Stuarts Zustand verschlechterte sich, da wir mehr als anderthalb Stunden in der bitterkalten Nachtluft Schlange stehen mußten. Die Maschine landete etwa um halb zwölf, und als wir durch die Sperre durften, war Derek bereits in der Ankunftshalle eingetroffen. Normalerweise ist er der letzte, der aus einem Flugzeug steigt, aber ausnahmsweise war er diesmal der erste – und ich fühlte mich betrübt und schuldig, weil ich seine Heimkehr verpaßt hatte.

Genau wie bei meiner Ankunft in Heathrow herrschte ein wildes Tohuwabohu. Hunderte von Menschen brachen in Tränen aus und fielen einander in die Arme. Zu diesem Zeitpunkt konnte ich Derek nirgendwo in der Menge sehen und ging wie in Trance umher. Voller Panik fragte ich mich, wie ich ihn unter all diesen Menschen finden sollte.

Es war Craig, der ihn als erster entdeckte. Ich hörte meinen ältesten Sohn plötzlich ›Dad, Dad‹ brüllen und sah, wie er praktisch über die Köpfe anderer Menschen stieg und in Dereks Arme sprang. Ich weiß nicht, wie er es schaffte, so schnell durch das Gewühl zu kommen, und bahnte mir mit Stuart auf den Armen einen Weg, wobei mein Herz wild klopfte und mir die Tränen das Gesicht hinunterliefen. Wir warfen uns gegen Dereks Körper, und als ich mich an seine Brust drängte und weinte, fielen vier Monate aufgestauter Schrecken und Anspannung in einem einzigen Augenblick von mir ab. Es würde keine Einsamkeit, keine Furcht, keine bittere Hilflosigkeit mehr geben – er war zu Hause, und in meinem Herzen gelobte ich, daß wir uns nie wieder trennen würden.

In der ganzen Konfusion schien ich Stuart verloren zu haben. Dann aber sah ich, daß er sich einfach an den Hals seines Daddys geklammert hatte, und dort blieb er auch, als Derek versuchte, uns alle drei gleichzeitig an sich zu drücken. Phil gesellte sich zu uns, und auch in seinen Augen schimmerten Tränen, während ihm zum zweiten Mal in seinem Leben die Worte fehlten.

Ich hatte auf diesen Moment so lange gewartet und so gefürchtet, daß er nie kommen würde. Nun war er doch gekommen und alles sah ganz anders aus, als ich es mir vorgestellt hatte. Selbst jetzt fürchtete ich noch, daß alles nur ein Traum war und ich jeden Augenblick in der bitteren Schattenwelt aufwachen könnte, die unser Leben so vergiftet hatte.

Nach all den Umarmungen und Küssen gelang es mir, mich so weit zu beruhigen, daß ich Derek zum erstenmal richtig ansehen konnte, und ich erkannte, wie krank er wirklich war. Im stillen versprach ich, mich der Aufgabe zu widmen, ihn zu versorgen und zu pflegen, bis er seine volle Gesundheit wiedergefunden hatte.

Wir nahmen unser spärliches Gepäck hoch, und während wir uns in Richtung Ausgang bewegten, bereitete ich ihn auf den Druck vor, der von den Medien zu erwarten sei. Er antwortete, daß er davon schon eine Kostprobe in Bagdad bekommen hatte. Offenbar wußte er, was auf ihn zukam. Deshalb war ich geschockt, zu sehen, wie er auf die Horde von Fotografen und Reportern reagierte, die unmittelbar hinter einer Absperrung stand. Derek, der Stuart noch immer auf den Armen hatte, stand stocksteif und mit Entsetzen im ganzen Gesicht da, als diese Menschenmenge seinen Namen brüllte und mit Mikrophonen und Kameras auf ihn zielte.

In Heathrow waren die Jungs und ich vor der Presse geschützt worden, aber hier im Durcheinander Gatwicks wurden wir ihr zum Fraß vorgeworfen. Als wir durch die Sperre kamen, überfluteten sie uns, blendeten uns mit den Blitzlichtern ihrer Kameras und bombardierten uns mit einfältigen Fragen. Waren wir froh, wieder zusammen zu sein? War es schön, wieder in England zu sein? Würden wir feiern? Erwarteten sie wirklich, daß wir ›nein‹ sagten?

Derek war durch die Kameras offensichtlich schwer angeschlagen, und ich wurde sehr besorgt, als sie uns von allen Seiten bedrängten und uns nicht gehen lassen wollten. Ich war den Tränen wieder nahe, denn ich hatte Angst, daß sie ihm nach allem, was er durchgemacht hatte, irreparablen psychischen Schaden zufügen würden. Derek sagte ihnen, daß wir in Frieden gelassen werden wollten, weil wir soviel Zeit nachzuholen hatten, aber sie ignorierten seine Worte einfach und rückten sogar noch näher an uns heran. Sie wollten uns dazu zwingen, eine Pressekonferenz abzuhalten, und es waren so viele von ihnen.

Ich glaube, wir wären noch stundenlang nicht vom Fleck gekommen, wenn nicht eine vorbeikommende Polizeipatrouille eingegriffen hätte. Fünf Beamte sahen, was passierte, und schritten ein, um uns zu retten. Sie zerrten einige der Journalisten gewaltsam weg, drohten, sie festzunehmen, wenn sie uns nicht in Ruhe ließen, und eskortierten uns dann zum Parkplatz.

Mit der geistigen Reife, zu der er während all unserer Heimsuchungen und Leiden gefunden hatte, kletterte Craig gleich auf den Beifahrersitz. Ihm war klar, daß Derek und ich zusammen sein wollten, und so saßen wir Hand in Hand, während uns Phil nach Worcester fuhr. Wir kamen gegen viertel nach drei an, und als wir aus dem Wagen stiegen, wurden wir – von einer Reporterin des lokalen Radiosenders erwartet. Wir huschten an ihr vorbei, traten in unsere Diele und schlossen mit einem mächtigen Seufzer der Erleichterung die Tür vor der freien Welt, die Derek auf so erschreckende Weise willkommen geheißen hatte.

Dienstag, 11. Dezember

Die Jungs gingen bald nach unserer Ankunft ins Bett, aber Derek und ich blieben noch fast zwei Stunden auf und redeten miteinander, bevor wir ihrem Beispiel folgten. Zum ersten Mal fühlte ich mich in meinem neuen Heim glücklich und geborgen und schlief beinahe sofort ein. Aber auch noch jetzt arbeitete im Hindergrund meines Bewußtseins die törichte, unlogische Angst, mein neu gefundenes Glück könnte nur ein schöner Traum sein und ich müßte beim Aufwachen feststellen, daß ich doch nur wieder allein war.

Derek verbrachte die erste von vielen schlaflosen Nächten, die er in den frühen Tagen seiner Freiheit durchmachen mußte. Gegen sechs Uhr morgens stand er auf, um ins Badezimmer zu gehen. Er kehrte gerade ins Bett zurück, als er draußen vor dem Haus ein klirrendes Geräusch und den Klang von Stimmen hörte. Er blickte nach draußen und sah dort ein Dutzend Männer stehen. Die Furcht, die sich während seiner Gefangenschaft so tief in ihm verwurzelt hatte, überflutete sein müdes, wundes Bewußtsein. Er erinnerte sich an die vielen Gelegenheiten der vergangenen Monate, bei denen man ihn in den frühen Morgenstunden brutal aus dem Schlaf gerissen und in eine neue Anlage verlegt hatte. Angstvoll kam er in unser Schlafzimmer gestürzt, um zu fragen, was da vor sich ging, und da ich mittlerweile den Umgang mit derartigen Ereignissen gewohnt war, konnte ich ihn beruhigen.

»Es ist nur die Presse«, sagte ich.

Das klirrende Geräusch war von einem Fotografen verursacht worden. Er hatte eine kleine Trittleiter aus dem Kofferraum seines Wagens geholt, um später, wenn wir aus der Haustür traten, ein besseres Blickfeld zu haben. Normalerweise entstand in solchen Augenblikken ein derartiges Gedränge, daß ein Reporter, der etwas weiter hinten stand, nichts mehr sehen konnte. Derek konnte nicht glauben, was da geschah. Er blickte durch einen Vorhangschlitz nach draußen, genau wie die anderen Frauen und ich es vor all diesen Monaten getan hatten, als wir kurz nach der Invasion in Kuwait in unseren Häusern eingesperrt waren. Mit bewaffneten irakischen Wächtern wäre Derek zurechtgekommen, aber dies hier lag außerhalb seiner Erfahrungen.

Das Telefon begann wieder gegen halb acht zu klingeln. Die Anrufe kamen von Reportern, die von ihren Nachrichtenredaktionen gedrängt wurden, ein Interview mit uns zu machen. Am Ende sahen wir uns gezwungen, das Telefon abzustellen. Aber es kamen nur noch mehr Journalisten in unsere kleine Straße – schließlich waren es mehr als vierzig. Um zehn Uhr klopften sie an die Tür und baten um Fotos und ein Interview. Später fand ich heraus, daß uns einige von ihnen schon eine Stunde früher hatten stören wollen. Einige erfahrene Kollegen konnten es ihnen ausreden.

Die Straße, in der wir wohnten, war eine Sackgasse. Im Verlauf des Morgens nahm sie das Aussehen eines

Parkplatzes an, weil die Wagen der Reporter die Fahrbahn verstopften. Sie standen in kleinen Gruppen zusammen und unterhielten sich. Dann und wann warfen sie Blicke zu unserem Haus hinüber, um auf Zeichen von Bewegung zu achten, und sahen dann auf ihre Uhren. Wenn unsere Nachbarn aus ihren Häusern traten, um ihren Alltagsbeschäftigungen nachzugehen, versuchten die Journalisten, mit ihnen ins Gespräch zu kommen. Eine Dame aus der Nebenstraße versorgte sie sogar mit heißen Getränken, und plötzlich machten eine Kaffeekanne und Plastiktassen unter ihnen die Runde.

Wir hatten geplant, später nach draußen zu gehen, weil es so vieles gab, was wir erledigen mußten. Derek mußte sich um sein Bankkonto kümmern und dann einkaufen gehen, weil er wenig mehr als das besaß, was er am Leibe trug. Wegen dem Unfall in der vergangenen Woche wurde mein alter Ford zur Zeit repariert, und wir mußten einen Wagen mieten. Es gab jedoch keine Möglichkeit, an der wartenden Menge vorbeizukommen, ohne ihnen entweder ein Interview zu geben oder mit ihnen zu kämpfen. Wie ich befürchtet hatte, schreckte Derek nach allem, was er erlebt hatte, vor der Medienaufmerksamkeit zurück und wollte nichts damit zu tun haben.

Mitte des Morgens kamen Sue und Phil, um uns zu besuchen. Sue meinte, daß ich mit den Reportern sprechen sollte. Ich stimmte ihr widerstrebend zu, denn nur dadurch würden wir aus unserem Haus, das plötzlich zu einem Gefängnis geworden war, entfliehen können. Phil ging, um ihnen zu sagen, was wir beabsichtigten, und ein paar Minuten später erschien ich mit Stuart auf dem Rasen vor unserem Haus. Die Gruppe versammelte sich um uns und feuerte wieder einmal Blitzlichter und Dutzende von Fragen auf uns ab.

Zu diesem Zeitpunkt bereitete mir Stuart eine große Überraschung, denn die Reporter fragten ihn, was er sich zu Weihnachten wünschte. Zweifellos hofften sie, daß er ›meinen Daddy‹ sagen würde, tatsächlich sagte er jedoch, daß er sich eine elektrische Eisenbahn wünschte. Das war neu für mich, denn bisher hatte er nach einem Fahrrad gefragt, und es war auch bereits ein glänzendes neues Rad für ihn gekauft worden, das zur Zeit im Haus meiner Cousine stand.

Nachdem sämtliche Zeitungen im Lande Stuarts Wunsch veröffentlicht hatten, wurden wir während der nächsten Woche mit Angeboten für elektrische Eisenbahnen überschüttet. Viele waren aufrichtig gemeint und kamen von Leuten, die noch eine nicht mehr benutzte Eisenbahn aus der Zeit besaßen, als sie Kinder großgezogen hatten. Ebenso viele kamen aber von Firmen, die erkannten, wie werbewirksam es wäre, wenn wir ihr Produkt guthießen. Sie wollten, daß wir mit dem Objekt ihrer Großzügigkeit für Fotos posierten.

Das kurze Interview schien die Journalisten zufriedenzustellen. Sie sahen ein, daß wir im Moment nicht mehr zu sagen hatten, und so gingen sie und ließen uns in Frieden. Derek konnte nun langsam anfangen, seine Freiheit richtig zu genießen. Er hatte große Freude an ganz einfachen Dingen – ein Lagerbier zu trinken, im Laden an der Ecke eine Zeitung zu kaufen, seine Mahlzeiten mit einem richtigen Besteck zu essen.

Später nahm ihn Phil mit zu einer Autovermietung, und da uns nun wieder ein eigenes Transportmittel zur Verfügung stand, brachen wir zu der Einkaufsexpedition mit der ganzen Familie auf, auf die wir uns so lange gefreut hatten. Wir kauften die Abendzeitung mit den Heimkehrbildern, die in Gatwick gemacht worden waren. Überall, wo wir hingingen, wurden wir von Fremden angehalten, die uns gratulierten und uns sagten, wie sehr sie sich freuten, daß wir jetzt wieder zusammen waren. Dies war ein Muster, das sich während der nächsten paar Wochen bei unseren Weihnachtseinkäufen ständig wiederholte. Bei einem Abstecher nach Birmingham war eine Dame so überwältigt, daß sie auf Derek zurannte und ihn in die Arme nahm.

Unsere erste, zögerliche Expedition endete mit einem Strafmandat wegen Falschparkens. Jetzt wußte Derek wirklich, daß er wieder zu Hause war.

Mittwoch, 12. Dezember

Derek begann sich mit Stuarts kurzer Schulkarriere vertraut zu machen. Zum ersten Mal gingen wir beide als Ehepaar zur Schule, um uns unseren jüngeren Sohn bei seinem Krippenspiel anzusehen.

Miss Probert, die Schulleiterin, hob den großen Anlaß hervor, indem sie uns eine Sonderbehandlung zuteil werden ließ. Sie lud uns in ihr privates Büro ein, hieß Derek willkommen und gab ihm einen Bericht über Stuarts Fortschritt. Bei ihren Worten überzog sich Dereks Gesicht mit einem stolzen Lächeln.

»Ihre Familie ist während Ihrer Abwesenheit sehr gut zurechtgekommen«, sagte sie. »In Anbetracht der Situation, in der sich alle befanden, haben sie die Dinge großartig gemeistert, und Stuart ist ein guter Schüler.«

Als wir durch die Schule gingen, zogen wir ziemlich viel Aufmerksamkeit auf uns. Lehrer und Eltern, die wir kaum kannten, hielten uns immer wieder an, um uns zu sagen, wie sehr sie sich über unsere Wiedervereinigung freuten, und Stuarts Freunde stießen sich an.

»Da ist Stuarts Dad – da drüben«, flüsterten sie sich zu.

All das machte mir bewußt, wie glücklich wir uns schätzen konnten, wieder eine vollständige, richtige Familie zu sein, und ich fühlte mich von strahlender Glückseligkeit umgeben.

Ich habe die Schulaufführung immer als Krippenspiel beschrieben, aber es war tatsächlich etwas völlig anderes. Es war eine kurze Beschreibung aller Monate des Jahres und endete mit einem Blick auf die Weihnachtszeit. Stuart trat in dem Abschnitt auf, der vom Juli und August handelte. Er trat in einer Badehose auf die Bühne und nahm an Picknicks und Teestunden im Garten teil. Was er während seines Auftritts neben der Badehose sonst noch zeigte, war ein gewaltiges Strahlen im Gesicht, und das ganze Publikum konnte erkennen, wie ungeheuer froh er war, seinen Daddy wieder zu Hause zu haben. Derek teilte seine Freude. Noch vor einer Woche war er eine Geisel gewesen und hatte nicht im Traum damit gerechnet, daß er rechtzeitig nach Hause kommen würde, um zusammen mit seiner Familie diese Aufführung erleben zu können.

Man sollte meinen, daß wir für ein ganzes Leben genug vom Mittleren Osten und seinen Problemen gesehen hatten, aber eigenartigerweise traf das Gegenteil zu. Als wir nach dem Spiel nach Hause kamen, konnten wir nicht der Versuchung widerstehen, im Fernsehen die Nachmittagsnachrichten einzuschalten, um zu sehen, was am Golf passierte, Menschen, die wir kannten, hatten noch immer nicht heimkehren dürfen, und wir machten uns Sorgen um sie. Und als alle sicher wieder zu Hause waren, begannen wir uns Sorgen um die Soldaten zu machen, die hingegangen waren, um zu kämpfen. Wir machten uns auch Gedanken über Kuwait selbst, denn das Land hatte uns vier sehr glückliche Jahre in unserem Leben geschenkt, und deshalb sind wir noch immer brennend an den dortigen Ereignissen interessiert.

Nachdem wir Stuart in seiner Schulaufführung gesehen hatten, waren wir in echter Feierstimmung, und so machte ich an diesem Abend einen richtigen Braten. Ich hatte Schweinefleisch ausgesucht. Heute sehe ich darin ein unbewußtes Symbol dafür, daß wir alle wieder sicher zu Hause waren. Wir alle lieben Schweinefleisch, aber wir hatten es seit unserer Ankunft im Mittleren Osten kaum gegessen. In den Augen des Islam gilt es als unrein und war deshalb so ziemlich das einzige, was man nicht kaufen konnte, nicht einmal in den gut sortierten kuwaitischen Supermärkten vor der Invasion. Als wir vier uns jetzt darüber hermachten und die köstliche Kruste schmeckten, war es so, als ob wir physisch die Freiheit kosteten, die wir in England hatten.

Später, nachdem wir abgeräumt hatten, spielte Stuart mit seinem kleinen Walkman und irgendeiner Kassette herum, die er gefunden hatte. Plötzlich weiteten sich seine schönen Augen vor Überraschung, und er wandte sich an Derek.

»Das bin ich auf diesem Band«, rief er. »Hier, Dad, hör doch mal.«

Derek nahm den Walkman, setzte sich die Kopfhörer auf, und nachdem einige Sekunden vergangen waren, stieß er einen Überraschungsruf aus, und auch seine Augen weiteten sich. Es handelte sich um die Aufnahme von Stuarts Interview im Lokalsender, die ich beinahe in das Weihnachtspaket gepackt hätte, das ich nach Bagdad schicken wollte. Derek hörte eine Weile zu, wie die Kinder Weihnachtslieder sangen und Stuart sagte, daß er seinen Daddy zu Weihnachten wiederhaben wollte. Er kämpfte dabei mit den Tränen.

Dienstag, 18. Dezember

Diese nächsten beiden Tage werde ich nie vergessen, denn sie gehörten zu den stolzesten und glücklichsten meines Lebens und standen in krassem Gegensatz zu den zahllosen Tagen voller Kummer und Elend, die ich während der vergangenen viereinhalb Monate verbracht hatte. Wir vier fuhren nach London. Die Herzogin von York verlieh Stuart im Namen der Zeitschrift *Woman's Own* einen Preis für seinen Mut: Die ›Children of Courage Award‹. Meine Motive für die Teilnahme an der Zeremonie waren jedoch, als das Ansinnen an mich herangetragen wurden, ganz andere gewesen.

Das Magazin hatte mich damals in den dunklen Novembertagen angesprochen, und ich war mit sehr großen Zweifeln an die ganze Sache herangegangen. Obgleich ich mich sehr darüber freute, wie sich Stuart bei der Konfrontation mit Saddam Hussein verhalten hatte, war ich doch der Ansicht, daß er nur durch Zufall in ein solch historisches Ereignis verwickelt worden war und schon genug Publicity gehabt hatte. Am Ende hatte ich mich doch zu seiner Teilnahme überreden lassen, allerdings nur unter der Voraussetzung, daß er den Preis im Namen aller tapferen Kinder entgegennahm, die von der Golfkrise betroffen worden waren. Ich hatte auch gehofft, daß die zusätzliche Publicity den Geiseln helfen könnte, die damals weiter von der Freiheit entfernt zu sein schienen als je zuvor.

Die Redaktion von *Woman's Own* gehörte zu den wenigen Vertretern der Medien, die Craigs Existenz zur Kenntnis nahmen und versuchten, ihn zu beteiligen. Sie luden ihn ein, während des mit der Verleihung verbundenen Gottesdienstes in der Westminister Abbey eine der Lesungen zu halten. Zuerst lehnte er ab, aber nachdem er darüber nachgedacht hatte, änderte er seine Meinung, weil er wußte, wie stolz sein Vater sein würde und wie sehr es ihn aufbauen würde. Jetzt war auch sein Dad unerwartet dabei, und Craig fühlte sich richtig stolz.

Wir sollten nach London kommen, übernachten und dann am nächsten Tag an der Zeremonie teilnehmen. Darum nahmen wir den Morgenzug nach Paddington und fuhren mit dem Taxi zum St. Ermins Hotel gleich hinter New Scotland Yard, wo für alle Preisträger Zimmer reserviert waren. Stuart erregte sogleich Aufsehen, und wir stellten uns den Magazinleuten vor, die ganz reizend zu uns waren. Der Hotelbedienstete, der unser Gepäck aufs Zimmer trug, war Ägypter. Er erkannte Stuart und bat ihn um ein Autogramm.

Wir trafen uns mit den anderen Preisträgern und ihren Angehörigen zum Tee, und um achtzehn Uhr wurde es

Zeit für Craig, zur Probe in die Westminster Abbey zu gehen. Der andere Leser war die Schauspielerin Dawn Acton, die in der Fernsehserie *Coronation Street* die Rolle der Tracy Barlow spielt. Craig war äußerst ruhig und zurückhaltend. Wir warteten im Hotel auf ihn und waren angespannt und nervös, aber als er zurückkam, war er weitaus zuversichtlicher. Er hatte den Bischof von Westminster kennengelernt, und die Repräsentanten des Magazins sagten, daß er seine Sache sehr gut gemacht hatte und deshalb am nächsten Morgen eine zweite Probe nicht erforderlich wäre.

Später gingen wir hinunter zu dem offiziellen Diner, das für die Children of Courage gegeben wurde, und als wir den Speisesaal betraten, kam Gemurmel unter den Kellnern auf. Der ägyptische Kofferträger hatte allen seinen Kollegen von Stuart erzählt, und sie waren ganz angetan von ihm.

Die Aufregung wirkte sich auf Stuart aus, der an diesem Abend ziemlich viel Unfug im Kopf hatte. Er schaffte es, eine der Kellnerinnen zu überreden, ihm ein paar Weihnachtscracker von freien Tischen in der Nähe zu geben, die bereits für das Abendessen gedeckt waren, und bald spielte er mit den kleinen Figuren, die er darin fand. Er nahm sich auch eins von den unechten Weihnachtsgeschenken, die unter dem Christbaum in der Hotelhalle lagen, und später fand man ihn unter einem Tisch, wo er sich versteckt hatte, um das Geschenkpaket zu öffnen. Er war sehr enttäuscht, als er feststellte, daß es nur Papier enthielt.

Einen richtigen Lausbubenstreich verübte er jedoch an einer Gruppe von etwa zehn Hotelgästen, die völlig

Fremde waren und mit den Children of Courage nichts zu tun hatten. Diese arme Menschen saßen auf einem großen Sofa und kümmerte sich um ihre eigenen Angelegenheiten, als Stuart auf sie aufmerksam wurde. Er schlich sich von hinten an sie heran, tippte einer Dame auf die Schulter und duckte sich hinter die hohe Rückenlehne des Sofas, so daß sie ihn nicht sehen konnte, als sie sich umdrehte. Er ging dann die ganze Reihe entlang und machte das gleiche bei ihren Begleitern.

Als die Gruppe begriff, was vor sich ging, erkannten sie glücklicherweise das grinsende Gesicht ihres kleinen Quälgeists und nahmen das Ganze von der heiteren Seite. Der Vorfall trug jedoch nicht zu meinem und Dereks Seelenfrieden bei. Uns ging es natürlich darum, daß er sich am nächsten Tag in der Westminster Abbey von seiner besten Seite zeigte, und wir hatten jetzt die Vorstellung, daß er im Chorraum und auf der Orgel herumkletterte und während der Zeremonie auf die Tasten drückte.

Mittwoch, 19. Dezember

Unsere offiziellen Pflichten begannen gleich nach dem Frühstück mit dem ersten Fototermin des Tages. Reporter, Fotografen und Kameraleute vom Fernsehen versammelten sich im Hotel, um das Ereignis festzuhalten, und Stuart war während der einstündigen Sitzung sehr gefragt. Er wurde mit Interview- und Fotowünschen bombardiert, aber die ganze Aufmerksamkeit ließ ihn geistig abschalten, und die Fragesteller fanden ihn nicht sehr gesprächig. Ein paar Fotografen knipsten ihn vor dem Christbaum des Hotels mit einem der falschen

Geschenke in der Hand, und einem Fernsehreporter gelang es, das berühmte Inerview aus ihm herauszuquetschen, das später am Tag in den Nachrichten des Senders gebracht wurde.

»Bekommst du Weihnachten irgendwelche Spielsachen?« fragte der Reporter.

»Ja«, antwortete Stuart nach einer kurzen Pause schüchtern.

»Warum? Warst du ein braver Junge?«

»Ja.«

»Woher weißt du, daß du brav gewesen bist?«

Stuarts Augen weiteten sich vor Erstaunen, daß jemand eine derartige Frage stellen konnte, wo die Antwort doch so offensichtlich war, und zum ersten Mal antwortete er fast sofort.

»Weil es mir mein Kopf verklickert hat!«

Das anrührendste Foto war vielleicht das mit Stuart und einem ungeheuer tapferen kleinen Mädchen namens Michelle Pratt, das an Krücken ging und eine ganze Reihe von Operationen ertragen hatte, die ihr das Gehen ermöglichen sollten. Dieses Foto schien zusammenzufassen, um was es bei der Zeremonie ging. Die Kinder hier kamen aus allen Bereichen des Lebens, aber was sie gemeinsam hatten, war, daß sie ganz erstaunlichen Mut gezeigt und in oft gefährlichen Situationen aus dem Gefühl heraus gehandelt hatten, ohne einen Gedanken an ihre eigene Sicherheit zu verschwenden. Es verlieh uns ein Gefühl der Bescheidenheit, wenn wir daran dachten, daß hier eine Generation heranwuchs, die genauso großartig werden würde, wie es irgendeine der vorangegangenen Generationen gewesen war.

Es wurde nun Zeit für uns, zur Zeremonie zu gehen, aber der Bus, der uns hinbringen sollte, kam nicht, und so wurden wir in einer hastig zusammengestellten Taxiflotte quer durch London gefahren. Als wir ankamen, waren einige der Fotografen aus dem Hotel bereits zur Stelle und warteten, um uns zu begrüßen. Während wir aus unserem Taxi stiegen, riefen sie Stuarts Namen und knipsten drauflos, als er ihnen zuwinkte.

Es war ein frostiger Wintermorgen, aber als wir durch die mächtige Tür der Westminster Abbey schritten und in die Fußstapfen der großen Gestalten der britischen Geschichte traten, wurden wir von einer Atmosphäre umhüllt, die so elektrisierend war, daß sie uns tatsächlich zu wärmen schien. Das Schiff war bevölkert mit Schulklassen und unterprivilegierten Kindern. Außerdem war eine große Anzahl von Berühmtheiten anwesend, um dem Ereignis ihre Unterstützung zu geben. Ich erinnere mich, den Künstler Tony Hart aus dem Kinderfernsehen gesehen zu haben, der durch die Versammlung ging, kleine Skizzen zeichnete und sie einigen der Kinder überreichte. Die alte Abbey schien vor Optimismus und einer machtvollen, überwältigenden Gegenwart von Güte zu leben, und Derek und ich fühlten plötzlich, daß sie auf uns gewartet hatte und daß es uns bestimmt war, hier zu sein.

Den etwa zwölf Preisträgern wurde eine Sitzreihe ganz vorne links zugewiesen, und ihre Eltern bekamen Plätze so nahe wie möglich hinter ihnen. Weil er an der Zeremonie teilnahm, bekam Craig einen Platz in der zweiten Reihe auf der anderen Seite des Mittelgangs. Jetzt, da sein großer Augenblick schnell heranrückte, war er wieder still und gedankenvoll, und ich konnte erkennen, wie nervös er war. Aber er sah erwachsen aus, und der neue Anzug, den wir ihm speziell für diesen Anlaß gekauft hatten, stand ihm ganz ausgezeichnet.

Ein paar Minuten später begaben sich der Chor und die Ministranten in den Altarraum, und die Herzogin von York betrat, begleitet von ihren Leibwächtern, die Abbey. Sie wurde vom Bischof und dem Schauspieler Anthony Andrews empfangen, der es sich nicht nehmen ließ, jedes Jahr dem Gottesdienst für die Children of Courage beizuwohnen und bei der Preisverleihung die Würdigungen zu sprechen. Die Herzogin wurde zu ihrem Platz geleitet, während die Stimme eines einzelnen Chorknaben durch das uralte Gebäude schwebte, und dann begann der Bischof die Zeremonie mit einer kurzen Ansprache.

Er sagte, daß heute ein ganz besonderer Tag für eine Familie wäre, und mein Herz klopfte mit einer eigenartigen Mischung aus Freude und Verlegenheit, als mir klar wurde, daß er von uns redete. Und wirklich nannte er unsere Namen, sprach von unserer schweren Prüfung und sagte, wie gut es war, daß wir nun wieder vereint waren. Ich spürte einen Kloß in meiner Kehle, und in meinen Augen stiegen Tränen auf. Als ich einen Seitenblick auf Derek warf, sah ich, daß auch er tief gerührt war.

Wie es jede Mutter unter den gegebenen Umständen tun würde, wartete ich mit allergrößter Spannung darauf, wie meine beiden Söhne ihre Aufgabe bei einem so großartigen Anlaß erfüllen würden. Der Augenblick kam, in dem ich es erfahren sollte. Mein Herz begann zum zweiten Mal heftig zu klopfen, als Craig nach vorne schritt, um eine Lesung über die Geburt Christi vorzutragen, aber mein Bangen verwandelte sich in Freude, als sich seine Stimme klar und voller Selbstvertrauen in die Höhe schwang und von der Kuppel widerhallte. Er war wirklich gut, und ich mußte zum zweiten Mal meine Tränen unterdrücken.

Stuart hatte sich während des Gottesdiensts ständig zu uns umgedreht, um uns zu fragen, welche Lady die Herzogin war – war-es-die-in-dem-roten-Mantel-seht-mal-da-drüben? Als es zur Preisverleihungszeremonie kam, war er einer der letzten, die aufgerufen wurden, und er drehte sich wieder fortwährend zu mir um, um zu fragen, ob er als nächster dran wäre. Nach einer halben Ewigkeit wurde sein Name vorgelesen, und er schlenderte mit beiden Händen in den Taschen nonchalant zur Herzogin hinüber. Ich wäre wegen seines lässigen Benehmens am liebsten gestorben, aber eigentlich war es kaum überraschend. Er wußte, wie bedeutend sie war und hatte Scheu vor ihr. Die Herzogin war jedoch wunderbar natürlich zu ihm, schenkte ihm ihr bezauberndes Lächeln und nahm ihm in Sekundenschnelle alle Scheu.

Nach der Zeremonie fand in der Sakristei der Abbey ein offizieller Empfang statt, bei dem wir eine Reihe von Berühmtheiten und Würdenträgern kennenlernten, darunter auch die Frau des Oberbürgermeisters von London. Sie bat Stuart um ein Autogramm. Eine ganze Anzahl von Leuten bemerkte, wie gut Craig gelesen hatte, und Derek und ich waren so stolz, daß wir das Gefühl hatten, über den Wolken zu schweben. Seit die Invasion in Kuwait unsere Welt auf den Kopf gestellt hatte, sah ich mich zum hundertsten Mal in der Mitte von gewichtigen Ereignissen, von denen ich kaum glauben konnte, daß sie mir widerfuhren. Bei diesem Anlaß waren meine Erfahrungen allerdings voll und ganz erfreulich.

Wir lernten die Herzogin kennen und führten mit ihr eine längere Unterhaltung über einige der Dinge, die uns passiert waren. Sie fragte uns, wie wir uns jetzt, da wir endlich wieder zusammen waren, zurechtfanden. Stuart war von ihrem natürlichen Charme völlig fasziniert und wollte nicht von ihr weichen. Als sie davonschlenderte, um mit anderen Preisträgern und ihren Familien zu sprechen, folgte er ihr einfach. Ein Problem war, daß er ihren offiziellen Titel nicht aussprechen konnte, und Anthony Andrews schlug vor, daß er sie ›Ma'am‹ nennen sollte. Stuart gab unschuldig zur Antwort, daß er dies nicht tun könnte, weil sie nicht seine Mama war, und am Ende löste die Herzogin das Problem persönlich, indem sie ihm sagte, daß er sie ›Sarah‹ nennen sollte.

Als der Empfang zu Ende ging, wurden wir zu einem weiteren Fototermin in die Abbey zurückgebracht, und in dem Menschengewühl ging Stuart verloren. Ich geriet in Panik, aber die Redakteure von *Woman's Own* versicherten mir, daß gut auf ihn aufgepaßt würde – man hatte ihn nur zu weiteren Aufnahmen nach draußen mitgenommen. Er befand sich in der Tat in sehr verläßlicher Gesellschaft, denn er hatte die Abbey, ohne daß wir es wußten, Hand in Hand mit der Herzogin verlassen und wurde zum Abschluß mit ihr fotografiert.

Als er wieder auftauchte, hatte er einen kleinen Blumenstrauß in der Hand, der, wie er sagte, für mich wäre.

Da er vorher die Blumen auf dem Grab des Unbekannten Soldaten bewundert hatte, fragte ich mich besorgt, wo er den Strauß wohl gefunden hatte. Etwas später fand ich heraus, daß ihm die Herzogin zum Abschied einen ihrer Blumensträuße ausgehändigt und gesagt hatte, er solle ihn mir geben.

Dies, finde ich, ist die passendste Stelle, um mein Tagebuch abzuschließen. Es gab noch so viele andere Dinge, die uns während der bevorstehenden Wochen passierten. Eifrig bereiteten wir uns auf Weihnachten vor und trafen Verwandte und alte Freunde, von denen Derek gedacht hatte, daß er sie nie wiedersehen würde. Es war mitunter eine schmerzhafte Aufgabe, unsere Alpträume hinter uns zu lassen und uns wieder dem normalen Leben anzupassen. Dies ist jedoch der Anfang der Geschichte meines restlichen Lebens und hat nichts zu tun mit den viereinhalb Monaten der Verzweiflung, während derer wir in die Tiefen des Elends hinabsanken, unsere geistige Gesundheit bewahrten und durch die Gnade einer höheren, unsichtbaren Macht als intakte, vollständige Familie wieder an die Oberfläche kamen.

Für mich endete der Alptraum. Er hatte mit dem Kreischen eines Düsenjägers begonnen, der an einem frühen Morgen im Tiefflug über unser Haus in Kuwait hinwegjagte. Nun beendete das sanfte Lied eines einzelnen Chorsängers in der Westminster Abbey alle Schrecken. Die Glückwünsche des Bischofs, das gewinnende Lächeln der Herzogin von York und der Anblick meiner beiden Söhne, die bei einer so schönen Zeremonie eine führende Rolle gespielt hatten, begleiteten mich. Meine

Gedanken huschten flüchtig über all die Dinge hinweg die mir und all den Menschen, die ich kannte, passiert waren.

Ich blickte kurz auf den Mann an meiner Seite, von dem ich einmal dachte, daß ich ihn verloren hätte, der aber jetzt ganz lebendig neben mir saß und lautstark Weihnachtslieder sang. Ich blickte auf Craig, der so lange mein Beschützer und meine Stütze gewesen war und nun die Geschichte von Christi Geburt vorlas, und schließlich blickte ich auf Stuart, der seine gerechte Belohnung dafür bekam, daß er sich geweigert hatte, die Marionette eines Diktators zu sein. In diesem Augenblick wußte ich, daß dies kein Traum war und wir, allen Widrigkeiten zum Trotz, rechtzeitig zu Weihnachten wieder eine richtige Familie waren. In diesem Moment wurde der Gifthauch, den Saddam Hussein über das Leben von uns vier gelegt hatte, endlich erstickt.

Nachher

Wir – und insbesondere Stuart – haben seit unserer Rückkehr nach Hause Unterstützung aus der ganzen Welt bekommen. Die meisten, die uns alles Gute wünschten, wußten nicht, wo wir wohnten, und einige Briefe aus so entfernten Regionen wie Australien und Amerika trugen nur so vage Adressen wie ›An den kleinen Jungen mit Saddam Hussein, England‹. Alle Schreiben erreichten uns, weil die Post eine erstaunliche Phantasie beim Interpretieren der Anschriften auf den Briefumschlägen entwickelte.

Die vielleicht großartigste Sendung traf Ende November ein, etwa sechs Wochen vor Dereks Heimkehr. Es war ein Paket, das einen prächtigen französischen Feuerwehrhelm enthielt. Er kam vom französischen Innenminister, und war durch den Außenminister Douglas Hurd weitergeleitet worden. Monsieur Jaxe hatte einen persönlich unterschriebenen Brief beigefügt, der erklärte, woher der Helm stammte und Stuart noch einmal zu seinem Mut beglückwünschte.

Außer der Children of Courage Award von *Woman's Own* erhielt Stuart einen weiteren Preis für seine Tapferkeit, den Gold Award des *Daily Star*. Letzterer wurde ihm bei einer wunderschönen Mittagszeremonie im Londoner Inn on the Park von Margaret Thatcher überreicht. Berühmtheiten wie Ernie Wise, Rodney Bewes und Derek Jamseson ließen sich mit ihm fotografieren. Sogar Lady Bridget de la Billiere und Brenda Schwarzkopf, die Ehefrauen der Oberkommandierenden der britischen und amerikanischen Streitkräfte, lernte Stuart kennen. Es war die Zeit, als die alliierten Truppen gerade ihren durchschlagenden Sieg im Golfkrieg errungen hatten.

Stuarts Bild ist im Fernsehen und in Zeitungen der ganzen Welt erschienen, und er hat sogar ein lukratives Angebot als Kindermodell bekommen. Es hätte ihn für sein ganzes Leben finanziell unabhängig gemacht, aber nach reiflicher Überlegung beschlossen wir, das Angebot auszuschlagen.

Die Zeit ist gekommen, um zu sagen ›genug ist genug‹. Die Art und Weise, auf die Stuart und die ganze Familie gefeiert und gelobt wurden, war wunderbar. Die Geschehnisse aber, die dazu führten, waren schrecklich. Wir machten uns keine Illusionen über unseren Platz in der Ordnung der Dinge. Wir haben nichts besonders Großartiges getan. Wir wurden lediglich – zufällig und widerstrebend – in erschütternde Ereignisse verwickelt und haben versucht, sie auf die angemessenste Weise mit Würde zu bewältigen. Derek und ich wollen nicht, daß Stuart eine Vorzeigefigur in Miniaturformat mit einem aufgeblasenen Ego wird. Wir wollen, daß er ein normaler, gesunder Junge bleibt, der zu einem normalen, gesunden Erwachsenen heranwächst. Unser Dank gilt den vielen Menschen, die so freundlich und großzügig zu uns gewesen sind, aber nun ist es an der Zeit, einen Schlußstrich zu ziehen und mit unserem eigenen Leben fortzufahren.

Wir müssen einen Schlußstrich ziehen, denn niemand würde von solchen Erfahrungen unberührt bleiben, obwohl einige der Veränderungen positive Auswirkungen gehabt haben. Eins ist sicher – wir werden nie wieder dieselben sein, die wir noch am 1. August 1990, dem Tag vor der Invasion in Kuwait, waren.

Stuart hatte eine Reihe von Schwierigkeiten in seinem ersten Schuljahr. Er zog sich gelegentlich in eine sichere Phantasiewelt zurück und hatte Probleme bei seinen Beziehungen zu anderen Kindern. Möglicherweise wurden sie durch die Medienaufmerksamkeit hervorgerufen, die er immer noch bekam. Zum Glück scheinen diese Probleme jetzt, da Derek wieder bei uns ist, vorüber zu sein, obgleich Reste der alten Unsicherheiten verblieben sind – Stuart weicht selten von der Seite seines Dads, weil er fürchtet, daß sie wieder getrennt werden könnten. Er hat auch eine Scheu vor langen Autofahrten, die in die Irre führen könnten. Ich bin überzeugt davon, daß der Grund dafür in der entsetzlichen Konvoifahrt nach Bagdad zu suchen ist.

Bei Craig macht sich ein ernsthafter Langzeiteffekt in seinen schulischen Leistungen bemerkbar, die sich beträchtlich verschlechtert haben. Ich glaube fest daran, daß das nicht seine Schuld ist, sondern auf den Umstand zurück geht, daß er es schwierig findet, sich für längere Zeit auf eine Sache zu konzentrieren. Auch dies ist ein Problem, von dem wir nur hoffen können, daß es sich im

Laufe der Zeit von selbst lösen wird. Er verabscheut es außerdem, in der Öffentlichkeit zu stehen, und diese Abneigung ist wahrscheinlich dadurch verursacht worden, daß so viele Medienvertreter seine Existenz ignoriert haben.

Derek hatte wirklich eine harte Zeit hinter sich und befand sich in einem sehr schlechten Gesundheitszustand, als er nach Hause kam. Er litt stark an einer Hautallergie, die Nesselsucht genannt und durch Streß verursacht wird, hatte Sehbeschwerden und war viel zu mager. Diese Probleme sind durch ärztliche Behandlungen allmählich auf dem Weg der Besserung, aber die Langzeitwirkungen bei Derek werden sich stark bemerkbar machen. Nach seiner Heimkehr konnte er kaum schlafen, und auch jetzt hat er noch einen sehr leichten Schlaf. Zuerst warf er immer Blicke über die Schulter und vertraute niemandem. Da er einmal glaubte, daß er nicht überleben würde, um seine Söhne heranwachsen zu sehen, denkt er viel über die Bedeutung von Leben und Tod nach.

Schließlich bin da noch ich, obwohl ich nicht weiß, was die Zukunft mir bringen wird. Ich bin viel selbstbewußter und unabhängiger als ich es vorher war, weil ich während der knapp vier Monate, in denen Derek nicht da war, auf eigenen Beinen stehen mußte. Aber ich war psychisch stark mitgenommen, und es gab Zeiten, in denen ich von einem völligen Zusammenbruch nicht weit entfernt war. Ich glaube, drei Faktoren halfen mir, die schwere Prüfung durchzustehen – die Unterstützung, die ich von Craig bekam, die Hilfe meiner Angehörigen und Freunde und der Umstand, daß meine Mutter in dem Monat nach unserer Rückkehr krank war und ich zu viele Dinge zu tun hatte, um mich in Selbstmitleid zu ergehen. Der nachhaltigste Langzeiteffekt bei mir scheint, genau wie bei Craig, zu sein, daß ich es schwierig finde, mich zu konzentrieren und Ruhe zu finden – ich muß ständig auf den Beinen sein und etwas tun.

Ironischerweise ist der Nutzen für uns alle sehr groß, denn wir begreifen jetzt, wieviel Glück wir hatten, um aus einer derartigen Gefahr als vollständige Familie herauszukommen. Wir sind uns alle viel näher gekommen, und obwohl wir den wundervollen und eleganten Lebensstil, dessen wir uns in Kuwait erfreuen konnten, verloren haben, spielt dies keine Rolle, denn materielle Dinge stehen jetzt auf der Liste der Wünsche, die wir an das Leben haben, ganz unten. Und da wir selbst Glück und Verzweiflung in solch extremem Ausmaß am eigenen Leib erfahren haben, achten wir viel mehr auf die Empfindungen anderer Menschen.

Seit ich nach Papier und Tinte gegriffen habe, um die Details unserer Beteiligung an einem der dramatischsten Ereignisse des zwanzigsten Jahrhunderts aufzuschreiben, habe ich mich oft nach meinen Motiven dafür gefragt. Nachdem ich lange und aufrichtig darüber nachgedacht habe, glaube ich, daß ich dieses Tagebuch aus vier Hauptgründen geschrieben habe.

Ich hatte das Gefühl, daß die Art und Weise, auf die die britische Gemeinde in Kuwait durch die pure Ineffizienz der britischen Botschaft und in einigen Punkten auch der Regierung in Gefahr gebracht wurde, nicht ohne Kommentar hingenommen werden sollte. Ich will in keiner Weise andeuten, daß die britischen Amtsträger aus Verantwortungslosigkeit oder Leichtfertigkeit so gehandelt haben, wie sie es taten. Es herrschten einzigartige Umstände, und keine britische Botschaft in der Welt war richtig darauf vorbereitet worden, mit Geiselnahmen im großen Rahmen oder mit der Beförderung einer großen Anzahl von Zivilisten über eine weite Entfernung fertig zu werden. Wenn es noch einmal zu einer vergleichbaren Situation an anderer Stelle kommen sollte, müßte aber ein angemessenes Programm bestehen, das anlaufen kann, um britische Staatsangehörige zu schützen.

Ich wollte außerdem klarstellen, daß sich die britischen Geiseln zu keiner Zeit als willige Werkzeuge der Propagandamaschine Saddam Husseins benutzen ließen. Die Welt würde dies wissen, wenn es ihr möglich gewesen wäre, alles zu sehen, was während unseres Zusammentreffens mit dem irakischen Präsidenten passiert ist, aber die Aufnahme war stark gekürzt und zensiert.

Drittens hatte ich das Gefühl, alle daran erinnern zu müssen, daß ich neben Stuart noch einen anderen Sohn habe, auf den ich genauso stolz bin. Craig – und alle anderen britischen Teenager, die mir in der Gefangenschaft begegnet sind – ist über Nacht zum Mann geworden und hat Verantwortlichkeiten übernommen, die man von einem vierzehnjährigen Jungen nicht erwarten kann. Er hätte leicht unter der Belastung zusammenbrechen können, aber er hat dies nicht getan und ist durch sie zu einem stärkeren Menschen gereift. Er ist ein wundervoller älterer Bruder gewesen und hat ohne Neid oder

Eifersucht im Hintergrund gestanden, während Stuart das Rampenlicht auf sich gezogen hat.

Und schließlich habe ich dieses Tagebuch auch zum Nutzen von Stuart selbst geschrieben. Ich habe bereits von meinen Befürchtungen im Hinblick auf seine Zukunft gesprochen, und wir haben wirklich keine Vorstellung davon, wie sich unsere Erlebnisse in den kommenden Jahren auf ihn auswirken werden. Er ist viel zu jung, um die politische Situation, die uns in eine derartige Gefahr brachte, zu verstehen, und es war nicht seine Schuld, daß er in einen geschichtlichen Augenblick hineingezwungen wurde. Dieses Tagebuch hat den Zweck, als wahrheitsgemäße Aufzeichnung des Geschehenen aus meiner Sicht zu dienen, so daß er sie, wenn es ihm jemals nötig erscheint, lesen und hoffentlich verstehen kann.

Glenda Lockwood
31. März 1991

Erfahrungen

Als Band mit der Bestellnummer 61 224 erschien:

August 1990. Irakische Truppen haben Kuwait besetzt. Ausländer dürfen den Irak nicht mehr verlassen – darunter eine junge Deutsche. Ihre Tagebücher sind eine ständige Auseinandersetzung mit Angst und Hoffnung, Leben und Tod.

BASTEI
LÜBBE